스리 라마나 회상

옮긴이 ● 대성(大晟)

선불교와 비이원적 베단타의 내적 동질성에 관심을 가지고 라마나 마하르쉬의 '아루나찰라 총서'와 마하라지 계열의 '마하라지 전서'를 집중 번역하면서, 성엄선사의 『마음의 노래』, 『지혜의 검』, 『선의 지혜』, 『대의단의 타파, 무방법의 방법』, 『부처 마음 얻기』, 『비추는 침묵』 등 '성엄선서' 시리즈와 『눈 속의 발자국』, 『바른 믿음의 불교』를 번역했다. 그 밖에도 중국 허운선사의 『참선요지』와 『방편개시』, 감산대사의 『감산자전』, 혜능대사의 『그대가 부처다: 영어와 함께 보는 육조단경, 금강경구결』 등을 옮겼다.

아루나찰라 총서 ⑫

스리 라마나 회상

지은이 | G. V. 숩바라마이야
편역자 | 대성(大晟)
펴낸이 | 이효정
펴낸곳 | 도서출판 탐구사

초판 발행　　2021년 8월 27일

등록 | 2007년 5월 25일(제208-90-12722호)
주소 | 04097 서울 마포구 광성로 28, 102동 703호(신수동, 마포벽산 e솔렌스힐)
전화 | 02-702-3557　**Fax** | 02-702-3558
e-mail | tamgusa@naver.com

* 값은 뒤표지에 있습니다. 잘못된 책은 바꾸어 드립니다.

ISBN 978-89-89942-56-6 03270

아루나찰라 총서 ⑫

스리 라마나 회상

G. V. 숩바라마이야 지음 | 대성(大晟) 옮김

탐구사

Sri Ramana Reminiscences
by G. V. Subbaramayya

First Edition 1967; Second Edition 1979; Third Edition 1994; Fourth Edition 2014

Published by V. S. Ramanan,
President
Sri Ramanasramam, Tiruvannamalai,
Tamil Nadu 606 603, INDIA

차례

일러두기

1. 본문의 괄호 안에 있는 말 중 본문과 같은 크기의 글자로 된 것은 원문에 있는 것이고, 본문보다 작은 글자로 된 것은 역자가 보충한 것이다.
2. 본문에서 **돋움체**로 표시된 말은 원문에서 대문자로 시작하거나 대문자로만 표기된 것이다. 원문에서 이탤릭체로 강조한 단어는 **약간 굵은 글씨**로 표시했다.
3. 각주들 중 역주는 *T.*(Translator의 약자)로 표시했다.

간행사

사람들이 오래 기다렸던 이 『스리 라마나 회상』을 지은 스리 G. V. 숩바라마이야는 스리 바가반의 헌신자들에게 소개가 전혀 필요 없는 사람이다. 그는 아이 같은 친밀함으로 스리 바가반과 함께 다니고, 당신의 은총을 듬뿍 받는 특권을 가졌던 소수의 사람 중 하나였다. 원래 텔루구어로 쓰여져 『스리 라마나에 대한 감로의 기억(*Sri Ramana Smaranamrutam*)』으로 간행된 이 책을 저자가 영어로 옮긴 것이 1967년에 출판되었으나, 불행히도 인쇄 오류가 많은 채로 나왔다. 이제 이 책을 철저히 개정하여 새로운 모습으로 우리 독자들에게 내놓는다. 우리는 스리 바가반의 헌신자들이 이 책을 반기고 가슴 깊이 간직해 주기를 바란다.

저자는 1970년 5월에 세상을 떠났다.

1979년 5월 20일

마하뿌자 날(*Maha Puja Day*)에

띠루반나말라이, 스리 라마나스라맘

총재

저자 소개

교육가이며 교수이자 시인인 G. V. 숩바라마이야는 바가반 스리 라마나 마하르쉬께 다가가는 일이 예외적으로 자연발로적이었던 오래된 헌신자들 중 한 사람이다. 아주 거리낌 없는 그분들의 대화를 경청하는 것은 즐거운 일이었다. 스리 바가반께 이야기를 할 때 떠는 사람들도 있었다. 당신의 위엄이 그 정도였다.

이 헌신자에게 전환점이자 가장 큰 영향을 준 일은 물론 바가반 스리 라마나 마하르쉬님이 그의 삶 속에 들어온 것이었다. 그 자신이 그 점에 대해 말하는 것을 인용해 보자. "내 삶의 북극성은 물론 나의 구루데브(gurudev-스승이자 신)이신 바가반 스리 라마나 마하르쉬였다. 나는 1933년, 정신적으로 고통 받고 있을 때 당신께 끌렸고, 첫 친견親見(*darshan*)에서 바로 평안과 지복의 바다 속으로 뛰어들었다. 그 이후로 당신은 내 삶의 등불이셨다. 당신은 나의 어머니요, 아버지요, 스승이자 목표였다. 당신은 나의 모든 것이었고, 당신 안에서 나의 작은 자아와 그 자아의 모든 덫들이 정점에 이르러 승화되었다. 한 마디로 당신은 **은총**의 화신이셨다. 내 삶의 아주 사소한 사건들에서 매 단계마다, 나는 스리 라마나라는 신적 **은총**이 인도하는 손길을 갈수록 더 의식하면서 느끼게 되었다."

열성적 영문학도였던 그는 1922년에 학위를 받아 강사가 되었고, 나중에는 니두브롤루(Nidubrolu)에 있는 P.B.N. 대학의 학장이 되었다. 자신의 모국어인 텔루구어와 산스크리트어는 물론이고 영어에 능통했던 그의 저작에는 칼리다사(Kalidasa)의 위대한 서정시 『메가두타(*Megha-Duta*)』를 텔루구어 운문체로 시적으로 번역한 것과, 자신이 지은 영시英詩들을 두 권에 집성한 것도 있다. 대화에 능했던 그는 스리 바가반을 다양한 주제에 대한 대담 속으로 끌어들이곤 했다. 그는 스리 바가반의 가르침을 영어로도 번역했는데, 운문체 『라마나 기타(*Ramana Gita*)』가 대표적이다. 스리 바가반과 친교하며 가르침을 흡수한 덕에 그는 안드라프라데시 지역에서 친숙한 인물이 되었고, 은퇴해서는 여러 곳에서 스리 바가반의 복음을 전파했다. 1963년 이후에는 『안드라 마하 바라땀(*Andhra Maha Bharatam*)』을 영어 운문으로 옮기는 작업에 매진하여, 스리 깐찌 까마꼬띠 샹까라짜리야(Sri Kanchi Kamakoti Sankaracharya)와 저명한 학자이자 정치가인 스리 C. 라자고빨라짜리(Rajagopalachari)의 축복을 받아 그것을 거의 완성했다.

G. V. 숩바라마이야는 『스리 라마나 회상』에서, 스리 바가반 같은 **반야안주자**般若安住者(*Sthitaprajna*) 혹은 **진인**(*Jnani*)이 어떻게 우리가 보고 경험하는 상대적인 현상 세계의 사건들에 반응하는 것처럼 보이는지, 어떻게 **진인**이 G. V. 숩바라마이야가 스리 바가반에 대해 표현한 것과 같은 사랑과 헌신을 기꺼워하실 수 있는지를 기록하고 있다. 스리 바가반은 당신의 헌신자들에게 이렇게 말씀하시곤 했다. "**진아 깨달음**(Self-realization)은 새롭게 얻어지는 것이 아니라, **자기탐구**(Self-Enquiry)의 과정을 통해, 하나인 **보편적 진아** 속에서 다양성을 보고 경험하게 하는 실재하지 않는 덧씌워진 에고를 소멸함으로써, 우리가 늘 그것인 **실재**를 감추는 구름들을 제거하는 것일 뿐입니다."

스리 바가반의 **대삼매**大三昧(*Mahasamadhi*) 며칠 전에 G. V. 숩바라마이야는 스리 바가반을 뵈러 가서 당신께 은총을 간청했다. "바가반, 저에게 아바얌[가호]을 주셔야 합니다(*Bhagavan, Abhayam Yeevala*)." 그러자 금방 답변이 나왔다. "주었지(*Yichanu*)!"

스리 라마나 회상

내가 스리 라마나스라남으로 처음 순례를 간 것은 1933년 6월 8일이었다. 어머니와 함께 깐찌뿌람(Kancheepuram)에서 스리 바라다라자스와미의 브라마우뜨사밤(Brahmotsavam)[1)]에 참석한 다음, 거기서 출발해 나 혼자 띠루반나말라이(Tiruvannamalai)로 갔다. 그 당시 나는 앞서 12월에 처음 가족을 잃고 큰 슬픔에 빠져 있었다. 두 살배기 아들이 갑자기 죽었는데, 의사들은 그 원인을 심장마비라고 밖에는 설명하지 못했다.

스리 바가반의 저작과 기타 아쉬람 문헌들을 2년 이상 읽어 오던 차였지만, 나의 주된 관심은 철학적인 데보다 문학적인 데 있었다. 스리 바가반이 텔루구어로 옮기신 「우빠데사 사람(*Upadesa Saram*)」의 문체를 보고 경탄한 바 있었는데, 그 단순함, 표현의 묘미, 고전적 끝마무리 등에서 그것은 위대한 텔루구 시인 띠까나(Tikkana)에 필적할 만했다. 그런 텔루구어 시를 지을 수 있는 타밀인은 신의 영감을 받았음이 틀림없다고 확신했고, 그분을 만나보고 싶었다.

그러나 당시에 내가 먼저 찾으려 한 것은 평안과 위안이었다. 오전에 **구 회당**(Old Hall)에서 스리 바가반을 친견했다. 우리의 눈이 서로 만났을 때, 내 마음에 어떤 기적적 효과가 있었다. 나는 마치 평안의 웅덩이에

---

1) *T.* 깐찌뿌람의 바라드라자 뻬루말 사원(Varadharaja Perumal Temple)에서 매년 거행되는 축제. 스리 바라다라자스와미는 **비슈누**이고, **브라마우뜨사밤**은 열흘간 거행되는 '큰 축제'이다.

뛰어든 것처럼 느껴졌다. 눈을 감고 한 시간 가까이 그 황홀경의 상태에 앉아 있었다. 정상적 의식을 회복했을 때, 어떤 사람이 곤충들을 막기 위해 회당에 약을 뿌리고 있었는데, 스리 바가반은 머리를 말없이 흔들면서 그것을 부드럽게 제지하셨다.

방금 스리 바가반이 뭔가 말씀하시는 것을 들었기에, 나는 과감히 당신께 질문을 던졌다. "『바가바드 기타』에서 말하기를, 중생들(mortals)은 마치 우리가 낡은 옷을 버리고 새 옷을 입듯이, 낡은 몸을 버리고 새 몸을 얻는다고 합니다. 싱싱한 새 몸을 가진 유아들의 죽음에는 이것이 어떻게 해당됩니까?" 스리 바가반이 즉시 답변하셨다. "그 죽은 아이의 몸이 낡지 않았다는 것을 그대는 어떻게 압니까? 겉으로는 그렇게 보이지 않을지 모르나, 만약 몸이 낡지 않았다면 그 아이는 죽지 않을 것입니다. 그것이 자연의 법칙이지요."

그러자 나는 다른 질문을 했다. "『바가바드 기타』의 한 곳에서는 주님(크리슈나)이 이렇게 선언합니다. '모든 우주는 나의 현현(manifestation)이다. 나 자신 아닌 것은 아무것도 없다.' 다른 곳에서는 장章 전체에서 계속 '나는 별들 중의 달이요, 인간들 중의 왕이다' 등으로 말합니다. 이 두 가지 말씀을 우리는 어떻게 조화시킬 수 있습니까?" 스리 바가반이 답변하셨다. "뒤의 것은 아르주나가 '어떻게 하면 제가 부단한 명상을 통해서 당신께 도달할 수 있습니까? 언제, 어디서 당신을 알아볼 수 있습니까?' 라고 질문한 데 대한 주님의 답변일 뿐입니다. 아르주나의 질문으로 보아 그는 첫 번째 말씀의 진리를 바로 깨닫지 못했음이 분명합니다. 그래서 주님은 자비심에서, 아르주나가 명상할 수 있도록 신의 영광을 몇 가지 열거합니다. 사실 경전들의 모든 가르침은 절대적 진리를 설한 것이 아닙니다. 그것은 구도자의 단계에 맞춰져야 하고, 그의 현재의 필요를 충족해 주어야 합니다."

나는 점심을 먹고 나서 스리 바가반께 하직인사도 하지 않고 바로 아쉬람을 떠났다. 완전히 낯선 사람으로 왔다가 아무도 모르게 간 것이다.

근 3년이 지난 뒤인 1936년 봄에 다시 아쉬람을 방문했다. 이번에는 스리 G. 삼바시바 라오 가루(Sambasiva Rao Garu)의 소개장을 가져갔다. 그것을 스리 바가반께 건네 드리자, 당신은 그것을 훑어보기도 전에 나를 알아본다는 뜻으로 고개를 끄덕이시고 자애로운 미소를 지으며 말씀하셨다. "소개는 왜? 그대는 전에 온 적이 있고, 새로 온 사람이 아닌데." 내가 더 놀란 것은, 이제 보니 당신은 마치 돌아가신 아버지가 살아 돌아오신 것같이 느껴졌다. 두 분이 너무 닮으셨기 때문이다. 이것이 나의 상상으로 치부되지 않도록, 내 사촌인 스리 V. V. 나라야납빠(Narayanappa)가 나중에 스리 바가반을 뵙고 나서 나에게 이렇게 말했다는 것을 덧붙일 수 있겠다. "스리 바가반은 숙부님, 네 아버님의 모습과 너무 똑같이 닮았어." 이로써 나와 스리 라마나의 관계는 결정되어 버렸다. 당신은 스승, 마하르쉬, 바가반이셨을 뿐만 아니라, 나의 아버지이셨다. 그 이후로 내가 스리 라마나에게 다가가는 방식은 자식이 어버이에게 다가갈 때처럼 사뭇 겁 없고, 자유롭고, 친근한 방식이었다.

몇 해 전 나는 두 가지 만트라(*mantras*)에 입문했는데, 그것을 매일 최소한 몇 번은 염하라는 권고를 받았다. 그것을 꼼꼼히 해오고 있었지만, 이제 아쉬람에 들어간 뒤로는 그 만트라를 염하거나 어떤 공식적 예배를 할 마음이 없었다. 며칠 후 나는 입문 때 받은 지침을 지키지 않아 죄를 범하고 있다는 두려움에 사로잡혔다. 그래서 그 문제를 스리 바가반께 직접 말씀드리면서 내 결함을 털어놓았다. 스리 바가반은 미소를 지으며 말씀하셨다. "염송念誦(*japa*)을 그렇게 많이 했기 때문에, 바로 그 공덕으로 여기 온 거지. 염송의 열매를 즐기는 지금, 왜 두려워해야 하나?"

당시에 더 심각한 문제도 하나 있었다. 나는 스와미 라마띠르타(Swami

Ramatirtha)가 그의 책에서 가르친 조식調息(*pranayama*)[호흡제어]을 닦아 온 터였다. 그런데 마치 머리가 깨져서 산산조각 날 것 같은 끔찍한 감각을 느끼는 단계가 왔고, 그래서 그것을 멈추었다. 그러나 매일 수행을 할 때는 그 감각이 재발했고, 이러다가 이내 큰일 나겠다는 두려움이 커졌다. 그래서 한밤중에 스리 바가반이 혼자 계실 때, 당신께 다가가서 내 이야기를 했다. 당신이 웃으면서 말씀하셨다. "뭐! 또 두려움에 사로잡혔다고! 그런 것은 스승의 직접적인 지도 없이 요가 수련을 하는 사람들이 늘 경험하는 거지만, 자네는 나한테 왔는데 왜 걱정해야 하나?" 그런 다음 스리 바가반은 낮은 어조로 덧붙이셨다. "다음번에 또 그런 감각이 있으면 나를 생각하게. 그럼 아무 문제 없을 테니." 그 순간부터 지금까지 나는 그 감각을 결코 다시는 느낀 적이 없고, 그래서 그 때문에 스리 바가반을 생각할 필요는 없었다!

다음날 정오 무렵 나를 제외한 모든 사람이 회당을 떠난 뒤, 한 시골 노인이 스리 바가반께 다가가서 자신은 오랫동안 배에 극심한 통증이 있다고 하소연했다. 스리 바가반은 나를 돌아보고 웃으며 말씀하셨다. "여기를 보게. 이 양반은 만성 복통이 있군. 병원에는 가지 않고 나를 찾아와. 내가 그를 고쳐주는 의사인가?" 그리고 즉시 진지해지신 스리 바가반이 나에게 속삭이셨다. "이분을 사무실로 모셔 가면 쁘라사드(Prasad)[2]가 있을 거야. 그것을 드리게." 물론 나는 그 말씀을 따랐다. 그때 나는 그것이 그 노인에 대한 은택恩澤인 것만큼이나 나에게도 은택이라고 느꼈다. 왜냐하면 나는 쁘라사드 주는 것을 하나의 미신이라고 멸시하고 있었기 때문이다. 그래서 스리 바가반이 나에게 하신 이 지시는 나의 회의적 관념을 치유하기에 족한 것이었다.

---

2) *T.* 신이나 스승께 올린 공양물의 일부를 그 헌신자에게 되돌려주거나 여러 헌신자들에게 나눠주는 것. 보통 음식물, 비부띠(*vibhuti*-성스러운 재) 등인데, 여기서는 비부띠를 말한다.

집에 돌아온 뒤 아쉬람에 편지를 보내어, 내가 문필 업무로 봉사를 하겠다고 자원했다. 그 답장으로, 아쉬람에서는 나에게 『스리 라마나 기타(*Sri Ramana Gita*)』의 텔루구어 운문 번역을 해 달라고 했다. 그에 따라 그 제1장을 번역하여 우송했다. 당시 스리 V. V. 나라야납빠가 아쉬람에 있었는데, 1936년 6월 21일에 편지를 보내어 말하기를, 스리 바가반이 그에게 이렇게 말씀하셨다고 했다. "번역이 훌륭하군. 보통 번역문은 원문보다 이해하기가 더 어려워 보이지. 그러나 여기 이 문체는 쉽고, 관념들이 잘 표현되어 있어. 괜찮군." 이런 자애로운 말씀에 고무된 나는 그 저작을 다 번역했고, 나중에는 스리 바가반의 권고로 스리 까비야깐타 가나빠띠 사스뜨리(Sri Kavyakanta Ganapati Sastri)가 지은 일부 다른 작품들과 스리 다이바라타(Sri Daivaratha)의 작품 하나도 텔루구어로 옮겼다.

그해 10월 6일, 나는 아쉬람에서 보내온 쁘라사드를 받았는데, 그것은 장티푸스로 몸져누워 있던 나라야납빠를 위한 것이었다. 그 아쉬람 편지에는 이렇게 쓰여 있었다. "그도 스리 바가반의 은총으로, 곧 회복되어 평소의 건강을 회복하기를 바랍니다." 이 환자는 고열에 시달렸고, 의사는 10월 6일과 7일이 고비가 될 거라고 했다. 그러나 6일에 쁘라사드를 주자 모두가 놀랍게도 그의 체온이 상당히 떨어졌고, 7일에는 정상 체온으로 내려왔다. 스리 바가반의 은총의 이 징표는 그 헌신자의 목숨을 살렸을 뿐 아니라, 그 효험을 눈으로 확인시킨 증거의 역할을 했다.

이어진 다사라(Dasarah) 연휴[3]에는 다시 아쉬람으로 가서, 내가 완역한 『스리 라마나 기타』 번역문을 스리 바가반의 두 발아래 바쳤다. 내 기원의 말을 귀담아 들으신 스리 바가반은 원고를 면밀히 살펴보셨고, 필요한 수정을 하셨다. 제9장 10연에서 당신은 수숨나(*Sushumna*)의 이름들에 '빠

---

3) *T.* 9일 간의 나바라뜨리 축제 기간(9~10월). 다사라 또는 비자야다사미(Vijayadasami)는 그 마지막 날로, 두르가(Durga) 여신이 악마 마히샤(Mahisha)를 죽인 것을 기념하는 날이다.

라(나디)'(*Para (Nadi)*)를 추가하여 원문 텍스트 자체를 고치시고, 그것을 뒷받침하는 『암리따빈두 우파니샤드(*Amritabindu Upanishad*)』의 구절을 인용해 말씀하셨다. 제16장 5연에서는 비샤야(*vishaya*)[대상]를 비샤이(*vishayi*)[주체]로 대체하여 읽을 수 있게 하시고, 그것을 더 선호하셨다. 스리 바가반이 말씀하셨다. "왜냐하면, 어떤 사람들은 **지고의 존재**를 명상과 숭배의 '대상'으로 이야기하기 때문입니다. 예컨대 그들이 '사탕 자체가 되는 것보다는 사탕을 맛보는 것이 더 낫다'고 말할 때처럼 말입니다. 모든 존재의 **근원**을 지각력 없는 사물에 비유하는 것보다 더 큰 신성모독이 있을 수 있습니까? 만일 **진정한 자아**(Real Self)가 대상이라면, '주체'는 누굽니까? 그래서 그것을 비샤이[주체]로 읽는 것이 더 낫습니다." 스리 바가반은 제5장 6절에 대해 언급하면서, 영적인 **심장**이 가슴 오른쪽에 있다는 것을 처음 안 것은 당신 자신의 체험에 의해서였다고 말씀하셨다. 나중에 당신은 그에 대해 『아쉬땅가흐리다얌(*Ashtangahridayam*)』[4]의 말라얄람어판과 『시따 우파니샤드(*Sitopanishad*)』에서 이야기하고 있는 것을 읽으셨고, "현자의 심장은 그의 오른쪽에 있고, 우자愚者의 심장은 그의 왼쪽에 있다"는 성경의 인용문[「전도서」, 10:2]도 들으셨다고 했다. 그리고 덧붙이셨다. "왜, 아이도 '나'를 확인할 때는 손가락이 늘 자기 가슴 오른쪽의 같은 자리를 가리키지, 결코 자신의 신체적 심장이나 양미간이나 머리를 가리키지는 않지요." 이 주제를 마무리하면서 스리 바가반은 뭔가를 드러내는 말씀을 하셨다. "실로 제가 알던 모든 것은 처음에는 직접체험에 의한 것이었지요. 나중에 경전들을 읽고서 앞서의 깨달음을 확인했을 뿐입니다. 그런 경전에서 새로 배운 것은 아무것도 없습니다."

아쉬람을 떠나기 전날 저녁에, 나는 스리 바가반께 내 아내가 갑자기

---

4) *T.* 인도 아유르베다가 기초하고 있는 핵심 의학서. 아짜리야 바그바따(Acharya Vagbhata, 550~600)가 7,120연의 산스크리트어 운문으로 지은 것으로, 베다 전통의 문헌에 속한다.

자식을 잃고 슬픔에 빠져 괴로워하고 있다는 이야기를 했다. "그 뒤로는 아들을 낳지 않았나?" 당신이 물으셨다. "아니요." 내가 대답했다. 스리 바가반은 한숨을 쉬고 말씀하셨다. "저런! 안됐군!" 이것은 1936년 10월 18일의 일이었다. 아내는 1937년 8월 1일, 사내아이를 분만했다. 나중에 그 아기를 스리 바가반께 보여드렸을 때, 당신의 첫 질문은 "아이 이름은 뭐지?"였다. 내가 "라마나 쁘라사담[라마나의 은총]입니다"라고 답하자, 스리 바가반이 외치셨다. "정말! 그거라고?" 그리고 놀랍게도 당신은 아이에게, 마치 당신의 쁘라사드(Prasad)를 보여주시기라도 하듯 바나나 두 개를 먹이셨다! 그것을 먹고도 아이는 소화에 조금도 문제가 없었다.

내가 하직인사를 할 때 도감都監(*Sarvadhikari*)[5]이 나에게 쁘라사드 세 봉지를 건네주었다. 나는 그것이 누구를 위한 것이냐고 물었다. 그때 같은 방에서 기름 목욕을 하고 계시던 스리 바가반이(당시에 그 방은 식당, 사무실, 그리고 바가반의 욕실을 겸하고 있었다), "하나는 자네 가족, 하나는 나라야납빠, 또 하나는 자네 친구를 위한 거지." 그 친구의 이름은 거명하시지 않았고, 나도 여쭙지 않았다. 이튿날 집으로 돌아온 뒤에, 아쉬람에서 내게 전달해 달라고 보낸 편지가 배달되었다. 그것은 자민다르(Zamindar)인 R. P. 레디 씨가 아쉬람의 내 주소로 보냈던 것으로, 당시 몇 달째 곡기를 끊고 쓰러지기 일보직전이었던 자신의 늙은 할머니를 위해 스리 바가반의 은총을 간청하는 내용이었다. 나는 스리 바가반이 "자네 친구"라고 말씀하신 것이 누구를 뜻하는지 즉시 이해했고, 그 쁘라사드를 가지고 급히 레디 씨를 찾아갔다. 며칠 후, 레디 씨가 나를 만나 그 쁘라사드가 자기 할머니에게 전환점이 되었다고 알려주었다. 이제는 할머니가 음식을 드시고 있고, 회복 중이라는 것이었다. 그녀는 스리 바가반

5) 스리 바가반의 아우인 스리 니란자나난다 스와미(Sri Niranjanananda Swami). *T.* '일체의 관장자'라는 의미의 *Sarvadhikari*는 당시 아쉬람의 운영 책임자이던 그의 공식 직함이었다.

에 대한 감사의 표시로 뭔가 공양물을 몹시 올리고 싶어 한다고 했다. 내 친구는 아쉬람에 보내는 관례적 선물들을 흡족해 하지 않았다. 그는 내가 『스리 라마나 기타』를 번역 중인 것을 알고 있었기 때문에, 그 책을 최상의 상태로 인쇄하겠다고 고집했고, 아쉬람에서는 스리 바가반을 대신하여 그 신심 깊은 제안을 받아들였다. 이것은 스리 바가반의 은총을 보여주는 또 하나의 놀라운 사건이었다.

1936년의 크리스마스 기간 동안, 나는 처음으로 스리 바가반의 자얀띠(*Jayanti*-탄신일)에 참석했다. 또 내가 텔루구어 운문으로 옮긴 「스리 라마나 짜뜨와림사뜨(*Sri Ramana Chatvarimsat*)」[스리 까비야깐타의 "스리 라마나 40찬가"]를 당신께 제출했다. 「스리 라마나 비박띠 아쉬따깜(*Sri Ramana Vibhakti Ashtakam*)」["스리 라마나 찬가 8연시"]에 대한 내 번역문은 우편으로 발송했는데 이미 도착해 있었다. 스리 바가반은 두 작품을 면밀히 살펴보시다가, 뒤의 작품을 지은 다이바라타(Daivaratha)가 그 첫째 연에서 스리 바가반을 "등산가(*Parvathiya*)"로 묘사했지만, 그의 스승인 나야나(Nayana)[스리 까비야깐타]가 그것을 "빠르바띠의 아들(*Parvatthya*)"로 바꾸라고 권했다고 말씀하셨다. 말이 난 김에 하는 말이지만, 스리 바가반은 늘 스리 까비야깐타를 '나야나'라고 부르시곤 했다. 이제 당신은 그를 그렇게 부르시게 된 경위를 들려주셨다. 처음에 스리 바가반은 그의 대단한 학식과 그가 당신보다 (1년) 연상임을 고려해 그를 사스뜨리 가루(Sastry Garu)라고 부르셨다. 그러나 스리 까비야깐타가 이의를 제기하면서, 자신을 시르라(*Sirrah*)라고 불러 달라고 스리 바가반께 간청했는데, 물론 스리 바가반은 그렇게는 하실 수 없었다.[6] 스리 까비야깐타의 제자들은 그를 '나야나'라고 불렀다. 그것은 '아버지'라는 뜻이었지만, 또한 산스크리트어 '따따(Tata)'처럼

6) *T.* 텔루구어로 Garu는 영어의 Sir 정도에 해당하는 경칭이고, *Sirrah*는 아랫사람을 다소 하대하여 부르는 멸칭이다.

'총애하는 아들'이라는 뜻도 있었다. 그래서 하나의 타협으로, 스리 바가반도 이후로는 스리 까비야깐타를 '나야나'라고 불러도 되는 것으로 두 분이 합의했던 것이다.

스리 바가반은 더 나아가 우리에게, 다이바라타는 이제 네팔에 살고 있고, '마하르쉬 가자난 사르마(Maharshi Gajanan Sarma)'로 불리면서 아주 존경받고 있다고 알려주셨다. 얼마 전에 한 방문객이 스리 바가반께 다이바라타가 어디 있느냐고 여쭌 모양이다. 스리 바가반이 그가 있는 곳이 알려지지 않았다고 대답하시려는 바로 그때, 그날 치 우편물이 스리 바가반께 건네졌는데, 그 첫 번째 편지가 네팔, 스리 크세트람(Sri Kshetram)의 마하르쉬 가자난 사르마에게서 온 것이었다. 거기서 그가 쓰기를, 비록 자신은 멀리 있으나, 늘 스리 바가반의 발아래 있을 뿐이라고 느낀다고 했다. 마치 그 느낌을 강조하기라도 하듯, 그 편지에는 풍성한 턱수염을 기른 다이바라타의 사진 한 장이 동봉되어 있었다. 스리 바가반은 그때, 마치 다이바라타 자신이 직접 나타나서, 방문객의 그 물음에 "나, 여기 있다오!" 하고 대답하는 것처럼 느껴졌다고 덧붙이셨다.

스리 바가반은 또한, 나야나가 『스리 라마나 기타』의 제18장을 짓고 있을 때 한 방문객이 잘 익은 예쁜 황금빛 망고 몇 개를 쟁반에 담아 가져왔는데, 그것을 본 나야나가 제4연에서 스리 바가반의 안색을 잘 익은 망고에 비유했다고 말씀하셨다. 같은 장의 제10연은 환상적으로 해석되고 있었지만, 다행히 인쇄에 넘겨지기 전에 나야나가 그것을 발견하여, 만트라 샤스뜨라(*Mantra Sastra*)[7]에서 나온 그 연의 전문용어들을 설명하는 주석을 하나 썼다.

자얀띠 축하연을 위해 많은 서양인 방문객들이 와 있었다. 그들 중 한

---

7) *T.* 만트라, 즉 우주적·영적 소리와 그 에너지, 소리와 신들과의 연관성, 만트라 염송 등, 소리에 관한 제반 측면을 다루는 베다적 학문 분야.

명인 모리스 프리드먼(Maurice Frydman) 씨는 미묘한 지성을 지닌 폴란드 유태인으로, 진아 깨달음을 위한 실제적 지침이 될 독창적 수단들을 스리 바가반께 연신 질문했다. 스리 바가반은 예리한 관심을 가지고 그의 논변을 경청했지만, 내내 침묵을 지키셨다. 무슨 말씀이라도 해달라고 채근하자, 스리 바가반은 『성서』에 있는 "고요히 있으라, 그리고 내가 하느님임을 알라"는 구절만 인용하시고, 하느님은 "내가 하느님임을" '알라'고 했지 '생각하라'고 하지 않았다는 한 마디를 덧붙이셨다. 우리는 스리 바가반이 하신 말씀이, 그런 모든 논변은 지성에서 흘러나온 것이고, 그 지성을 고요히 하는 것이 깨달음에 이르는 유일한 길이라는 뜻이라고 이해했다.

또 한 사람의 방문객 던컨 그린레이스(Duncan Greenlees) 씨는 말했다. "바가반, 저희가 당신의 친존親存(presence)에 있을 때는 어떤 순수함과 평안의 후광이 저희 주변에 있는 것 같습니다. 그것은 저희가 이곳을 떠난 뒤에도 한동안 지속됩니다. 그러다가 그것이 사라지고, 예전의 어리석은 모습들이 돌아옵니다. 그것은 왜 그렇습니까?" 스리 바가반이 답변하셨다. "그것은 모두 마음의 작용입니다. 배터리처럼, 그것은 닳아지고 재충전되어야 합니다. 그러나 마음 제어가 완전할 때는, 더 이상 어떤 문제도 없을 것입니다."

그린레이스 씨는 남인도에서 커피를 마시는 방식, 즉 컵을 입술 위로 높이 들어 올려 그 뜨거운 내용물을 연속적 흐름으로 따르면서 꿀꺽꿀꺽 삼키는 방식을 지켜보면서 몹시 놀란 표정을 하고 있다가, 웃음을 터뜨리며 말했다. "바가반, 저는 당신을 친견하고 나서 다시 태어날지 잘 모르겠지만, 만약 태어난다면 남인도인으로는 태어나지 않았으면 합니다. 그래야 저렇게 액체 불을 삼키는 시련을 면할 테니까요!"

띠루반나말라이에서 열린 '전 인도 무슬림 종교회의'에 참석했던 몇 명의 저명한 무슬림 성직자들이 스리 바가반을 친견하러 와서 질문했다.

"모든 종교들의 목표는 무엇입니까?" 스리 바가반이 신속하게 답변했다. "순복順服(surrender)을 통한 평안입니다. 그것이 '이슬람(*Islam*)'이라는 말의 의미이지요." 이 답변에 그들은 모두 굉장히 즐거워했다.

어떤 사람이 질문했다. "세계가 거짓이라는 말의 의미는 무엇입니까?" 스리 바가반은 "그것은 세계가 실재한다는 의미지요."라고 희한하게 대답하시고는, 이러한 산스크리트 시 한 수를 인용하셨다. "무지를 통해 세계로 보이는 세계는 거짓이지만, **지**知를 통해서 **브라만**으로 보이는 세계는 실재한다네."

나는 1937년 2월의 짧은 연휴를 이용해 다시 아쉬람에 가서 스리 까비야깐타의 「기따말라(*Gitamala*)」에 대한 내 번역문을 직접 제출했다. 내가 **회당**에 들어가서 절을 하고 있을 때, 다섯 살인 내 딸 랄리따(Lalita)가 스리 바가반 가까이 가서 당신께 이렇게 여쭈는 것을 보고 나는 기겁을 했다. "**당신의** 성함은 뭐예요?" 스리 바가반은 반문으로 답하셨다. "**네** 이름은 뭐니?" "제 이름은 랄리따에요." 그러고는 같은 질문을 반복했다. "당신의 성함은요?" 이제 스리 바가반은 오른손을 당신 가슴 오른쪽에 두고 당신 자신을 가리키며 말씀하셨다. "뭐야! 네가 **나**를 모른다고?" 아이가 즉시 대답했다. "아, 알아요! 그냥 재미로 여쭤본 거예요." 그러자 스리 바가반은 웃음을 터뜨리셨다.

랄리따는 아쉬람의 규칙을 모른 채 스리 바가반의 판카(punkah)[8]를 잡아당기고, 당신의 책과 물건들을 건드리기도 하면서 **회당** 안에서 너무 활동적이었다. 스리 바가반이 아이에게 세 번이나 물으셨다. "너 거기서 뭐 하니?" 아이는 세 번이나 "저 조용히 하고 있어요."라고 답했다. 그러자 스리 바가반이 말씀하셨다. "이 아이는 아주 바쁘게 활동하면서도 자신이

---

8) *T.* 천장에 얇고 넓적한 판을 매달아 두고 줄을 당겨 움직여서 바람을 일으키는 장치. 천장 선풍기가 일반화되기 전에 인도에서 많이 쓰였다.

조용히 하고 있다고 말하는군요. 꼬마 아이가 이런 말을 하는데, 어른들은 이해하지 못하지요." 이때부터 랄리따는 스리 바가반이 총애하는 아이가 되었다. 당신은 아이를 구슬려 춤도 추게 하고, 아이가 타밀인 선생님에게서 배운 타밀어 노래들도 부르게 했다. 스리 바가반은 그 오락을 분명히 즐기셨고, 그럴 때는 당신의 은총이 넘쳐흐르는 것처럼 보였다.

랄리따의 하직인사는 더없이 감동적인 장면이었다. 아이가 무릎을 꿇자, 그때 조반을 드신 뒤 쪼그려 앉아 계시던 스리 바가반은 당신의 지팡이로 아이의 등을 톡톡 두드리고 말씀하셨다. "이건 네가 잊지 않도록 명심시키는 거야." 그런 다음 당신은 그녀를 들어 올려 가슴에 끌어안으셨다. 그리고 그 자리에 있던 사람들에게 말씀하셨다. "이 아이의 특별한 점은 이거지요. 새로움이나 낯섦에 대한 느낌이 없어요. 모든 존재와 모든 사물을 자기 자신의 것으로 여깁니다."

원본 「기따말라」에는 찬가가 10개밖에 없었다. 그 중 하나인 「인드라 기땀(*Indra Gitam*)」은 스리 까비야깐타 자신이 (텔루구어로) 직접 번역해 두었다. 스리 바가반은 그 시리즈에 스리 까비야깐타의 예전 시 「따라까 라마 기땀(*Taraka Rama Gitam*)」을 덧붙여 내가 번역하게 하셨다. 스리 바가반은 또한 우리에게, 나야나는 인근 마을 빠다비두에 거주하던 신을 찬양하는 「레누까 기땀(*Renuka Gitam*)」을 지었는데, 그 찬가에서는 그 신이 꾼달리뿌리(Kundalipuri)라고 불린다고 알려주셨다.

이번에 내가 『스리 라마나 기타』와 그 부록들을 번역하느라고 바쁜 것을 보신 스리 바가반이 농담처럼 이렇게 말씀하셨다. "자네의 대학 업무에 대해서는 봉급을 받지. 그러나 이런 노고에 대한 자네 급료는 뭐지?" 나는, 내가 실은 그렇게 초연한 것은 아니고, 오히려 금전적 보상보다 훨씬 더 높은 보상을 구하고 있다고 대답했다. 기이하게도, 나는 다음달 중순 졸업시험이 시작되기 전날, 수석 시험관(Chief Examiner)을 맡아 달라는 깜짝 제안을 전보로 받았다. 나중에 그 경위를 알게 되었다. 대학 당국에서 실수로, 필요한 인원보다 시험관을 한 명 적게 임명했는데, 시험일 바로 전날 실수를 발견한 모양이었다. 그래서 그들은 내 이름이 맨 위에 있던 예비 명부를 보고, 나에게 전보를 쳤던 것이다. 그 상황에서 그것은 워낙 뜻밖의 일이어서, 나는 그 행운을 스리 바가반의 은총이 만든 기적으로 여겼다. 여름에 스리 바가반을 다시 뵈었을 때 그 자초지종을 들려드리면서, 내가 『스리 라마나 기타』 일을 한 덕분에 과연 급료를 받았고, 그것도 스리 라마나께서 직접 주시는 것을 받았다고 말씀드렸다.

1937년 여름 동안 아쉬람에 더 오래 머무르게 허락해 달라고 요청하는 내 편지에 대해, 1937년 5월 9일자로 된 아쉬람의 더없이 흡족한 답장을 받았는데, 이렇게 쓰여 있었다. "당신이 편리하다고 느끼는 언제든지 여기서는 당신을 아주 환영합니다. · · · 당신은 우리들 중 한 사람으로 간주되기에 · · · 당신이 편리하다고 느끼는 만큼 오래 머물러도 됩니다. · · · 당신은 방문객들의 범주에 들지 않는다고 제가 말할 필요가 없군요." 나는 이것을 스리 바가반의 특별한 은총의 징표로 소중히 간직했고, 그 이후로 계속 일 년에 적어도 세 번은 아쉬람에 가고 있다.

그해 여름, 내가 회당에 들어섰을 때 스리 바가반과 시자侍者 마다바스와미(Madhavaswami)가 눈짓을 교환하며 웃었다. 내가 영문을 모르는 표정을 하니, 스리 바가반이 마다바스와미에게 설명을 해주라고 하셨다. 마다바스와미가 말했다. "스리 바가반께서 당신의 『라마나 기타』를 위한 '차례'를 준비하시면서 글쓴이가 직접 와서 그것을 고칠지 모른다고 말씀하셨지요. 스리 바가반께서 마지막 단어를 막 다 쓰셨을 때, 이게 웬일입니까, 당신이 딱 나타난 겁니다!" 전에는 결코 그런 생각을 못했지만, 그때 나는 깨달았다. 내가 여기 온 것은 나 자신의 의지가 아니라 스리 바가반의 의지였다는 것을.

내가 도착한 직후에 스리 바가반은 유머러스하게 나를 스리 M. S. 벤까따라마이야(Venkataramayya)를 위한 수뜨라다리(*sutradhari*)[무대감독]로 임명하셨다. 이분은 오래된 헌신자로, 나의 예전 교수님(대학 은사)이다. 나는 최근에 결혼식을 올린 그의 따님 결혼을 중매하는 일로 도움을 드린 바 있었다. 그날 한낮에 스리 벤까따마이야가 나와 『스리 라마나 짜리뜨람』의 저자인 스리 V. 벤까따크리슈나이야(Venkatakrishnayya)를 자신의 집으로 저녁식사에 초대하면서 스리 바가반의 허락을 구했다. 스리 바가반은 미소로써 승인하시고 이렇게 말씀하셨다. "그런데 아무도 나를 저녁식사에 초대하지는 않는군. 당신들이 나 없이 어떻게 식사를 할 수 있는지 어디 보십시다. '나는 바이스와나라(*Vaiswanara*)[생기의 불]가 되어 모든 중생들의 몸 안에 들어가서, 올라가는 생기, 내려가는 생기와 섞이고, 네 종류의 음식을 소화시킨다'는 말을 들어보지 않았나요?" 스리 벤까따라마이야는 우리 둘을 한 달구지에 태워서 갔는데, 도중에 달구지가 거꾸로 뒤집히면서 바퀴가 산산조각 났다. 우리는 기적적으로 다친 데 없이 빠져나왔다. 우리는 돌아와서 스리 바가반께 사건 전말을 말씀드리고, 이렇게 말했다. "바가반, 정말이지 당신께서 내내 저희와 함께 계셨습니다. 안 그랬으면 저희들이 불구가 되었을 것입니다."

어느 날 밤 식당에서 스리 바가반은 혹시 시골 오렌지로 담근 피클이 있는지 물으셨다. 도감은 그것이 없다는 것을 알고 화가 났다. 다음날 오후, 스리 G.L. 나라싱하 라오가 평소처럼 아쉬람 발송 우편물을 가져와서 바가반이 살펴보시게 드렸는데, 도감이 마두라이의 한 헌신자에게 시골 오렌지 한 바구니를 보내 달라고 부탁하는 편지가 들어 있었다. 스리 바가반은 그것을 읽으시고 역정을 내며 말씀하셨다. "이 사람들에게는 구원(salvation)이 시골 오렌지에 있나 보군! 그렇지 않다면 왜 우리가 그것을 보내달라고 누구에게 편지를 보내야 하나? 그런 게 오게 되어 있는 운명이라면 저절로 오지 않겠나? 뭐, 자네 좋을 대로 하시게!" 그렇게 말씀하시고 당신은 그 편지를 스리 나라싱하 라오에게 던져 버렸다. 그가 벌벌 떨면서 물러나고 있을 때, 한 철도 납품업자가 밀봉한 바구니 소포 두 개를 가지고 회당에 들어왔는데, 철도화물 상환증(R.R.: Railway Receipt)도 받은 적이 없는 것이었다. 당시에는 아쉬람에 뭔가가 오면, 안으로 들여가기 전에 스리 바가반께 먼저 보여드리는 것이 어김없는 관행이었다. 그때 스리 바가반은 웃으면서 말씀하셨다. "뭐야! 이 소포들, 시골 오렌지인가? 열어 보게." 열어 보니, 이게 웬일, 두 바구니 모두 시골 오렌지가 가득 들어 있었다! 즉시 그것들을 주방으로 가져가 썰어서 피클을 담그게 했다. 스리 바가반이 다시 말씀하셨다. "아마 한 바구니는 신 오렌지이고, 다른 바구니는 단 오렌지일 걸." 그리고 한 사람을 보내어 그것들을 섞기 전에 확인해 보게 하셨다. 정확히 스리 바가반이 말씀하신 대로였다. 단 오렌지들을 먼저 벗겨 그 조각들을 당시 그 자리에 있던 모든 헌신자들에게 나누어 주었다. 경이로움에 사로잡혀 있던 내가, 그 사건을 하나의 기적으로 볼 수 있는지, 아니면 그냥 우연의 일치인지 여쭈었다. 그 답변으로, 스리 바가반은 『요가바쉬슈타(*Yogavasistha*)』에 나오는 한 구절을 인용하셨는데, 그것은 이러했다. "현자들의 심장 속에 비장되어 있는 이 쁘라냐(*prajna*-깨달은 지혜)가 찐따마니(*Chintamani*)[소원을 이루어주는 보석]라오. 그것은 깔빠라따(*Kalpalata*)[소원을 이루어주는 천상의 덩굴식물]처럼, 뭐든 생각하는 것을 즉시 성취시켜 준다오." 당신은 스리 샹까라짜리야가 『분별정보分別頂寶(*Vivekachudamani*)』에서 쁘라냐를 '원습原習(*vasanas*)이 없는 순수한 의식인 생각'으로 정의한 것도 인용하셨다. 나중에 스리 바가반은 은총에서 우러나, 두 인용문을 손수 써서 나에게 주셨다.

스리 V. 아난타짜리는 텔루구어 『라마나 기타』를 인쇄하느라고 굉장히 많은 공을 들였다. 서문에서 그의 봉사에 감사하는 언급을 했을 때, 그는 자신의 이름이 그렇게 들어가서는 안 된다고 스리 바가반께 열심히 간청했다. 스리 바가반이 그에게 말씀하셨다. "왜 걱정하나? 자네 이름을 빼달라고 하는 것도 그것을 넣어 달라는 것만큼이나 에고성이지. 그러니 그건 내버려 두게. 어쨌거나, 아난타짜리가 누군지 누가 알겠나?"

이 방학기간에 나는 에짬마(Echamma)를 알게 되었는데, 그녀는 무달리아르 빠띠(Mudaliar Patti)와 함께 30년 넘게 스리 바가반과 당신의 헌신자들에게 음식을 공양했던 분이다. 에짬마의 집은 모든 스리 라마나 헌신자들에게 하나의 열린 여행자숙소(*choultry*)였고, 그녀는 그들을 자신의 일가친척처럼 대했다. 나에 대해서도 그녀의 마음은 늘 애정으로 흘러 넘쳤다. 그녀는 옛 시절의 무수한 일화들을 들려주곤 했는데, 그 덕에 스리 바가반이 내 가슴에 더 가깝게 다가왔다. 그 이야기들 중 두 가지만 여기서 언급하겠다. 한번은 스리 바가반이 산 위에 살고 계실 때, 에짬마가 음식 바구니를 가지고 산을 올라가다가, 실망한 표정을 지으며 내려오는 일군의 순례자들을 만났다. 그들에게 물어 보니, 자신들은 먼 데서 왔는데 마하르쉬를 찾고 또 찾았으나 어디서도 당신을 발견하지 못했다는 것이었다. 에짬마는 그들에게 스리 바가반을 보여 드리겠다고 약속하고, 그들을 데리고 갔다. 그들은 스리 바가반을 친견할 때 너무 놀라면서 쑥스러워했다. 왜냐하면 앞서 샅가리개를 한 당신이 진흙 벽을 쌓는 일을 거들고 있는 것을 보고는 당신을 일꾼으로 착각하고 "스와미는 어디 계신가요?"라고 물었기 때문이다. 스리 바가반은 "모릅니다"라고 대답하신 모양이다. 그들이 떠난 뒤 에짬마는 당신에게, 가난한 순례자들을 헤매게 하셨다고 나무랐다. 바가반이 답변하셨다. "뭐라고요! 제가 그들에게 '자 보세요, 여기 스와미가 있으니'라고 해야 합니까!" 스리 바가반이 도둑들의 공격을 받았을 때(1924년)는 에짬마가 읍내에 없었던 것 같다. 그 소식을 듣자 정신이 번쩍 든 그녀는 급히 아쉬람으로 돌아갔고, 스리 바가반을 뵙자 눈물을 쏟았다. 스리 바가반은 그 사건을 대수롭지 않게 취급하면서 그녀에게 말씀하셨다. "왜 흥분합니까? 이런 일은 전혀 특이한 게 아닙니다. 여러분이 먹을 것과 다른 것들로 저에게 봉사하듯이, 이 도둑들도 저에게 매로 봉사했지요. 그들도 저의 헌신자들입니다!"

이 무렵 나는 프랑스인 방문객인 마르셀 리외(Marcel Rieu)와 친구가 되었다. 리외 씨는 영어를 거의 못했고, 나는 불어를 전혀 몰랐다. 하루는 스리 바가반이 우리가 회당에 함께 있는 것을 보시고, 우리가 어떻게 대화를 하는지 궁금해 하셨다. 나는 우리가 어떻게 자신의 느낌을 통해서 말없이 의사소통을 하는지 설명해 드렸다. 스리 바가반이 말씀하셨다. "그렇지요, **침묵**이 심장의 참된 매개물입니다." 당신은 우리의 친교를 기꺼워하시는 것 같았다.

어느 날 오전에는, 가족과 함께 아쉬람을 방문 중인 당시 우타르프라데시 주 알라하바드 군구郡區(Allahabad Division) 판무관辦務官(Commissioner)이던 고등문관(I.C.S.)[9] 스리 빤나 랄(Sri Panna Lal)이 스리 바가반께, 자신은 부와 권력, 모든 물질적 안락을 가졌는데도 평안을 발견할 수 없다고 하소연했다. 스리 바가반이 그에게 물으셨다. "왜 평안을 원하지요? 왜 그대가 있는 그대로 있지 못합니까?" 스리 빤나 랄이 대답했다. "평안하지 않고는 제가 행복하다고 느끼지 못하기 때문입니다." 그러자 스리 바가반이 말씀하셨다. "그것은 이와 같습니다. 두통으로 고생하는 사람은 그에 맞는 약을 먹어서 그 질환을 없앨 때까지는 고요히 안식하지 못하겠지요. 건강은 우리의 성품이지만 질병은 그렇지 않으니까요. 마찬가지로 **평안**은 우리의 성품입니다. 실로 우리가 곧 **평안**입니다. 그러나 우리

---

9) *T.* 인도의 군구郡區(Division)는 몇 개의 군郡(district)을 한데 묶은 주 관할 행정단위이고, 판무관(Commissioner)은 징세 등 군구의 행정을 관장하는 중앙정부 소속 행정가이다. 고등문관(I.C.S.)은 식민지 시절 문관시험으로 선발된 중앙정부 소속의 고위 공무원이었다.

는 그것을 잊어버리고 외부의 원천에서 **평안**을 추구합니다. 그것은 이룰 수 없는 탐구이고, 그것이 모든 문제를 야기합니다. 그대의 마음을 외부의 대상들에게서 거두어들여 내면으로 향하게 하는 순간, 진정한 **평안**을 맛보고 행복을 느낄 것입니다."

스리 빤나 랄은 입 안에서 사르르 녹는, 빤 수빠리(pan supari)의 풍미가 나는 최고급 빈랑檳榔(betel-nut) 분말을 내놓았다.[10] 스리 바가반은 그것을 아주 훌륭하다고 평가하시고, 자애롭게도 나에게 맛보라고 조금 주셨다. 그 직후 스리 빤나 랄이 승진하여 우타르프라데시 주 최초의 국민의회(Congress) 정부 총리가 되었을 때, 나는 마치 **주 크리슈나**가 드신 수다마(Sudama)의 튀밥(puffed rice)처럼, 스리 바가반이 맛보신 그의 빈랑 분말 덕에 그런 복을 받았나보다 생각하면서, (편지로) 그를 축하했다.[11] 스리 빤나 랄은 답장으로 1938년 3월 27일자 편지에서 이렇게 썼다, "저의 현재의 높은 직위에 대해 받은 많은 축하편지들 중에서, 당신의 편지만큼 진정한 행복을 안겨준 것이 없었습니다. 저의 마음 속에 있던 '**이 큰 영예는 스리 바가반의 은총 때문이다**'라는 믿음을 그 편지가 확인시켜 주었지요."

하루는 스리 바가반이 고故 T.M. 나이르 박사의 누이인 고故 암마니 암말의 전기를 막 읽으시고 나서, 그녀의 학식, 박애와 헌신을 칭찬하여 말씀하셨다. 그녀는 마지막 병환 중에 스리 바가반께 전보를 보내어 평화롭게 최후를 맞게 해 달라고 기도했다. 스리 바가반이 그녀의 편지(전보)를 막 살펴보고 계실 때 그녀는 자신의 집에서 운명했다. 스리 바가반은

---

10) *T.* '수빠리'는 빈랑(areca nut-빈랑야자의 열매)을 빻은 것이다. 남아시아인들은 일종의 자극제로 흔히 빈랑을 베틀후추(betel piper) 잎에 싸서 씹는데(그래서 빈랑을 betel-nut라고도 한다), 이것을 '빤(*paan*)'이라고 한다. 또한 104쪽을 참조하라.

11) *T.* 수다마는 어릴 때 **크리슈나**의 동급생이었으나 나중에 몹시 가난해졌다. **크리슈나**가 그를 찾아왔을 때 수다마는 남아 있던 튀밥을 그에게 공양했는데, **크리슈나**가 떠난 뒤 갑자기 그의 움막이 큰 저택으로 변하고 살림이 풍족해졌다. 『바가바따 뿌라나』에 나오는 이야기다.

이 사건을 들려주실 때, 워낙 감동하여 눈물을 흘리셨다. 어느 이른 아침에는 스리 바가반이 우리가 어떻게 매일 진정한 **자아**를 언뜻 보는지를 설명해 주셨다. 잠과 생시 사이에는 하나의 일시적 어스름(잠도 아니고 생시도 아닌 틈새)이 있다. 생시 의식은 '나'라는 생각과 함께 시작된다. 그 '나'라는 생각이 일어나기 직전에 일순간 차별상 없는 순수한 **의식**이 있다. 처음에는 무의식이 있고, 그런 다음 순수한 **의식**의 빛이 있고, 그런 다음 '나'라는 생각과 함께 세계의식(world-consciousness)이 쏟아져 들어오는데, 이것이 그 순서이다. 그 중간의 상태가 **진아자각**(Self-awareness)이다. 우리가 충분히 경각하고 있고 활짝 깨어 있으면 그것을 감지할 수 있다.

더 나아가 스리 바가반은 생시·꿈·깊은 잠의 세 가지 상태가 어떻게 우리의 깨달음을 위해 베풀어져 있는지를 설명하셨다. 스리 바가반이 말씀하셨다. "생시에는 내가 이 육신을 가지고 이 세계 안에 존재합니다. 꿈속에서는 내가 나 자신으로부터 형상들의 한 세계를 현현하고, 나 자신을 그것과 동일시합니다. 깊은 잠 속에서는 내가 어떤 세계나 형상도 의식하지 못하지만, 그래도 내가 존재합니다. 만약 내가 존재하지 않으면 생시 의식으로 돌아올 수 없을 것이기 때문입니다. 그러면 세 가지 상태의 공통 근원은 무엇입니까? 그것은 '나(I)' 혹은 '내가 있다(I am)'에 지나지 않습니다." 여기서 스리 바가반은 (성서의) 「출애굽기」 제3장에서 신이 모세에게 한 답변을 인용하셨다. "그리고 하느님이 모세에게 '**나는 내가 있다는 것이다**(I am that I am)'라고 말했고, '그러니 너는 이스라엘 자손들에게, "**내가 있다**"께서 나를 너희에게 보내셨다고 하라'고 했지요."

스리 바가반은 또한 다섯 껍질(*pancha kosas*), 즉 물질·생기·마음·지성·지복의 껍질들은 (순차적으로) 하나가 다른 한 껍질 안에 쏙 들어가고, 가장 내면에 **진아**가 들어 있다는 통상적 관념에 오류가 있다는 점을 지적하셨다. 당신은 다섯 껍질에 대한 적절한 비유는 향기가 나는 수건과 같을 거라고 말씀하셨다. 그 수건은 소재[면이나 실크] · 질감 · 크기 · 색상 · 향기가 있고, 각기 다섯 껍질에 상응하지만, 그 다섯 가지는 서로 별개가 아니며, 그 수건의 모든 섬유 안에 함께 공존한다. 마찬가지로, 다섯 껍질은 진아 안에 함께 통합된다는 것이다.

이번에는 내가 아쉬람에 오래 머물렀기에 떠나는 것이 못내 아쉬웠고, 그런 나의 감정은 돌아오는 길에 지은 몇 수의 텔루구어 시에 담겨져 아쉬람으로 우송되었다. 그 첫 수에서는 이렇게 썼다. "당신의 두 발을 떠나 저의 집으로 가다니요, 오호라! 새 며느리가 친정을 떠나 시어머니 집에 들어가 살려고 나서는 듯한 심정입니다." 아쉬람의 답장에서는 이렇게 말했다. "당신의 감정이 가득한 '시(*padyam*)'가 있는 당신의 편지를 스리 바가반께서 세심히 읽어 보셨습니다." 바로 다음번에 아쉬람에 돌아갔을 때는 스리 바가반이 나를 맞으면서 말씀하셨다. "어라! 새 며느리가 친정에 돌아왔네! 여러분은 그에 어울리게 그녀를 대우하세요." 나는 이 자애로운 말씀이 단지 재미로 하신 것만은 아니고, 언제나 나에 대한 스리 바가반의 태도를 참으로 묘사하는 거라는 것을 깨달았다. 그것은 순전히 (자식에 대한) 부모의 사랑이었다.

1937년 10월 31일, 두 살 난 내 딸 인디라(Indira)가 두 번이나 경기를 일으켰는데, 두 번째가 첫 번째보다 더 심각했다. 아이는 갑자기 의식을 잃었고, 모든 생명 필수기관들이 작동을 멈추어 사실상 죽은 듯이 보였다. 대증요법 의사(양의)는 자신이 어떻게 해볼 수 없다면서 아유르베다 치료를 조언했다. 한 노인이 불을 붙인 자신의 담배 파이프로 아이의 양미간을 지지자 아이가 미약하게 신음하면서 생명 기능들이 약간 되살아났다. 그래도 기운을 차리지는 못하고 빈사 상태로 누워 있었다. 아유르베다 의원을 모셔 오려고 두 명에게 차례로 사람을 보냈으나 찾지 못했다. 이 위기에 내 눈이 스리 바가반의 사진을 보고 환히 밝아졌고, 나는 당신께 절을 하며 속으로 말했다. "오, 바가반! 사람이 할 수 있는 모든 조력이 실패했고, 당신만이 아이를 구해주실 수 있습니다." 일어나면서 나는 기계적으로 서랍을 열고 전신용지 하나를 꺼내어, 아이를 위한 스리 바가반의 은총을 기원하는 급전急電을 보냈다. 전신 당국에서는 그 메시지가 아쉬람에 오후 7시에 도착할 거라는 말을 전해왔다. 정확히 오후 7시에 아유르베다 의원 두 분이 동시에 도착했고, 스리 V. V. 나라야납빠도 와서 내 손에다 내 앞으로 온 봉투 하나를 쥐어주며 말했다. "여기 그 아이를 위한 스리 바가반의 쁘라사드가 있네." 그것은 내 기도에 대한 스리 바가반의 기적 같은 응답으로 느껴졌다. 스리 나라야납빠는 그것이 지난해에 자신이 아플 때 내가 그를 위해서 가져왔던 그 쁘라사드인데, 같은 봉투에 보관해둔 것이라고 설명했다. 그것을 아픈 아이를 위해 써야 한다고 느꼈다는 것이었다. 두 의원은 서로 의논하면서 아이를 치료했고, 위험한 고비는 넘겼다고 나에게 보증했다. 그날 밤, 나는 아이 옆에서 자면서 경이로운 꿈을 꾸었다. 나는 스리 바가반의 회당에 있었다. 스리 바가반은 평소처럼 당신의 침상에 비스듬히 기대고 계셨다. 당신 앞에는 엄청나게 키가 큰, 검고 험상궂게 생긴 사람 하나가 서 있었다. 스리 바가반이 당신의 검지로 그에게 회당을 나가라는 손짓을 세 번 하셨다. 그러자 그 낯선 사람은 첫 번째 출구로 떠났다. 그때 스리 바가반이 나를 돌아보고 가까이 오라고 부르시더니 물으셨다. "자네 아이는 어떤가?" 내가 대답했다. "바가반, 당신의 은총으로 한결 나아졌습니다." 그러자 스리 바가반이 말씀하셨다. "그녀는 괜찮아질 거야. 두려워하지 마." 그리고 내 등에 당신의 손을 얹으셨다. 당신의 접촉에 나는 전율했고, 꿈은 사라졌다. 다음날 오전에 나는 아쉬람에서 보낸 다음과 같은 답장을 받았다.

"어젯밤 7시에 당신의 전보를 받았고, 스리 바가반께서 살펴보셨습니다.

우리는 그 아이가 회복될 거라는, 아이에 대한 스리 바가반의 축복이 있었음을 당신에게 보증합니다. 부디 걱정 마시기를."

위의 사건과 내 꿈과 관련한 나의 편지에 대한 답장으로는 아쉬람 당국에서 이렇게 썼다. "우리는 스리 바가반의 은총을 통해 당신의 아이가 거의 위중한 상태에서 회복된 것을 알고 매우 기쁩니다. 그것은 스리 바가반의 은총이고, 바가반의 자애로운 은총의 불가사의한 작용과 당신의 깊은 헌신을 말해줍니다."

크리스마스 기간에 다시 아쉬람을 방문했을 때, 스리 바가반께 내 전보를 읽고 무슨 생각을 하셨는지를 여쭈었다. 당신은 이렇게만 말씀하셨다. "그래, 자네 메시지를 읽었고, 시계가 일곱 시를 치는 것도 알았지." 내가 끈질기게 여쭈었다. "스리 바가반, 그 아이를 구하기 위해 뭔가를 하셔야 한다고 생각하지는 않으셨습니까?" 스리 바가반의 답변이 즉시 나왔다. "그 아이를 구하겠다는 생각조차도 산깔빠(*sankalpa*)[의지]이고, 산깔빠를 가진 사람은 진인이 아니지. 사실 그런 생각은 불필요해. 진인의 시선이 어떤 것에 가 닿으면 거기서 어떤 신적인, 자동적인 작용이 시작되는데, 그것 자체가 최고의 이익으로 이끌어주지." 그 대화는 스리 바가반이 직접 말씀하신 '신적인, 자동적인 작용(divine, automatic action)'이라는 영어 구절 외에는 모두 텔루구어로 이루어졌다.

어느 날 오전에는 회당에서 내 곁에 앉아 있던 고참 헌신자이자 작곡가인 스리 M.V. 라마스와미 아이어(Ramaswami Iyer)가 우연히 내가 지은 영어 자유시들이 들어 있는 내 공책을 넘겨보게 되었다. 그는 그 시들이 워낙 마음에 들어 즉시 그것을 스리 바가반께 보여드리면서, 내가 그것을 라빈드라나트 타고르의 방식으로 지은 거라고 말씀드렸다. 그러자 스리 바가반이 자애롭게도 그것을 다 읽어 보셨다. '유레카(*Eureka*)'라는 제목의 노래에서 스리 바가반은 '크로스워드 퍼즐(crossword puzzle)'을 '크로스월드 퍼즐(cross-world puzzle)'로 읽으시고는 다시 고쳐서 읽고 싶어 하셨다. 그러나 나는 스리 바가반이 그렇게 읽으신 것이 그 의미를 헤아릴 수 없이 향상시켰다고 느꼈고, 그래서 그것을 채택해도 되겠느냐고 허락을 간청했다. 당신이 '현미경 밑에서(Under the Microscope)'라는 노래에 이르렀을 때는 마침 그 자리에 있던 한 화학교수에게 "과학에서는 그에 대해 뭐라고 할까요?"라고 물으셨다. 교수는 그냥 웃기만 했다. 스리 바가반은 '저와 당신(I and Thou)'이라는 작품을 소리 내어 읽으셨고, "저 없는 저는 **당신**입니다. **당신** 없는 **당신**은 저입니다. 실로 저와 **당신**은 하나입니다"라는 마지막 구절에서 웃음을 터뜨리셨다. 나는 가벼운 기분으로 타고르의 노래인 "나는 한 마리 사향사슴처럼, 나 자신의 향기에 미쳐서 달리네. 나는 내가 얻지 못할 것을 추구하고, 내가 추구하지 않는 것을 얻는다네."를 인용했는데, 스리 바가반은 그것이 워낙 마음에 드셔서, 그 의미를 당신의 헌신자들에게 타밀어로 설명해 주셨다.

나는 시와 여타 **예술**이 **진아 깨달음**을 위한 한 수단(*Sadhana*-행법)으로 사용될 수 있는지 여쭈었다. 스리 바가반이 말씀하셨다. "마음의 집중을 이루게 해주는 어떤 것도 도움이 됩니다. 그러나 어떤 기예技藝(Art)든 그것을 계발하면, 알람-브하브(*alam-bhav*), 즉 그것을 할 만큼 했다는 느낌이 드는 단계가 오고, 그런 다음 그것을 넘어서게 되겠지요." 내가 수사학자修辭學者들이 **라사**(*Rasa*-예술의 고상하고 아름다운 감정)를 '브라마난다 사호다람(*Brahmananda sahodaram*)'['브라만의 지복에 가깝다']으로 묘사해 왔다는 점을 말씀드리자, 스리 바가반이 말씀하셨다. "왜 사호다람(*sahodaram*)[가깝다]인가요? 그것은 **브라마난다** 그 자체입니다. 그도 그럴 것이, 경전에서 '라소 와이 사하(*Raso wai sah*)'['그가 라사다']라고 선언하지 않습니까? 실로 **브라마난다**가 유일한 **라사**입니다. 다른 모든 **라사**들은 그것의 희미한 그림자들일 뿐이지요."

내가 떠나기 전날 오전에, 알라하바드대학교 철학교수인 사이에드 박사(Dr. Syed)가 질문을 하나 했다. "바가반, 창조계(creation)의 목적은 무엇입니까?" 보통 스리 바가반은 타밀어, 텔루구어, 혹은 말라얄람어로 답변을 하셨고 그것이 통역되었다. 이번에는 스리 바가반이 바로 영어로 말씀하셨다. 당신은 반문을 던지셨다. "눈이 그 자신을 볼 수 있습니까?" 사이에드 박사가 대답했다. "물론 볼 수 없습니다. 그것은 다른 모든 것을 볼 수 있지만, 그 자신은 보지 못합니다." 그러자 스리 바가반이 물으셨다. "그런데 만약 그것이 그 자신을 보고 싶어 한다면요?" 사이에드 박사는 뜸을 들이더니 말했다. "그것은 거울에 반사되어서만 그 자신을 볼 수 있습니다." 스리 바가반이 그 답변을 포착, 이렇게 말씀하셨다. "바로 그거지요. 창조계가 곧 눈(eye)이 그 자신을 보기 위한 거울입니다." 그래서 내가 스리 바가반께, 그 말씀은 'e-y-e'를 뜻하는 것인지, 'I'를 뜻하는 것인지를 여쭈었다. 스리 바가반은 우리가 그것을 비유적으로는 'e-y-e'로, 문자적으로는 'I'로 여겨도 된다고 말씀하셨다.

1938년 봄, 원본(타밀어판) 『스리 라마나 기타』가 재인쇄되고 있을 때, 나는 「스리 라마나 짜뜨와림사뜨」와 「스리 라마나 비박띠 아쉬따깜」을 텔루구어 산문으로 번역해 달라는 요청을 받았고, 두 번역 작품 모두 부록으로 그 저작(텔루구어판 『스리 라마나 기타』)에 들어갔다. 나는 스리 바가반이 「시바난다라하리(*Sivanandalahari*)」[12)]에서 골라 뽑으신 시구들의 텔루구어 운문체 번역문도 완성해서 올렸는데, 1938년 3월 22일자 아쉬람 편지에서는 그것을 잘 받았다고 알려주면서 이렇게 말했다. "스리 바가반께서 「시바난다라하리」에서 뽑은 10개 연을 살펴보셨고, 아주 정확하다는 것

---

12) *T.* 100연의 운문으로 된 샹까라(Sankara)의 저작. '시바난다라하리'는 '시바-지복의 파도'라는 뜻이다.

을 아셨습니다. 그 시들은 의미를 정확히 전달하고 있습니다."

아쉬람을 떠날 때 펜을 깜박 잊고 아쉬람에 두고 왔다. 그 펜은 스리 바가반께 석 달간 있다가 스리 요기 라마이야 가루(Sri Yogi Ramayya Garu)를 통해서 나에게 돌아왔다. 나는 그것을 받자 그 펜의 행운을 부러워하는 텔루구어 시를 한 수 지었는데, 그 펜은 스리 바가반 곁에 그토록 오래 머무르는 즐거움을 누리다가 스리 요기 라마이야에게 건네지면서 스리 바가반에 의해 신성해졌기 때문이다. 그 시를 이렇게 끝맺었다. "오 펜이여, 우리가 서로 위치를 바꿀 수 있다면 얼마나 좋을까!"

1938년 5월 18일자 아쉬람 편지는 최근에 내 맏딸의 결혼식과 장남의 성사식聖絲式(*upanayanam*)[브라민 소년의 성사착용식] 때 내가 지은 텔루구어 시들로 된 기원문을 잘 받았다면서, 다음과 같은 내용을 담고 있었다.

> "그것들[결혼식과 성사식]은 힌두의 삶에서 워낙 중요한 것으로 간주되기에, 성사식은 거듭남(rebirth)이라 불리고, 그래서 브라민을 드위자(*dwija*)라고 합니다.[13] 결혼은 힌두 처녀의 운명을 결정짓는데, 그녀의 인생관 전체가 점차 변화를 겪고, 그녀의 배우자는 하나의 숭배 대상이 됩니다. 그것은 길들이(결혼 전과 후의 행로가) 나뉘는 것입니다. 그런 이상理想들이 우리의 삶을 인도하지 않는다면, 그런 삶은 살 가치가 없습니다. 그런 일들을 맞이할 때, 우리는 자연히 우리 존재의 깊은 곳까지 감동 받습니다. 스리 바가반의 은총은 항상 기적들을 일으키고 있고, 헌신자는 때때로 자신도 모르게 자신이 어떻게 구제되는지를 생각하면서 뼛속까지 마음이 녹습니다. '은총의 충만함인 감로의 바다시여(*Karunapurna Sudhabdhe*)'[14]라는 구절은 늘 의식의 어느 먼 부분에서 떠돌고 있는 듯한데, 그것이 마음에 떠오를

---

13) *T.* 산스크리트어 *dwija*는 '두 번 태어난'의 뜻이다. 힌두들의 전통적 관념으로는, 부모에게 몸을 받는 것이 첫 번째 탄생이고, 브라민의 경우 성사(몸에 두르는 실)를 착용한 다음 학교에서 스승에게 가르침을 받기 시작하는 것이 '영적인 거듭남'을 뜻하는 두 번째 탄생이다.
14) *T.* 바가반의 「아루나찰라 5보송」(산스크리트 버전), 제1연 첫 부분이다.

때는 마음을 워낙 완전히 사로잡아 다른 모든 생각이 사라지고, 우리는 이해를 넘어서는 은총과 평안을 느낍니다. 당신의 시들에 매우 감사드리며, 잘 보존해 두겠습니다."

스리 바가반은 당신의 텔루구어 「우빠데사 사람(*Upadesa Saram*)」[15]에서 쁘라아사-야띠(*Praasa-yati*)[운韻의 중간휴지休止(rhyme-caesura)][16]를 사용하셨는데, 텔루구 헌신자인 스리 N. 발라라마 레디(Balarama Reddy)가 쁘라아사-야띠가 드위빠다(*dwipada*)[2행시]에서도 허용될 수 있는지에 대한 의문을 제기했다. 나는 스리 바가반의 말씀은 (리쉬의) 아르샴(*Aarsham*-리쉬의 말)이므로, 문법과 작시법 규칙에 구애받지 않는다고 말했다. 아닌 게 아니라 운율들 자체가 리쉬들에게 그 연원을 두고 있다. 사실 쁘라아사-야띠는 옛 시인들의 드위빠다 시에서 사용되었다. 그래서 나는 스리 바가반께, 쁘라아사-야띠를 사용한 드위빠다 운율로 되어 있는 옛 시詩 몇 행을 보내드리면서, 스리 베담 벤까따라야 사스뜨리(Sri Vedam Venkataraya Sastri)가 저술한 작시법에 관한 권위 있는 저작인 『운율(*Chandassu*)』 한 부도 함께 우송했다. 그 책에서는 드위빠다에 쁘라아사-야띠를 사용하는 것을 분명하게 승인하고 있었다.

1938년 여름방학 때는 자녀들과 사위를 데리고 스리 바가반을 친견하러 아쉬람을 방문했다. 도착한 바로 그날, 사위가 목욕을 하다가 결혼반지를 잃어 버렸다. 사람들이 열심히 찾았는데, 욕실을 담당하는 새로 온 하인이 앞장섰다. 아쉬람에서 안살림을 책임지던 스리 도라이스와미 아이어(Sri Doraiswamy Iyer)가 동전을 던져 보니 반지를 회수할 수 있다고 나왔고, 나중에 그가 그 하인의 항의를 무릅쓰고 그의 상자 자물쇠를 열어

---

15) *T.* 바가반이 이 작품을 지은 경위와 그것을 다른 언어로 번역한 것에 대해서는 55쪽 참조.
16) *T.* 한 행 안에서 일정하게 이어지는 운율을 중간에서 끊고 다른 운율로 시작하는 작시법의 한 기법.

서 그 반지가 바닥에 감춰져 있는 것을 발견했다. 그 사내는 즉각 해고되었다. 이 사건은 스리 바가반의 **은총**의 한 특별한 표지로서 우리에게 감명을 주었다.

이번 철의 큰 사건은 스리 바가반이 『요가 바쉬슈타』에서 한 구절을 시이사 마알리까(*Siisa maalika*) 운율의 텔루구어로 번역하신 일인데, 그 운율은 당신이 사용하신 것 중 최초였다. 그것은 바쉬슈타 마하르쉬가 **스리 라마**에게 심장에 대해 묘사하는 것이었다. 바쉬슈타는 **스리 라마**에게, 진정한 **심장**은 육신의 심장이 아니라 **찌뜨**(*chit*), 즉 순수한 **지**知 혹은 **의식**이라고 이야기한다. 기이하게도 그 구절은 호흡 제어의 방법들을 열거하는 곳에 나온다. 보통 호흡 제어는 마음 제어의 한 수단으로 설해진다. 여기서는 **심장** 안에 마음을 고정하는 것이, 호흡이 저절로 가라앉게 하고, 다생에 힘을 얻은 원습들(*vasanas*)이 떨어져 나가게 하는 가장 효과적인 수단으로 권장된다. 이것은 마음과 호흡은 같은 힘의 갈래들이므로, 하나를 제어하면 다른 하나가 자동적으로 제어된다고 하는, 스리 바가반의 「우빠데사 사람」에 있는 가르침을 확인해 준다. 이 시이사 마알리까로 지은 시와 그 문체는 스리 바가반의 앞서 텔루구어 시 작품들과 같은 고전적 탁월함을 보여주었다.

스리 바가반의 권유로 나도 스리 바가반이 『요가 바쉬슈타』에서 뽑으신 구절들을 텔루구어 시로 번역했는데, 거기에는 바쉬슈타가 스리 라마에게 삶의 기술을 가르치는 내용이 들어 있었다. "삶 속에서 그대가 어떤 역할을 맡았든, 그것을 잘 연기하라"고 하는 마지막 행에, 나는 텔루구어 번역으로 '어린 시절의 유희(*Saisava lila*)'라는 구절을 덧붙였다. 스리 바가반은 이 덧붙인 것을 좋게 평가하시는 것 같았다. 그 뒤에 1938년 7월 5일자 아쉬람 편지는 다음과 같은 말로 그에 대해 언급하고 있었다.

"'어린 시절의 유희'는 우리가 그 시구에 따라 계발해야 할 마음 자세를 올바르게 묘사하는 즐거운 구절입니다. 그리스도도 '너희가 이 아이들 같지 않으면 하느님 나라에 들지 못할 것이다'라고 하지 않았습니까?"

스리 바가반도 번역, 특히 위대한 저작의 번역 기술을 칭찬하셨다. 당신이 말씀하셨다. "열 배로 주의 깊은 읽기(reading)가 쓰기(writing)입니다. 백 배의 쓰기가 번역하기(translating)입니다."

어떤 사람이 자신이 세계의 여러 현자들을 방문한 이야기를 했다. 그들 모두가 그에게 똑같은 존경심을 불러 일으켰다. 그 중의 누구를 따라야 하는가 하는 딜레마에 대해 그가 스리 바가반의 교시敎示를 청했다. 스리 바가반이 말씀하셨다. "가르치는 사람들은 많지만 가르침은 똑같습니다. 그것을 따르십시오."

심라(Simla-북인도의 고산도시)의 고위 관리이던 한 비슈누파 헌신자는 자신이 매일 숭배하는 신상神像들을 모두 가져와서 그것을 스리 바가반께 건네 드렸는데, 아마도 스리 바가반이 손을 대시게 하여 그것들을 신성하게 하고 싶어서였을 것이다. 스리 바가반은 그것들을 살펴보는 데 상당히 관심이 있으신 듯했다. 그 헌신자가 말했다. "바가반, 사람들은 저를 '미신적 우상숭배자'라고 부르면서 조롱합니다." 스리 바가반이 그에게 말씀하셨다. "그들을 더한 우상숭배자들이라고 부르면서 되받아치지 그럽니까? 그도 그럴 것이, 그들은 매일 수없이 씻기고, 입히고, 치장하고, 먹이고, 그러면서 그들의 몸을 '숭배'하지 않습니까? 몸이 최대의 우상 아닙니까? 그렇다면 우상숭배자 아닌 사람이 누굽니까?"

만트라 염송念誦(*Mantra-Japa*)을 수행하는 어떤 사람이 싯디(*siddhi*)[깨달음]를 성취하려면 그 만트라를 얼마나 많이 염해야 하는지 여쭈었다. 스리 바가반이 말씀하셨다. "그대가 그것을 하고 있다는 의식이 사라질 때까지

해야 합니다. 그러고 나면 그대가 그 만트라를 염하는 것이 아니라, 그대가 애쓰지 않아도 만트라가 저절로 염해진다는 것을 깨달을 것입니다. 그것이 본연상태(*Sahaja Sthiti*)입니다. 그것이 싯디[깨달음]입니다."

스리 바가반이 덧붙이셨다. "사실 '나'라는 느낌('I' sense)['나'라는 스푸라나(*sphurana-AHAM*)]이 최고의 만트라입니다. 쁘라나밤(*Pranavam*)[옴(OM)]조차도 그것이 A, U, M 등의 결합이라는 어떤 설명이 필요하지만, '나'라는 느낌은 자명하고, 자동적입니다."

내가 돌아온 뒤, 아쉬람에서는 「영적인 가르침(*Upadesa Manjari*)」의 영어 번역과, 「가르침의 교리문답(*A Catechism of Instruction*)」이라는 제목으로 그것을 간행하는 일로 나와 빈번히 상의했다. 나는 스리 바가반의 이 저작과 이렇게 부단히 접촉하는 것을 큰 축복이자 좋은 수행이라고 느꼈다.

스리 라젠드라 쁘라사드(Sri Rajendra Prasad)와 스리 잠날랄 바자지(Sri Jamnalal Bajaj)가 스리 바가반을 친견하러 온다는 것을 알게 된 나는, 그들이 스리 라마나쉬람(Sri Ramanashram)을 방문하는 것은 통치자들이 리쉬의 아쉬람에서 환대 받던 고대 인도의 전통과 부합한다는 내용의 텔루구어 시 두 수를 지어 아쉬람에 보냈다. 아쉬람에서는 1938년 8월 16일자 답장에서 이렇게 썼다.

> "스리 라젠드라 바부(Sri Rajendra Babu)가 회당에 들어올 때 스리 바가반은 당신의 편지를 읽고 계셨습니다. 온 나라가 단 한 가지 언어만 가지고 있다면 얼마나 좋을까요! 그 두 연의 시는 아주 잘 지어졌다는 평가를 받았고, 기록 장부에 들어갔습니다."

내가 '리쉬 외에는 누구도 시를 지을 수 없다'는 나의 강연에 대한 요약문을 스리 바가반께 제출하자, 1938년 8월 27일자 아쉬람 편지에서는 다음과 같은 언급을 했다.

"그 주제는 매우 흥미로운 것입니다. 시적이든 종교적이든, 교양 있는 마음은 라사 체험(*rasaanubhava*) 속에서 삽니다. 실재하고 변함없는 것은 내면에 있는 것 같습니다. 그것은 삶, 마음, 지성의 근원입니다. 우리가 자아의 심오한 깊이에 도달하면 지성의 연꽃이 천재성으로 개화합니다. 이것이 도덕적·지적 삶의 비밀입니다. 그래서 예수님이 '내면의 하느님의 나라를 구하는 자에게는, 모든 것이 더하여질 것이다'(「마태복음」 6:33)라고 했지요. 이런 모든 재능들은 마음이 욕망에서 벗어나 있을 때, 오롯한 겸허함과 부드러움을 지녔을 때, 타자他者 없는 헌신(*ananya bhakti*)을 통해, 바꾸어 말해서 에고가 소멸될 때 함양되고, 더 정확히는 계발됩니다. 위대한 모든 성자들의 천재성이 그렇게 해서 설명됩니다. 그래서 이것이 참된 교육이며, 우리는 (그것을) 쁘랄라다(Prahlaada)가 『바가바땀(*Bhagavatam*)』에서 말하는 이익과 비교해 볼 수도 있겠지요."17)

「선데이타임스」의 편집자였던 스리 M.S. 까마트(Kamath)의 죽음을 언급한 1938년 9월 18일자 아쉬람 편지에서는 이렇게 말했다.

"그것은 큰 손실입니다. 우리의 깊은 슬픔을 말로 표현할 수가 없습니다. 스리 바가반에 대한 그의 깊은 헌신과 아쉬람에 대한 사심 없는 봉사를 너나 할 것 없이 우러릅니다. 봉사에 대한 그의 열의가 워낙 그러해서, 아쉬람에서 말만 하면 필요한 것이 (그에 의해) 완벽하게 이루어졌습니다."

다사라(Dasarah) 시즌에 스리 바가반과 함께 있을 수 없었기에, 나는 어쩌면 스리 바가반의 도움이 나를 몸과의 동일시에서 치유해 주실 거라고 나 자신을 위로하는 텔루구어 시 두 연을 지었다. 아쉬람에서는 1938년

---

17) *T.* 쁘랄라다는 아수라왕이었던 히라냐까시뿌의 아들로, 비슈누에게 헌신한 순수한 영혼이었다. 『바가바땀』 제7권 제6장은, 쁘랄라다가 학교에서 급우들에게, 물질적 욕망의 삶을 추구하기보다 신에게 헌신하는 법을 배우는 것이 가장 중요함을 역설하는 내용이다.

10월 11일자 편지에서, 그것을 잘 받았다면서 이렇게 썼다.

> "그 두 시는 스리 바가반의 철학에 의해 우리에게 아주 익숙해진 섬세한 감정들을 표현하고 있습니다. 파스칼린 말레(Pascalline Mallet)[18]가 스리 바가반께 하직인사를 하고 이곳을 떠나려 할 때, 당신(바가반)은 이렇게 말씀하셨지요. '가는 것은 기선이고 기차이지 그대가 아닙니다.'"

나는 내가 쓴 텔루구어 책 『베담 벤까뜨라야 사스뜨리에 대한 회상』을 스리 바가반께 헌정하는 것에 대한 허락을 청하면서 시 다섯 연을 지어 아쉬람에 제출했다. 그러면서 말하기를, 까비야 라사(*kavya rasa*)[시적인 맛]의 모든 흐름들은 지知의 바다로 흘러서 그 바다에 합일되므로, 까비야 구루(*kavya Guru*)[시의 달인]에 대한 나의 저작을 지知 스승(*Jnana Guru*)께 헌정하는 것은 너무나 적절하며, 위대한 두 분의 이름은 실로 똑같은 진아(Real Self)일 뿐이라고 하였다. 10월 18일자 아쉬람 편지는 그것을 허락하면서 이렇게 말했다.

> "그 헌정시들은 깊은 철학적 감정을 표현합니다. 우리는 학식 있는 독자들이 그 의미를 올바르게 이해하게 되기를 바랍니다."

나는 깐찌 까마꼬띠 삐탐(Kanchi Kamakoti Pitham)의 스리 샹까라짜리야 예하 앞에서 누가 발현업發現業(*Prarabdha*)에 관해서 한 담화談話(영적인 강연)에 대한 이야기를 스리 바가반께 보내드렸는데, 거기서 주장하기를 열 번째 사람(*Dasama*)이 자신이 열 번째 사람임을 알고 나서도,[19] (만약 그가 다치면) 자신의 상처가 나을 때까지 그 고통을 겪어야 하므로, 진인은 진아

---

18) *T.* 1936년 12월~1937년 1월경에 아쉬람을 방문한 프랑스인 헌신자.

19) *T.* '열 번째 사람' 이야기는 『마하르쉬의 복된 가르침』, 70~1쪽 참조. 그가 자신이 '열 번째 사람'임을 알았다는 것은, 무지하던 인간이 자신이 본래 진아임을 깨달았다는 뜻이다.

깨달음을 얻은 뒤에도 몸이 지속되는 동안은 발현업을 감내해야 한다고 주장했다. 1938년 12월 17일자 아쉬람의 답장에서는 이렇게 말했다.

"우리는 '열 번째 사람의 싯디(*Dasamathva Siddhi*)'[20]에 대한 논의를 재미있게 읽었습니다. 그것은 모두 관법觀法(*Bhavana*), 심지어는 싯디에 대한 의식의 문제입니다. 바꾸어 말해서, 마음이 삶 속의 환경 위에 어떤 건축물을 올리는 한, 그것은 '나'와 '나는 행위자다'라는 관념에 지배될 거라는 것입니다. 상처가 낫는 동안 이어지는 통증에 대해서 보자면, 몸이 있는 한 고통이 있습니다. 그러나 생전해탈자(*Jivan-mukta*)의 마음 복합체(mental complex)는 세속인의 그것과 전적으로 다릅니다. 우리는 생전해탈자에게 마음이 있다고 가정하지만, 그것은 우리 자신이 의식하는 그런 종류의 것이 전혀 아닙니다. 그것은 생시·꿈·깊은 잠의 세 가지 상태를 넘어서 있는 영靈과 하나가 된 마음입니다. 그렇다면 이 정체성을 깨달은 생전해탈자의 마음은 고통의 감각에서 초연한 상태로 있습니다. 그도 그럴 것이, 그는 우리가 고통의 감각을 의식하지 못하는 저 상태[잠]에, 의식하면서 도달해 있지 않습니까? 우리는 우리의 자각을 생시 상태와 동일시하기에 깊은 잠 속에서는 우리 자신을 자각하지 못하는 반면, 생전해탈자는 잠의 '무자각'을 자각하고 있고, 그래서 그는 고통이 있을 때도 자신이 그 고통에서 벗어나 있음을 발견합니다.

그런 진인에게 발현업이 어디 있습니까? … 당신의 친존에 있는 아쉬람에서의 삶은 진정한 은퇴입니다. 왜냐하면 에고가 뒤로 물러나거나 물러나지게 되고, 그것도 의식적인 노력 없이 그렇게 되기 때문입니다. 노력이 있는 곳에는 에고가 있습니다. 에고에서 벗어나서 존재하는 것(To Be)이 삶의 지복입니다."

---

20) *T.* '열 번째 사람'이 자신이 '열 번째 사람'임을 안 것 자체가 하나의 성취(*Siddhi*)이다.

1938년 크리스마스 때, 늘 그러듯이 다시 스리 바가반의 두 발아래로 '물러났다'. 나는 (스리 바가반께) 지난 8월 스리 찌부꿀라 벤까떼스와라 사스뜨리(Sri Chivukula Venkateswara Sastri), 곧 『스리 라마나 기타』의 (질문자 중 한 사람인) '바이다르바(Vaidarbha)'가 싯디를 이룬 것[타계한 것]을 언급하면서, 그가 어떻게 임종 직전에 출가(*Sannyasa*)를 했고, 연화좌蓮華坐 자세로 가부좌한 채 똑바로 앉아서 '옴'을 쉴 새 없이 염하다가 평안히 세상을 떠났는지를 들려 드렸다. 스리 바가반은 요기가 타계하는 방식이 보통 그렇다고 말씀하시고, 세상을 떠나는 그 영혼이 성숙한 것이라고 하셨다. 그리고 이렇게 덧붙이셨다. "그러나 진인은 삶에 대해서 만큼이나 죽음에 대해서도 무관심합니다. 설사 그의 신체적 정황이 더없이 볼품없다 해도, 그가 땅바닥을 구르고 고통으로 비명을 지르면서 죽어가고 있다 해도, 그는 영향을 받지 않는 상태로 있습니다. 그는 여전히 진인입니다." 이제 우리가 스리 바가반의 생애 끝 무렵에 당신 자신에게 일어났던 일들을 회상해 보면, 위에서 하신 말씀이 통렬한 예언적 의미를 획득한다.

어느 날 오전에 스리 바가반은 한 저널에서 다음과 같은 문장을 인용하셨다. "심리학이 끝나는 곳에서 철학이 시작된다." 그런 다음 당신 자신의 말씀을 덧붙이셨다. "철학이 끝나는 곳에서 영적 공부(spirituality)가 시작됩니다."

어떤 사람이, 관능적 기쁨, 지적인 기쁨, 영적인 기쁨은 서로 어떻게 관련되는지 여쭈었다. 스리 바가반이 말씀하셨다. "다른 모든 기쁨들은 브라마난다(*Brahmananda*)[절대자의 기쁨]의 바다에게 포말이나 거품과 같지요. 모든 기쁨은 욕망을 포기한 사람에게만 있습니다."

브라마와 비슈누가 시바의 아들이라는 이야기에 대해 언급하면서 스리 바가반이 말씀하셨다. "시바는 큰 해체(Great Dissolution)의 상태를 의미합니다. 사물들이 해체되는 곳, 거기서 그것들이 시작됩니다. 그래서 시바는 브라마와 비슈누를 포함한 전체 창조계의 본래적 근원입니다. 그런 의미에서, 브라마와 비슈누가 시바의 아들인 것입니다."

당신이 아루나찰라에 오신 뒤로 어떤 변화를 겪으셨느냐는 질문에 대해, 스리 바가반은 이렇게 답변하셨다. "저는 늘 똑같습니다. 제 안에는 산깔빠(*sankalpa*)[의지]도 없고 변화도 없습니다. 제가 망고 숲(Mango Grove)으로 옮겨가기 전까지는 눈을 감은 채 무관심한 상태로 있었지요. 나중에는 눈을 떴고, (이제까지) 활동적으로 움직이고 있습니다. 그 밖에는 제 안에 어떤 변화도 없습니다." 누군가가 말했다. "하지만 바가반, 저희는 사실 당신에게서 수많은 외적인 변화를 발견합니다." 스리 바가반이 답변하셨다. "그렇지요, 그것은 그대가 저를 이 몸으로 보기 때문입니다. 그대가 자신을 그대의 몸과 동일시하는 한, 저를 몸을 가진 한 존재로 볼 수밖에 없습니다. 의심하는 자가 있는 한, 의심이 지속됩니다."

어느 날 밤, 스리 바가반은 농담조로 사원 안에 있는 '바가반'의 행운을 부러워하셨다. "거기 저와 같은 이름을 가진 것은, 저처럼 헌신자들의 공양물을 매번 먹지 않아도 되지요. 사제가 만트라를 읊조리고 두 손을 흔들어 공양물(*Nivedana*)을 올리고 나면 그것들을 가져가지만, 여러분은 제가 모든 것을 먹어야 한다고 고집합니다." 스리 바가반이 말씀하셨다. 당시에는 공양물로 올려진 모든 음식물을 스리 바가반과 그 자리에 있던 모든 사람에게 분배하는 것이 관행이었다. 그래서 시도 때도 없이 무수한 공양물 분배가 있었고, 특히 일상적 공양물인 건포도와 사탕이 많았다. 그것이 스리 바가반의 건강에 좋지 않다는 것이 발견되자, 나중에는 그 관행이 바뀌어 공양물들을 모아 두었다가 식사시간에 분배했다.

스리 바가반은 또한 사원 건축에 대해 말씀하시면서, 어떻게 해서 지성소至聖所(*sanctum sanctorum*)가 입구에서 가장 먼, 사당 가장 깊은 곳에 있음으로써 방문객이 쁘라까라(*prakara*)[21]를 하나하나 지나면서 나아가 신

(Deity) 앞에 왔을 때는 신성한 느낌과 헌신의 정신으로 충만되게 되어 있는지를 설명하셨다. 오른돌이(*pradakshina*), 즉 사당을 (자신의 오른쪽에 두고) 도는 것도 같은 목적에 이바지하기 위해서이며, 자기 자신의 진아를 도는 자기 오른돌이(*Atma-pradakshina*)22)에서 그것이 정점에 이르는 것이 중요하다. 스리 바가반이 말씀하셨다. "더욱이 우리가 신을 마주할 때는 '오 하느님, 오 아버지, 여기 저의 절(*pranama*)을 받으십시오'라고 말하는데, 엎드려서 절할 때는 우리가 눈을 감습니다. 우리가 신상神像에게 절을 한다면 눈은 왜 감습니까? 실은 그때 우리는 우리 내면의 뭔가에게 엎드려 절하는 것이지, 우리 앞의 그 상像에게 절하는 것이 아닙니다. 그래서 우리는 모르는 결에 우리의 진정한 자아를 숭배하고 있습니다."

1939년 초에, 나는 코친(Cochin) 왕가王家의 스리 아빤 탐뿌란(Sri Appan Thampuran)이 스리 바가반에 관해 말라얄람어로 쓴 글의 영어 번역과 텔루구어 번역에 대해 우편으로 빈번하게 아쉬람의 상의를 받았다. 나중에 봄이 되어서는 스리 순다라 크리슈나 바쉬슈타가 바가반의 어머니에 관해 쓴 글을 텔루구어로 자유롭게 의역해 달라는 부탁을 받았다. 그 원고가 운송 도중 분실되었고, 그래서 다시 한 번 번역하여 보냈다. 아쉬람은 1939년 4월 10일자 편지에서 그것을 잘 받았다고 하면서, 이렇게 썼다.

> "우리는 어머니에 관한 그 글에 대한 당신의 탁월한 번역을 받아서 기쁘고, 그것은 오늘 인쇄에 들어갔습니다. 당신이 그것을 다시 써야 했던 것은 신의 의지입니다."

열렬한 헌신자인 스리 G. 사띠야나라야나 라오(Satyanarayana Rao)의 때 아닌 죽음에 대해, 아쉬람은 1938월 18일자 편지에서 이렇게 썼다.

---

21) *T.* 인도의 사원 건축에서 지성소를 한 겹 두 겹 에워싸는 벽 구조물을 말한다.
22) *T.* 이것은 선 자리에서 오른쪽으로 도는 것이지만, 내적인 의미에서는 자기탐구를 뜻한다.

“사랑받던 사띠야나라야나가 타계한 것은 슬픈 소식입니다. 하느님의 방식은 불가사의하여, 그 자녀들은 아버지의 자애로운 보살핌과 보호를 받지 못하게 되었고, 그들의 어머니는 외가 쪽으로 가까운 친척이 아무도 없습니다. 우리는 당신의 은총이 그들의 앞날을 인도해 주시기를 기도합니다.”

그 편지에서는 내가 깐찌 까마꼬띠 삐땀(깐찌뿌람에 있는 샹까라짜리야 사원)의 스리 샹까라짜리야 예하隸下께 텔루구어로 써서 보낸 작별시들을 잘 받았다면서, 이렇게 말했다.

“그 텔루구어 시들은 정말 감동적이고, 당신은 심오한 생각들을 단순하고 짧은 시들로 표현하는 솜씨를 가졌습니다. 스와미님(샹까라짜리야)이 눈에 띄게 감동받으신 것도 놀라울 것이 없습니다.”

내 장녀인 마니끼얌(Manikyam)이 영어로 「스리 라마나쉬람으로의 순례」라는 자신의 인상기를 써서 아쉬람에 제출했다. 1939년 4월 8일자 아쉬람 편지에서는 그것을 잘 받았다면서, 이렇게 말했다.

“표현이 신선하게 단순한 것이 아이가 쓴 것과 아주 흡사하군요. … 이해의 폭, 제목의 적절함, 세부사항의 풍부함과, 이 글이 스리 바가반과, 사람을 고양시키는 아쉬람의 분위기를 언급할 때 우리가 놓칠 수 없는 감정의 깊이로 볼 때, 이 에세이는 칭찬할 만한 시도입니다. 수많은 세부사항들이 설득력 있게 한데 엮어졌다는 것은 그녀의 뛰어난 기억력과 사고의 명석함을 잘 말해줍니다.”

내가 1939년 여름에 가족과 함께 아쉬람에 도착한 직후, 스리 바가반은 『요가 바쉬슈타』에 나오는 ‘바쉬슈타의 가르침(*Vasishtopadesam*)’을 당신이 시이사-빠디얌(*Siisa-padyam*-텔루구 시 형식의 하나)의 텔루구어로 번역하고 일부 수정하신 것과, 당신의 요청으로 어떤 헌신자들이 별도로 번역한 것들을 나에게 보여주시면서, 내가 당신의 시를 더 고쳐도 되고, 나 자신의 버전을 만들어도 된다고 하셨다. 나는 뭔가를 적었고, 잠시 후 자료 전체를 돌려드렸다. 스리 바가반은 놀란 표정으로 내가 쓴 것을 살펴보시더니 외쳤다. "자네 뭘 한 거야! 내가 쓴 원본 초고를 베끼기만 했잖아." 내가 말했다. "달리 제가 무엇을 합니까, 바가반? **베다**와 같은 바가반의 말씀에 제가 손을 대는 것보다 더 터무니없는 일은 없을 겁니다. 저는 제 빠라야나(*parayana*)[공경스러운 낭독]를 위해 그것을 베꼈을 뿐입니다." 스리 바가반은 미소를 짓고 말씀하셨다. "자네, 영리한 사람이군 그래!"

다음날 스리 바가반은 당신 자신에 대해 뭔가를 드러내는 선언을 하셨다. 당신이 말씀하셨다. "바로 처음부터 저는 제가 몸이 아니라는 것을 깨달았지요. **아루나찰라**로 온 뒤에는 제가 **만물에 편재하는 실재**와 하나인지 아니면 다른지, 그 **실재**가 **비이원론**인지, **이원론**인지, 아니면 **한정이원론**인지 등의 온갖 질문들이 (사람들에게서) 튀어 나왔습니다. '나는 **브라만**이다'라는 관념조차도 하나의 생각일 뿐, **진아안주**(*Atma-nishtha*)가 아닙니다. 우리가 모든 생각을 포기하고 **진아**에 안주해야 한다는 것이 모든 종교의 결론입니다. **무상삼매**(*Nirvikalpa Samadhi*)조차도 '**수행**(*Sadhana*)'의 한 단계일 뿐입니다. 그것은 **삼매**에 들었다가 **삼매**에서 일어난다는 의미를 함축합니다. 저에게는 어떤 **수행**을 할 필요가 전혀 없었지요."

스리 바가반이 이따금 하시는 말씀들이 스리 무루가나르에 의해 타밀어 시로 지어진 것들이 『진어화만眞語華鬘(*Guru Vachaka Kovai*)』이라는 제목으로 그 당시 간행되고 있었다. 그 안의 시들 중 어떤 것들은 스리 바가반 자신의 작품이었다. 스리 바가반은 그 시들의 관념 중 일부를 다음과 같이 설명하셨다.

"자기를 신께 내맡긴다는 것은 재거리(jaggery-설탕 덩어리)로 신상神像을 만든 다음, 그것의 한 조각을 뜯어내어 그 신상 자체에게 그것을 바치는 것과 같다네."

"자신이 신의 도구가 되게 해달라고 기도하는 것조차도 자기순복自己順服(self-surrender)일 수 없네."

"자기순복을 했다고 자부심을 느낄 근거라곤 없네. 왜냐하면 그대는 그 자아의 정당한 소유자인 **지고한 존재**를 속임으로써만 자아를 가질 수 있기 때문이네. 그러니 자아를 순복시킨다는 것은, 훔친 재물을 소관 당국에게 되돌려 주는 것과 같다네."

이 무렵 아쉬람 당국은 여성 헌신자들은 해질녘에 아쉬람을 떠나야 한다는 규칙을 시행하고 있었다. 이전에는 그들이 오후 8시까지 머무르는 것이 허용되었다. 스리 뽀나까 까나깜마(Sri Ponaka Kanakamma), 멜코트 여사(Mrs. Melkote), 내 아내 등과 같은 몇몇 여성들은 이 규칙이 불만이었다. 왜냐하면 그것은 비非베다 빠라야나(*non-Vedic Parayana*)에 참석할 수 없고, 저녁식사 때 스리 바가반과 함께할 수 없다는 것을 의미했기 때문이다. 그들은 스리 바가반께 호소해 봐야 소용없다는 것을 알고 있었다. 왜냐하면 당신이 누구보다도 먼저 아쉬람의 모든 규칙을 신중하게 따르고 계셨기 때문이다. 예컨대 어떤 노래를 부르거나 빠라야나를 하던 도중에도 식당의 종이 울리면 스리 바가반은 즉시 일어나면서 농담조로 말씀하시곤 했다. "아쉬람이 은총으로 대중공양大衆供養(*Bhiksha*)을 베풀고 있군요. 만약 우리가 지체하면 그들이 음식을 배식하지 않아도 할 말이 없어요. 그러니 서두릅시다!" 따라서 그 여성 헌신자들은 쓴 약을 삼키는 것 외에 아무것도 할 수 없었다. 이와 관련하여 내 어린 딸 랄리따가 재미있는 사건 하나를 만들어냈다. 그 아이가 도감都監에게 직행하여 그에게 말했다. "스와미, 당신께서 원하시는 것은 남자와 여자들이 밤에 아쉬람에 함께 있으면 안 된다는 거잖아요. 그러면 여자들은 밤에 여기 스리 바가반과 함께 있게 하고, 남자들은 가서 자기 알아서 하게 하시지 그러세요? 그게 기사도일 텐데요."

스와미가 웃으며 대답했다. "너는 위험한 아이야. 제발 조용히 해다오."

또 하루는 스리 바가반이 『해탈정수(*Kaivalya Navanitam*)』에 대해 이야기 하셨다. 그것은 원래 딴다바 라얀(Tandava Rayan)이 4~5세기 전에 타밀어로 지은 것으로, 일찍이 1854년에 『지복의 버터(*The Butter of Bliss*)』라는 제목으로 독일어와 영어로 번역되었다. 스리 바가반도 그 판본을 가지고 계시다. 그것은 뿌리(Puri)의 스리 샹까라짜리야 예하隸下에 의해 아리야 브리따(*Arya Vrittas*-산스크리트 시 운율의 하나)로 번역되기도 했다. 스리 바가반은 벨로르의 변호사(Vakil)인 스리 수브라마니야 아이어(Sri Subramanya Iyer)가 가지고 있던 그란타(*grantha*) 문자[23]로 된 그 저작 한 부를 보신 적이 있었다. 나중에 나온 텔루구어판은 이상하게도 그것이 타밀어판에서 유래했다는 것을 밝히지 않았다.

말씀 도중에, 스리 바가반은 요가를 닦기 위해 마약(drugs)을 사용하는 것에 대해 이렇게 말씀하셨다. "마약들이 어떤 유익한 효과가 있다는 것은 저도 인정합니다. 어떤 마약은 온 몸이 은하수처럼 녹아서 흐르게(즉, 그런 느낌을 갖게) 할 수 있지요. 빠따비(Pattabhi)라는 사람은 저에게 말하기를, 자기가 어떤 수술을 받기 전에 클로로포름을 맞았을 때 감로 같은 지복을 체험했고, 그 상태를 다시 갖고 싶었다고 했습니다. 중국인들은 해골처럼 보이지만, 그들이 아편을 먹으면 마치 자기가 거인이 된 것처럼 느껴져 아무리 어려운 일도 해냅니다. 그러나 이런 마약들은 제한적으로, 몰래 섭취해야 합니다. 그렇지 않으면 모두가 그것을 달라고 하겠지요.

---

23) *T.* 남인도 문자들, 특히 타밀 문자의 원형이 된 옛 문자. 산스크리트 발음들을 그대로 적을 수 있어, 지금도 타밀 지역 전통 베다학당에서 사용되고 있다.

뿐만 아니라, 얼마 후에는 마약 습관이 지知를 얻는 데 하나의 큰 족쇄이자 장애가 될 것입니다. 그 중독자들은 자신의 갈망을 충족하기 위해 어떤 범죄도 마다하지 않을 것입니다. 그래서 무욕으로 있는 것이 가장 좋습니다. 이런 모든 마약들이 (사람들에게) 가져오는 결과를 본 저는, 우리가 있는 그대로 존재하는 것(to BE as we are)이 최선이라고 판단했습니다. 자기탐구(self-enquiry)를 통해 자신의 스와루빠(*Swarupa*)[진정한 자아]를 알려고 애쓰는 것이, 조금 어려울 수는 있어도 단 하나의 안전한 길입니다."

다음날 어떤 사람이 여쭈었다. "이 '나'가 무엇입니까? 그것은 어디서 일어납니까? 그것은 어떻게 만물 안에 존재할 수 있습니까?" 스리 바가반이 답변하셨다. "'나'가 무엇이며 그것이 어디서 일어나느냐고, 그대는 그 '나' 자체를 묻습니다. '나는 만물 안에 있다'고 말하는 것은 '거울이 (거울에 비친) 그 상像 안에 있다'고 말하는 것과 같습니다. 진리는 그 반대입니다. 그 상이 거울 안에 있듯이, 만물이 진정한 '나' 안에 있습니다."

스리 바가반은 산(아루나찰라)을 도는 수행을 권장하여 이야기하면서, 이렇게 말씀하셨다. "다른 신성한 산들은 어떤 신(Deity)의 거주처로 묘사됩니다. 그러나 아루나찰라는 산의 형상을 한 신 그 자신(God Himself)입니다. 그래서 아루나찰라를 도는 것은 특별한 신성함이 있습니다. 법도法度에 맞게 한 번 돌기를 마친 사람은 브라마까라(*Brahmakara*), 즉 몸을 가진 절대자로 남는다고 말해지고 있지요. 그 법도란, 만삭의 왕비처럼 천천히 걷는 것입니다. 길 위의 따끔거리는 잔돌로 인해 발에 생기는 붉은 상처들은, 신들의 왕관에 박힌 다이아몬드가 될 거라고 합니다."

다음날 오전에 스리 바가반은 일화 하나를 회상하셨다. 연전에(1937년) 스리 소마순다라스와미(Sri Somasundaraswami)가 새 공책 하나를 가지고 스리 바가반께 다가가서, 거기에 한 악샤람(*Aksharam*)[글자]을 먼저 써 주시라고 청했다. 악샤람은 '파괴 불가능한 것'[진아]이라는 의미도 있다. 그래서 스리 바가반은 타밀어로 이렇게 쓰셨다. "한 악샤람이 심장 안에서 늘 그 스스로 빛나네. 그것을 어떻게 쓸 수 있으리오?" 그것은 이제 『진어화만』에 들어갔고(제1172연), 나중에는 스리 바가반 자신이 산스크리트어와 텔루구어로도 번역하셨다.

스리 바가반은 『진어화만』에 있는 다른 연 하나도 설명하셨는데, 그 연은 이와 같다. "진인은 늘 황홀경과 충만함 속에 있으면서, 의식의 허공(*Chidaakasa*) 속에서 유희한다네. 세상 사람들이 그에게 싯디[마법적 능력]가 있다고 하는 것은, 어두운 방 안에서 보이는 햇살 속의 티끌들로 해의 찬연함을 판정하는 것과 같다네."(제1170연)

다음날 저녁에 아내가 원숭이에게 발을 물렸다. 스리 바가반이 이 이야기를 듣자 아내가 에짬말 곁에 앉아 있던 바깥의 베란다로 나오셔서, 피가 나는 상처를 보시고 그녀에게 말을 걸며 자애롭게 몇 가지를 물으셨다. 당신은 나에게 즉시 그녀를 병원에 데려가서 상처를 싸매라고 하셨다. 신기하게도 그 상처는 사나흘 안에 나았고, 흉터 하나도 남지 않았다. 아내는 나중에 그것은 실제로는 어떤 사고도 아니었고, 스리 바가반의 자애로우신 책략이었다고 말하곤 했다. 그녀는 수줍은데다가 아이들을 데리고 있어 혹시라도 스리 바가반의 친존에 방해가 되지 않도록 회당 바깥에 앉아 있다가, 스리 바가반이 밖으로 나오시면 당신을 친견하곤 했다. 그래서 스리 바가반은 그녀 가까이로 가서 그녀에게 이야기를 하면서 당신의 은총을 쏟아주기 위해 이 사건을 일으키셨다는 것이었다. 뿐만 아니라, 그녀는 마치 (『라마야나』에서) 하누만(Hanuman)이 시따(Sita)에게 그러했듯이 그 원숭이가 자신에게 벗이었다고 생각했고, 그래서 그 원숭이에게 늘 고마움을 느꼈다. 그녀가 떠날 거라는 인사를 할 때, 스리 바가반은 다시 그 상처에 대해 물으셨고, 왜 그렇게 빨리 가려고 하는지 의아해 하셨다. 그날 밤 스리 바가반은 저녁식사 도중, 자신의 새 집으로 입주하는 것과 관련해 대중공양(*Bhiksha*)을 내는 T.N. 크리슈나스와미 박사의 뜻에 따라 '아비얄(*aviyal*)'이 준비되었으니, 내 아내와 아이들이 그것을 맛보기 바란다고 하셨다. 당신의 넘치는 은총이 그와 같았다!

어느 날 오전에는 스리 바가반이 희한한 우연의 일치를 지적하셨다. 스리 바가반이 『진어화만』의 '교정쇄'에 '까르타(*kartha*)'라는 단어들을 쓰고 계실 때, 한 소년이 회당에서 「우빠데사 사람(*Upadesa Saram*)」의 (제1연 첫 구절인) '까르투라냐야아(*karthurajnayaa*)'를 회당에서 창송하기 시작했다.

스리 바가반은 「데비깔롯따람(*Devikalottaram*)」을 언급하면서, 거기 나오는 '깔라(*kala*)'(제3, 85연)와 '큰 공空(*Maha Sunya*)'(제23연)이라는 용어를 설명하셨다. '깔라'는 완전히 성숙한 시간을 뜻한다. '큰 공空'은 그것 아닌 것이 아무것도 없는 그것(THAT)을 뜻하며, 그것은 진실로 진아(SELF)이다. 그래서 '큰 공空'을 채운다는 것은 그것이 되는 것(BE THAT)일 뿐이다.

스리 바가반은 『진어화만』을 언급하면서, 거기서 세 가지 힌두 축제를 영적으로 해석하는 연들을 인용하셨다. 첫째, '나라까 짜뚜르다시(Naraka Chaturdasi)'는 나라까(Naraka) 왕국, 즉 몸의 군주인 에고가 지知의 바퀴(*Chakra*)에 의해 살해된 날이다. 지知 안에서 목욕하는 것이 그 축제 때의 목욕이다. 둘째로, 디빠발리(Dipavali)는 나라까(악마)의 형상을 한 '몸에 대한 집착'이 살해되었을 때 빛을 발하는 진아의 광휘이다. 셋째로, 뽕갈(Pongal)은 다양한 맛으로 인간을 굴복시키는 마야(*Maya*)[환幻]가 극복되었을 때 스승의 은총에 의해 심장 안에서 넘쳐오르는 단 하나의 라싸(*Rasa*)라는 실재이다. 여러분은 "뽕갈, 오 뽕갈" 하면서 그런 스승의 두 발을 환호한다. 이 뽕갈은 하루만의 일이 아니라 연중 끊임없이 진행된다.[24]

---

24) *T.* '나라까 짜뚜르다시'와 '디빠발리'에 대한 연들은 『진어화만』의 제182, B4, 183, B5연이다. 10월 중순~11월 중순경의 '디빠발리' 축제('빛의 축제')는 5일간 치러지며, 둘째 날이 '나라까 짜뚜르다시'이다. '뽕갈'은 주로 타밀 지역에서 4일간 행해지는 '수확 축제'로, 보통 1월 14일경에 시작된다. 현재의 『진어화만』(제3판)에는 뽕갈과 관련된 연이 없다.

오후에 스리 바가반은 「가르침의 핵심」이 나오게 된 배경을 들려주셨다. 스리 무루가나르가, 주 시바가 다루까(Daruka) 숲에서 유희하던 이야기를 타밀 시로 짓고 있었다. 그 숲속에 살고 있던 무니들(*munis*)[현자들]은 자신들이 하는 의식儀式행위(*karmas*)의 힘으로 인해 너무 자만하고 있었다. 그들의 자만심을 꺾어주기 위해 시바와 비슈누가 뿌루샤(Purusha)와 모히니(Mohini)로 변장하고 가서, 시바는 무니들의 부인들을, 비슈누는 무니들을 매혹했다. 분노한 무니들은 시바에게 끄리띠야(*kritya*)[무기의 하나]를 던졌으나 (시바 앞에서) 자신들의 무기가 무력함을 발견했고, 그제야 후회하고 시바의 발아래 귀의했다. 시바는 자비롭게 그들을 지知에 입문시켰다. 이 단계에서 스리 무루가나르는 스리 바가반께, 시바가 무니들에게 베푼 가르침을 시로 지어 달라고 간청하면서, 당신만이 그것을 지으실 수 있다고 했다. 그에 따라 스리 바가반은 「우빠데사 운디야르(*Upadesa Undiyar*)」를 지으셨고, 그것을 당신 자신이 텔루구어, 산스크리트어, 말라얄람어로 번역하여 「우빠데사 사람(*Upadesa Saram*-'가르침의 핵심')」이라고 하셨다. 스리 바가반이 우리에게 하신 말씀으로는, 나야나(Nayana)는 뿌라나(*Puranas*)에 나오는 이 이야기를 좋아하지 않았고, 그는 그것이 주 시바의 신성함을 손상한다고 생각했다.

저녁에 스리 바가반은 놀라운 사건 하나를 회상하셨다. 당신이 말씀하셨다. "전에 한 중풍환자가 들것에 실려와 몇 사람의 팔에 들려서 제 앞에 내려놓아졌지요. 저는 평소처럼 그를 바라보았습니다. 반시간쯤 뒤에 그 남자가 조금 힘들게 스스로 일어나더니 엎드려 절을 했고, 일어나서 앞으로 나와 저에게 공책 한 권을 건네주었습니다. 제가 보니 그것은 그의 천궁도天宮圖였는데, 거기에 쓰여 있기를 그가 중풍에 걸릴 것인데, 바로 이때 한 마하트마를 친견하게 되면 그의 은총에 의해 그가 기적적으로 치유될 거라고 했습니다. 그 남자는 열렬히 고마움을 표한 뒤에 혼자서 회당 밖에 있는 자신의 들것까지 걸어갔습니다. 그 자리에 있던 모든 사람이 깜짝 놀랐고, 저도 그랬지요. 왜냐하면 저는 그를 위해 아무것도 의식적으로 한 게 없었기 때문입니다." 이때 스리 바가반은, **진인**은 그 자신의 어떤 산깔빠[의지]도 가질 수 없다고 되풀이해서 말씀하셨다.

다음날 오전에 스리 바가반은 **진아** 깨달음에 이르게 하는 **스승**의 도움에 대해 이야기하셨다. 당신이 말씀하셨다. "우리가 누구에게 이 깨달음이 있는지를 탐구하면, 우리의 개인성이 사라지고, **진아**를 아직 깨닫지 못했다는 망상이 우리를 떠납니다. 바로 이것이 **스승**의 은총입니다. **스승**은 **진아**를 아직 깨닫지 못했다는 망상을 몰아내줄 수 있을 뿐이고, **진아** 깨달음을 하사하는 것은 **스승**에게 뿐만 아니라 **이스와라**(*Iswara*)[하느님]에게도 불가능합니다. **진아** 깨달음을 달라고 기도하는 것은 '저에게 저 자신을 주십시오'라고 하는 것과 같습니다. 몸과의 동일시(identification with the body) 때문에 '나는 한 개인이다'라는 망상이 일어납니다. 그것이 '**스승**은 나 자신이 아닌 한 개인이다'라는 또 다른 망상을 창조합니다. 실은 **스승**은 **진아**에 다름 아닙니다."

"**지**知를 열망하는 자는 **싯디**[마법적 능력]를 조심해야 합니다. 그런 것들이 와서 자진해서 그를 유혹한다 해도, 그것들을 물리쳐야 합니다."

그날 스리 바가반은 『진어화만』에 있는 인용문 세 가지를 「실재사십송 보유補遺」에 추가하기로 결정하셨다. 그것은 「실재사십송 보유」의 제14연, 16연, 33연이다. 나중에 스리 바가반은 그 연들을 텔루구어 산문으로 번역하셨고, 당신의 권유로 내가 그것을 텔루구어 운문으로 옮겼다.

다음날 스리 바가반은 회상적 기분으로 당신의 옛 시자侍者들에 대해 말씀하셨다. 아이야스와미(Ayyaswami)라는 사람은 1911년부터 1921년까지 스리 바가반을 시봉侍奉했다. 그는 늘 활동적이었고, 자신의 임무를 다하는 데 아주 열심이었다. 그는 고향으로 돌아가 거기서 죽었다.

이제 스리 바가반은 당신의 어머니에 대해 다음과 같이 이야기하셨다. "어머니가 싯디를 이루신(타계하신) 뒤, 저는 어머니 삼매지三昧地(Samadhi)가 있는 여기로 빈번하게 내려오곤 했습니다. 어느 날 아침에는 여기 왔다가 돌아갈 마음이 없었습니다. 그래서 계속 머물렀지요. 읍내에서 많은 신사(남자 헌신자)들이 와서 스깐다쉬람(Skandashram)으로 돌아가시라고 권했지만, 제 마음은 변하지 않았습니다. 저를 마두라(Madura-마두라이)에서 띠루반나말라이로 오게 했던 바로 그 샥띠(Shakti)[힘]가 그때는 산에서 여기로 내려오게 했고, 저에게는 (여기에 머무르겠다는) 어떤 산깔빠[의지]도 일체 없었습니다."

"어머니가 숨을 거두신 뒤에, 그녀의 몸이 신성한 광채로 빛났습니다. 시체처럼 보이지 않고, 명상에 든 요기니(Yogini) 같았지요. 그 몸을 목욕시키고 나자 즉시 그 광휘가 잦아들었습니다. 우리는 사람들 몰래 사적으로 그녀에게 삼매지를 지어 드릴 생각이었지요. 어머니는 밤중에 숨을 거두었고, 이른 아침 5시까지는 우리가 그녀의 시신을 빨라꼬투(Palakothu-현재 라마나스라맘 경내의 어머니 사원이 있는 곳 일대)까지 운구했지만, 바로 그 시간에도 (소문을 들은) 읍내의 모든 사람들이 엄청난 군중으로 그곳에 모여 있었습니다."

어떤 사람이 스리 바가반께, 당신의 어머니는 자신의 임종이 다가오고 있다는 것을 미리 아셨는지 여쭈었다. 스리 바가반이 답변하셨다. "그것을 많이 말씀하지는 않았지요. 그러나 임종 며칠 전에, 당신은 손자 벤까뚜(Venkattu)를 보고 싶어 하셨고, 그래서 그를 데려와 보여드렸습니다. 여기서 우리는 그녀가 자신의 임종이 다가오고 있는 어떤 기미를 느꼈으리라고 추정할 수 있겠지요." 또 다른 질문에 대해서는 스리 바가반이 이렇게 말씀하셨다. "당신이 돌아가시는 순간 어떤 금속성이 들렸다는 것은 사실입니다. 그러나 그때 저의 주의는 거기에 있지 않았지요."

또 한 사람의 옛 시자에 대해 스리 바가반은 이렇게 말씀하셨다. "빨라니스와미(Palaniswami)가 죽으려고 할 때도 (나중에) 어머니에게 했듯이 제가 그를 돌보았는데, 저의 왼손을 그의 이마에 두고 오른손은 그의 심장에 두었지요. 그러다가 생명이 떠났다고 생각하고 그 몸을 땅바닥에 내려두고 한두 걸음 물러났습니다. 그러자 즉시 그가 눈을 떴다가 반쯤 감았습니다. 생명이 눈을 통해서 빠져나간 거지요."

스리 바가반은 요기의 최후와 지知 수행자의 최후에 어떤 다른 점이 있느냐는 질문을 받자 이렇게 말씀하셨다. "'제가 보기에는 나 까르마나(*Na Karmana*) 찬송[25]에서, 요기들에게는 '아르찌나디의 길(*Archinadimarga*)'[26]을 통해 브라마 로까(*Brahma Loka*)를 성취하는 것이 설해지고, 지知 수행자들에게는 브라마뜨와 싯디(*Brahmatwa Siddhi*), 즉 브라만과 하나가 되는 것이 설해지는 것 같습니다. 그러나 「비냐니스와리얌(*Vijnaniswariyam*)」[27]은 '빠란따깔레(*Parantakale*-마지막 떠날 때)'를 죽을 때 의식이 없지 않은 것으로 해석하고, '브라마 로까'는 '브라마 알로까(*Brahma Aloka*)', 즉 '브라마에 대한 깨달음'으로 해석합니다."

다시 두뇌와 심장에 대해 질문 받자 스리 바가반이 말씀하셨다. "신경 센터로서의 두뇌는 생시 의식을 위해서만 유효합니다. 그러나 진정한 나, 곧 진아를 위해서는 더 나아간 중심이 있어야 하고, 그것이 심장입니다."

마하뿌자(*Maha Puja*-바가반의 어머니 입적기념일) 경축 전날, 나는 방문자 객실을 담당하게 되었다. 저녁에 내가 회당에 들어가자마자 스리 바가반이 나에게, 누가 나를 찾으러 왔더냐고 물으셨다. 내가 대답했다. "아니요 바가반, 저는 내내 방문자 객실에서 소임을 보고 있었고, 이제는 늘 하는

25) *T.* 라마나스라맘에서 매일 하는 예공 때 하는 베다 찬송의 하나. 관련 내용은 『라마나 마하르쉬와의 대담』, 대담 511 참조.
26) *T.* '아르찌나디의 길'에 대해서는 『마하르쉬의 복된 가르침』, 241쪽 각주 참조.
27) *T.* 이 문헌이 어떤 것인지는 알기가 어렵다.

절을 드리러 온 것입니다.” 그러자 스리 바가반이 미소를 지으며 말씀하셨다. “나는 방금 V. 벤까따크리슈나야에게 자네에 대해 물어보고 있었지. 오후 내내 안 보여서 말이야. 그런데 즉시 자네가 들어오는군. 벤까따크리슈나야는 아직 여기 있는데, 누가 달려가서 오라고 했나 싶었지.” 나는 같은 말을 되풀이했다. “아니요 바가반, 아무도 저를 부르지 않았고, 제가 제 발로 왔습니다.”

바로 그때 스리 바가반은 당신의 급우이자 옛 친구였던 은퇴한 경찰 부총경 압둘 와합(Abdul Wahab) 씨와 이야기를 하고 계셨다. 그의 애칭은 사압 자안(Saab Jaan)이었다. 사압 자안은 마두란따깜(Madurantakam)에서 스리 비자얌 나이두(Sri Vijayam Naidu)라는 사람이 가지고 있던 스리 바가반의 사진에서 자신의 옛 친구를 알아보고, 더 물어서 스리 바가반의 행방을 알게 된 모양이다. 나중에 그가 스리 바가반을 찾아왔는데, 희한하게도 스리 비자얌 나이두도 그때 아쉬람에 와 있었다. 두 사람은 스리 바가반 앞에서 만나 서로가 놀랐고, 그들이 앞서 마두란따깜에서 만난 것을 떠올렸다.

마하뿌자 날(1939년 6월 11일)에 사압 자안 본인이 당도하자 스리 바가반이 그를 나에게 소개시키셨다. 나는 그를 (바깥에서) 따로 만났는데, 그에게서 이런 이야기를 들었다. 그는 빌루뿌람 환승역(Villupuram Junction)에서 까뜨빠디(Katpadi)행 열차에 올라 객실 칸에 들어갔는데, 세 명의 버마인들이 그를 가로막았다. 그들은 단도를 들어 그를 찌르려 했는데, 간발의 차이로 한 힌두가 그를 구해주면서 자신의 팔에 칼로 인한 상처를 입었다. 그는 사압 자안이 고맙다는 말을 하기도 전에 사라져 버렸다. 그렇게 해서 사압 자안은 스리 바가반의 은총을 미리 맛본 것이라고 말했다. 그는 또 나에게, 학교를 다닐 때 벤까따라만[스리 바가반]은 사압 자안이 주장이던 축구팀에서 뛰어난 선수였다고 말해주었다. 한번은 어느 시합에서 스리 바가반이 발을 다쳤는데, 열이 104.6도(섭씨 40.33도)까지 올라가서 모두가 걱정했다. 그는 벤까따라만과 자신이 단짝이었고, 그들의 집에서 아주 빈번하게 서로 만나곤 했다고 말했다.

그날 오후 사압 자안이 하직인사를 하러 왔을 때, 스리 바가반은 빨라꼬투에서 원숭이들의 큰 무리에게 **마하뿌자** 잔치를 베풀어주고 계셨다. 원숭이들은 줄을 지어 서서 차례로 와서 스리 바가반의 손에서 더없이 질서 있게 음식을 받았다. 그들 모두에게 배식하고 나자 원숭이들은 마치 감사를 표하는 듯 합창으로 함께 소리를 질러댔다. 그런 다음 스리 바가반은 사압 자안과 함께 아쉬람으로 돌아오셨다. 사압 자안은 뜨거운 햇볕 아래서 모래 위를 천천히 걷는 것이 여간 시련이 아니라고 느꼈지만(발바닥이 몹시 뜨거우므로), 어떤 신발도 결코 신지 않으시는 스리 바가반은 그 산책을 즐기시는 것처럼 보였다. 사압 자안이 떠난 뒤에 내가 스리 바가반께, 사압 자안에게서 들은 이야기를 모두 해드렸다. 스리 바가반은 사압 자안이 바로 전날 **회당**에서 사람들이 그의 이야기를 하고 있을 바로 그 때 그의 집에서 출발했을 것이 분명하다고 말씀하셨다.

마하뿌자 날에 도착한 또 하나도 언급할 가치가 있다. 오전 우편물로 '바가반 스리 라마나 마하르쉬'라는 제목의, 무료 배포할 한 묶음의 작은 전단들이 왔다. 스리 바가반이 그 전단을 나에게 주면서 영어로 된 나의 '기도문'이 그 표지에 인쇄되어 있는 것을 가리켜 보이셔서, 깜짝 놀랐다. 스리 바가반의 지시로, 내가 그것을 **회당**에서 다음과 같이 낭독했다.

"소란스러운 자들이 휴식하고 진정되어 포근한 잠이 드는 곳,
언어가 침묵으로 응결되고 생각이 그 샘물의 근원으로 흐르는 곳,
이 거대한 에고가 한 점이 되어 사라져, 오호, **무한자**로서 등장하는 곳,
원자와 우주, 영혼과 초超영혼이 하나의 영원히 빛나는 **존재**로 합치는 곳,

그곳에서, 오 자아의 진아여, 나를 깨워주오."

스리 바가반이 설명하시기를, 열렬한 헌신자인 실론(스리랑카)의 스리 G. 라마짠드란이 내가 아쉬람으로 보냈던 편지에서 그것을 발견하자 그것을 필사한 다음, 이번 행사에 쓸 전단을 (실론의) 마라다나(Maradana)에서 인쇄할 때 그것을 넣은 거라고 설명하셨다. 그런 다음 스리 바가반은 스리 순다레사 아이어(Sri Sundaresa Iyer)에게 그것을 타밀어로 번역해 달라고 하셨다.

이틀 뒤에 스리 바가반은 말씀 도중 우연히 당신이 텔루구어를 아시게 된 경위를 이야기하셨다. 당신은 마두라에 계실 때부터, 텔루구어를 아는 친척인 락슈마이야(Lakshmayya)라는 사람이 늘 텔루구어로만 당신에게 이야기를 했기 때문에 텔루구어를 조금 할 줄 아셨다. 스리 까비야깐타가 당신을 '라마나 마하르쉬'라고 부르기 오래 전부터 당신을 '라마나'라고 부르곤 하던 사람이 바로 이 락슈마이야였다. 스리 바가반은 (띠루반나말라이의) 빠짜이암만 사원에 계실 때, 텔루구어로 된 위대한 철학적 저작 『시따라만자네얌(*Sitaramanjaneyam*)』[28]을 읽으셨다. 「자기탐구(*Self-Enquiry*)」의 질문자인 감비람 세샤이야(Gambhiram Seshayya)가 그 책을 당신께 가져왔다. 그는 물끼나드(Mulkinad)[하이데라바드]의 텔루구 브라민으로서, 유명한 재상인 악깐나(Akkanna)와 마단나(Madanna)[29]의 후손이었다고, 스리 바가반이 우리에게 알려주셨다. 당신은 그 책에서 **수숨나 나디**(*Sushumna nadi*)가 **따뽀마르가**(*Tapomarga*)[고행의 길]이고, **암리따 나디**(*Amrita nadi*)가 **목샤 나디**(*Moksha nadi*)[해탈의 길]라는 것을 읽으셨다는 것을 기억했다.

저녁에 어떤 사람이 창조의 목적에 대해서 여쭈었다. 스리 바가반이

---

28) *T.* 빠라수라마 빤뚤라 링가무르티 가루(Parasurama Pantula Lingamurthy Garu)가 1710년에 『아디야뜨마 라마야나』를 텔루구어로 옮기면서 베단타의 관점에서 주해한 책.
29) *T.* 형제인 이 두 사람은 데칸 고원의 술탄국 골콘다(Golkonda)의 실권자였다(17세기 후반).

답변하셨다. "그 질문자가 목적이라는 것을 알기 위해서입니다. 창조에 관한 여러 가지 이론이 있는 것은 그것을 만들어낸 마음에 여러 단계가 있었기 때문입니다." 이제 사이에드 박사가, ('이건 아니다, 이건 아니다'로써) 비아非我(non-Self)를 제거한 뒤에 **진아**를 알기 위한 어떤 적극적 방법이 있는지 여쭈었다. 스리 바가반이 답변하셨다. "비아가 제거될 때 남는 것이 **실재**입니다. 그것을 성취할 수는 없습니다. 왜냐하면 그것은 그대의 바깥에 있지 않기 때문입니다. 그것을 말로 규정하거나 묘사할 수도 없습니다. 그것은 성숙한 영혼이 **스승**에게 완전한 자기순복을 한 뒤에 스스로 깨닫는 것이기 때문입니다. 깨달은 영혼에게는 그런 질문이 전혀 일어나지 않습니다. 그는 유일한 군주 혹은 아무 근심 걱정 없는 아이처럼 삽니다. 그는 마음을 가지고 **실재**를 논하는 사람들에 대해 미소를 짓는데, 그런 논의는 날파리가 온 허공을 삼켰다가 내뱉는 것과 같습니다."

그런 다음 스리 바가반은 자기순복이 어떻게 **진아 깨달음**을 자동적으로 일어나게 하는지를 보여주기 위해, 자나까 왕(King Janaka)과 진인 아쉬따바끄라(Sage Ashtavakra)의 그 유명한 이야기를 다음과 같이 더없이 극적으로 스릴 있게 들려주셨다.

자나까 왕은 경전 어디에선가, **진아**는 말을 타는 사람이 한 발을 등자鐙子에 걸치고 다른 쪽 발을 들어 올리는 사이의 짧은 시간에 깨달을 수 있다고 한 것을 읽고는, 자기 나라의 모든 학자들(Pandits)을 불러서 그들에게 그 말을 증명하거나 아니면 논박해 보라고 했다. 그들은 그것을 증명할 수 없었지만, 그것은 경전 말씀이었기 때문에 감히 그것을 논박할 수도 없었다. 여기에 분노한 왕은 그들을 모두 감옥에 가둬 버렸다. 자나까의 왕국 근처를 지나가던 진인 아쉬따바끄라가 그 이야기를 전해 들었는데, 사람들은 그 나라에 들어가지 말라고 경고했다. 그럼에도 그는 그 나라에 들어갔고, 왕 앞으로 불려나가 그 경전 말씀에 대해 질문 받았다.

그는 자신이 일정한 조건 하에서 그것을 증명할 수 있다고 대답했다. 첫째, 왕은 그를 스승으로 받아들이고 무조건 복종해야 한다. 둘째로, 왕은 즉시 모든 학자들을 석방해야 한다. 셋째로, 왕은 나라와 모든 개인 소유물을 내놓아야 한다. 자나까 왕은 그 조건들을 모두 이행했다. 이제 그는 더 이상 왕이 아니었기 때문에, 진인은 그를 '자나까'라고 부르고, 그에게 말 한 마리를 끌고 수도인 도시 밖으로 혼자 자신[진인]을 따라오라고 명령했다. 교외에서 그는 자나까에게 한 발을 등자에 걸치고 다른 쪽 발을 들라고 했다. 그런 다음 말했다. "이제 으뜸가는 조건이 오는데, 그대의 자아를 내맡겨야 한다는 것이오. 기꺼이 그렇게 하겠소?" 자나까가 말했다. "예." 그 순간 자나까는 한 발을 등자에 걸치고 다른 쪽 발은 공중에 매달린 채, 외관상 하나의 석상처럼 몸이 정지해 버렸다. (여기서 스리 바가반은 자나까의 자세를 흉내 내셨다.) 왕의 사람들이 와서 그가 그런 상태에 있는 것을 보고 놀라서, 진인에게 부디 은총으로 그를 구해 주시라고 간청했다. 진인이 말했다. "자나까, 왜 이러고 있소? 말을 타고 집으로 가시오." (자나까가 깨어나자) 사람들은 크게 안도했고, 자나까는 말을 타고 집으로 갔다. 그리고 모든 면에서 마치 노예처럼 진인에게 복종했다. "이제 그 경전 말씀의 진리성을 인정하오?" 진인이 물었다. "예." 자나까가 말했다. "그러면 전처럼 나라를 다스리시오." 아쉬따바끄라가 말했다. "이제 이 나라는 당신의 것 아닙니까?" 자나까가 여쭈었다. "그러하오. 그러나 내가 그대에게 이 나라를 내 이름으로 다스리라고 명하는 것이오." 진인이 대답했다. "따르겠습니다." 자나까가 말했다.

스리 바가반은, 리쉬들의 아내들이 시따(Sita)에게 그녀의 남편을 보여 달라고 하자 시따는 단지 스리 라마 앞에서 절을 하는 것으로써 그렇게 했다는 이야기를 언급하면서, 『해탈정수』에 나오는 한 처녀와 그녀의 연인에 대한 그 비슷한 이야기를 말씀하셨다. 당신은 또한 『미나끄쉬 비자야(*Minakshi Vijayam*-'미나끄쉬의 생애')』의 이야기도 인용하셨다. 여신 미나끄쉬는 원래 젖가슴이 세 개였다. 그녀는 모든 남신과 싸워서 그들을 이겼다. 그녀가 주 순다레사(Lord Sundaresa-시바) 앞에 왔을 때, 세 번째 젖가슴이 사라졌고, 그녀는 주님 앞에서 고개를 숙였다.

다음날 오랜 헌신자 스리 랑가스와미 아이엥가르(Sri Rangaswami Iyengar)가 손녀와 함께 스리 바가반을 친견하러 왔다. 그 아이는 스리 바가반께 남몰래 절을 했고, 남들 앞에서 드러나게 하지는 않았다. 그러자 스리 바가반이 이것을 에깐타 박띠(*Ekanta Bhakti*)[은밀한 헌신]라고 부르면서, 그 한 예로 『박따 비자얌(*Bhakta Vijayam*)』에 나오는 이야기 하나를 들려주셨다. 어느 왕은 외관상 세간적 활동에 몰두해 있었고, 결코 조금도 신을 숭배하는 성향을 보이지 않았다. 신심 있는 가문 출신인 그의 비妃는 남편이 신심이 없는 것에 크게 상심하고 있었다. 어느 날 한밤중에 왕이 곤히 자고 있을 때, 왕비는 왕의 입술이 움직이고 있는 것을 보고, 귀를 입 가까이 가져다 댔다. 그의 입에서는 끊임없이 "람, 람(*Ram, Ram*)" 하는 속삭임이 들렸다. 왕의 신심이 얼마나 깊고 열렬했던지 잠을 자는 동안에도 '람 명호名號(*Ram Nam*-라마의 이름)'를 중얼거리는 것을 발견한 것이다. 그녀는 황홀한 기분이 되었고, 즉시 총리를 불러서 다음날 그 도시에서 축제를 벌이도록 하라고 명했다. 그리하여 그 도시는 늘어뜨린 꽃줄들로 장식되었고, 잠에서 깬 왕의 귀에는 장엄한 음악소리가 들려왔다. 왕은 비妃에게 그 잔치의 이유를 캐물었다. 왕비가 자초지종을 들려주었고, 그 말은 그에게 충격으로 다가왔다. 그는 이렇게 소리 질렀다. "뭐라고! 내가 '람 명호'를 염하는 것을 들었다고?" 왕은 쓰러져서 죽고 말았다.

스리 바가반은 위 이야기에 이어 성자 뚜까람(Saint Tukaram)의 이야기를 하나 하셨다. 한 (브라민) 사제가 그에게 성스러운 이름은 더럽히면 안 되므로 정해진 순수함의 조건에서만 창송해야 한다고 명령한 바 있었다.

뚜까람은 끊임없이 '**람 명호**'를 염하라는 지시를 받았다. 그래서 어느 날은 용변을 보면서 그 명호를 중얼거리고 있었다. 사제가 그 길로 지나가다가 그 염송을 듣고 그 염송자를 발견하자 격분하여 그에게 덤벼들었고, 그에게 그 신성한 이름을 더럽히지 말라고 명령했다. 뚜까람은 입을 닫았으나, 즉시 그의 몸 모든 모공毛孔에서 무수한 '**람, 람**' 소리가 동시에 뿜어져 나왔다. 소스라치게 놀란 사제는 이 성자의 앞에 엎드려 절을 하고 사과한 다음, 그 어리석은 명령을 취소했다.

말이 난 김에 스리 바가반은, 나마 데브(Nama Dev)[30] 자신이 아직 염해야 할 '**람 명호**'를 수천만 번 남겨둔 상태에서 그 염송을 완료하기 위해 뚜까람으로 태어났다는 전승담을 인용하셨다.

스리 바가반은 또한 『따유마나바르(*Tayumanavar*)』에 있는 구절 하나도 읽고 설명해 주셨는데, 거기서 마음이 **영혼**(개아)에게 불평하기를, **영혼**은 마음과 생기(*prana*)와 가졌던 우정을 외부의 누군가가 시키는 대로 묘사하고, 그들을 제어하고 억압하려 해 왔지만, 헛일이라는 것이었다.[31]

이틀 뒤, 스리 바가반의 등과 옆구리에 습진이 생긴 곳에서 붕대가 제거되었다. (최근까지 하이데라바드 주의 장관이었던) G.S. 멜코트(Melkote) 박사가 스리 바가반을 치료했는데, 그는 당시 가족과 함께 아쉬람에 머무르고 있었다. 이 의사는 본인이 심장병을 앓고 있었고, 아주 몸이 약하고 거의 위태로운 상태에서 이곳에 왔다. 아쉬람에서 그의 상태는 스리 바가반의 은총으로 급속히 호전되었고, 동시에 그는 스리 바가반의 습진을 치료하는 특권을 가졌다. 그것은 스리 바가반과 이 의사 사이의 상호 협응

30) *T.* 마하라슈트라 지방의 성자(1270~1350경).

31) *T.* 따유마나바르(1705~1744)의 시 *Sukavari*, 제12연에서 마음이 영혼에게 이렇게 불평한다. "영혼인 그대처럼, 마음인 나와 내 친구 생기(*prana*)도 늘 몸 안에 거주하지 않았던가? 그런데 오래 전에 누군가가 우리를 '지각력이 없다' 하고 그대를 '지각력이 있다' 하여 우리를 분리시켰다. 그 말을 들은 날부터 오늘에 이르기까지, 그대는 우리 사이에 장벽을 세우고 우리를 부당하게 억압하면서 강압적 지배권을 행사해 왔다."

協應처럼 보였다. 실로 그것은 스리 바가반의 은총의 한 유희(*Lila*)처럼 보였다. 왜냐하면 마하뿌자 전날 밤 스리 바가반은 모든 붕대를 제거해 달라고 고집하셨고, 마하뿌자 날에는 스리 바가반의 몸 주위에 건강의 광채가 워낙 빛나서 어떤 피부 질환이 있으리라고 아무도 생각할 수 없을 정도였기 때문이다. 다음날 다시 붕대를 싸맸고, 마침내 그것이 오늘 제거되었다. 붕대를 제거하자 스리 바가반이 유머러스하게 말씀하셨다. "이제 나는 '붕대해탈(*Bandha Moksha*)'[붕대에서 벗어남]을 성취했군!" 나는 그 치유가 의사의 계획에 달려 있었던 같다고 말씀드렸다. 스리 바가반이 답변하셨다. "그렇지. 의사는 그 붕대를 제거한 뒤에 떠나고 싶어 하지."

다음날 우리는 스리 M.V. 라마스와미 아이어의 따님인 스리마띠 랄리따 벤까따라만(Srimati Lalita Venkarataman)의 뛰어난 비나(*Vina*) 음악 공연을 가졌다. 스리 바가반은 몰입된 주의력으로 경청하셨다. 마지막 노래 '사라나가띠(*Saranagati*)'[순복]에서 정점에 이르렀고, 우리의 마음은 황홀경의 홍수 속에 가라앉았다. 우리가 평소의 기분으로 돌아왔을 때, 스리 바가반이 말씀하셨다. "그러니까 우리는 다시 지상으로 돌아왔군요. 우리가 어디 있었지요? 사람들은 건달바의 나라(*Gandharva Loka*)[음악의 세계]를 이야기합니다. 그것이 어디 있습니까? 여러분에게 말하지만, 우리는 지금까지 건달바의 나라에 있었습니다." 스리 바가반은 그 음악가를 칭찬하면서 이렇게 말씀하셨다. "랄리따의 특별한 점이 이거지요. 그녀가 비나로 노래하는지 비나를 연주하는지 분간할 수가 없습니다. 그 두 가지 소리가 아주 완전하게 하나로 합일됩니다."

잠시 후 스리 사라나탄(Sri Saranathan)의 누이인 어린 소녀가 회당에서 발을 경쾌하게 놀리며 춤을 추었다. 스리 바가반은 몰입된 관심으로 춤을 지켜보고 말씀하셨다. "우리는 이제 신들의 나라(*Deva Loka*)에 있습니다. 아이들이 노는 곳에는 신들의 나라가 있지요." 스리 바가반은 아비나야

(*abhinayam*)[연기][32]이 잘 되었다고 하셨다. 아이는 그 (춤동작에 내포된) 관념(*Bhava*)을 도저히 이해할 수 없었지만 말이다. 스리 바가반은 (다른 사람의) '까타깔리 춤(Kathakali dance)'[33]도 잘 추었다는 취지로 말씀하셨다.

스리 바가반이 산을 올라가시던 중 저명한 두 헌신자들 간의 오해를 언급하면서, 나에게 다음과 같은 메시지를 그들에게 전달해 달라고 하셨다. "누구든지 우리를 비난하는 사람은 우리의 친구다. 왜냐하면 그는 우리의 적인 우리의 몸만 비난하니까. 적의 적은 최상의 친구이다. 그렇지 않은가? 우리는 실은 우리를 칭찬하는 사람들을 경계해야 한다."

오후에 스리 바가반은 **아루나찰라 시바**의 영광을 찬양하셨다. 『시바 뿌라나(*Siva Purana*)』에서는 **아루나찰라**가 **시바**의 화현이라고 말한다. 이 산은 본래적인 **링가**(*Linga*) 형상이다. 오직 이로 인해, **시바**를 **링가**로 숭배하는 체계가 유행하게 되었다. **시바**는 또한 **비슈누**처럼 멧돼지로 화현했다고도 말해진다. 『아디야뜨마 라마야나(*Adhyatma Ramayana*)』[34]에서는 **라마**가 (나찰들인) 카라(Khara)와 두샤나(Dushana)를 죽이는 에피소드를 들려주면서, **라마**가 **시바**의 화현이라고 말한다.

스리 바가반이 격식 없이 『알라 우파니샤드(*Allah Upanishad*)』를 언급하시자, 사이에드 박사가 그것은 한 브라민이 악바르(Akbar-16세기 후반 무굴제국의 황제)의 궁정에서 끼워 넣은 것이라고 말했다. 스리 바가반은, 힌두교에서는 **마호메드**와 **그리스도**를 예언자들로 받아들이지만, 어느 쪽도 유일한 최종적 예언자로 받아들일 수는 없다고 말씀하셨다. 사이에드 박사는 지혜로운 스승과 친교하며 보낸 한 시간이 백 년간의 기도보다 낫다는 루미(Rumi-13세기 페르시아의 수피 성자)의 말을 인용했다.

---

32) *T.* 말이 아닌 동작, 표정 등을 통해서 어떤 관념이나 감정을 관객에게 전달하는 기술.
33) *T.* 선악의 투쟁을 주로 묘사하는 내용을 담은 께랄라 지방의 인도 전통 무용.
34) *T.* 『라마야나』를 비이원적 베단타적 시각에서 해석한 산스크리트 문헌(13~15세기).

스리 바가반은 바라루찌(Vararuchi)와 바르뜨리하리(Bhartrihari)에 대한 서로 다른 버전들[35] 간의 불일치를 지적하고, 소위 역사적 비평 중 많은 것이 말도 안 되는 소리라고 하셨다. 스리 바가반은 그 문제를 매듭지으면서 이렇게 말씀하셨다. "우리의 이성에 호소력이 있다면, 설사 그것이 아이가 하는 말이라 해도 무엇이든 받아들입시다. 반면에 이성에 부합하지 않는 것이면, 설사 그것이 **브라마**에게서 나온 것이라 해도 무엇이든 거부합시다."

다음날 오전에 내가 그 두 헌신자를 각기 따로 만나서 스리 바가반의 메시지를 전달했다. 내가 입을 열기도 전에, 두 사람 다 그들의 다툼을 화해하겠다는 열의를 표명했다. 이것은 나에게, 같은 **샥띠**[힘]가 늘 작용하고 있다는 것을 보여주는 적절한 예로 여겨졌다. 그런 다음 그들은 **회당** 근처에서 만나 악수를 하고, 다툼을 잊고 서로 용서하기로 했다. 이것을 스리 바가반께 보고 드리고 있을 때, 그들 중 한 사람이 그들의 앞서 서신을 어떻게 할지를 여쭈었다. "그것을 불태워야 합니까, 바가반?" 스리 바가반의 답변이 바로 나왔다. "종이를 태우는 것만으로 무슨 소용 있나요? 심장 속에서 그것을 태워 버려야지요."

스리 바가반이 **산**에서 돌아오시다가 아이 가네산(Ganesan-도감의 손자)과 농담을 하셨다. 스리 바가반은 아이의 손을 꼬집고는 "나는 '가네산'을 꼬집었지 '너'를 꼬집은 게 아냐!" 하셨다. 이때 아이 손에 '가네사(Ganesa)'라는 이름이 써져 있는 것을 보신 스리 바가반이 물으셨다. "가네사가 뭐지? 그 손인가?"

그러다 내가 당신 곁을 지나가고 있을 때, 스리 바가반이 나에게 얼마

35) *T.* 이 두 사람에 대해서는 생존 연대와 활동 지역 등을 달리 말하는 설들이 다수 존재한다. 바라루찌는 천문학자, 문법학자로 이야기되고, 바르뜨리하리는 웃자인(Ujjain)의 왕이었다가 출가수행자가 되고 진인이 된 사람으로 알려져 있다.

전에 일어났던 비슷한 사건 하나를 들려주셨다. 밀라포르(Mylapore-첸나이의 구도심 지역)의 교사인 스리 세샤기리 아이어(Sri Seshagiri Iyer)의 막내아이가 스리 바가반께 다가와서 말했다. "따따(Tata)[할아버지], 저를 만져 주세요." "그때 내가 이렇게 아이의 손을 만졌지." 그렇게 말씀하시며 스리 바가반은 내 손을 만져서 나를 전율케 하셨다. 당시 그 아이는 이렇게 말했다. "당신께선 제 손만 만지셨어요. 저를 만지셨어요?" "나는 그 아이의 대꾸에 어안이 벙벙했지." 스리 바가반이 **회당**에 들어서면서 말씀하셨다.

의사가 어떤 연고를 발라 드리러 들어오자 스리 바가반이 말씀하셨다. "의사가 지금 저에게 해주겠다고 하는 건 '예방적 치료'입니다. 『해탈정수』에서는 제자가 **스승**에게 이렇게 말하지요. '당신의 가르침으로 저는 **지**知를 성취했습니다. 그러나 **스승님**, 당신께서는 악마가 손을 놓고 떠난 뒤에도 그것이 얀뜨라(*Yantra*)[신비한 힘을 가진 장치] 안에 갇혀 땅에 묻혀야만 다시는 일어나지 않을 거라는 것을 아십니다. 마찬가지로, 저는 무지라는 이 악마가 되살아나지 못하게 할 어떤 장치를 베풀어 주실 것을 간청합니다.' 그에 대한 **스승**의 답변이 그 책의 후반부를 이룹니다. 마찬가지로, 아르주나는 『기타』에서 **스리 크리슈나**에게 '미혹이 소멸되고 지知가 흡수됩니다'라고 말하지만, 나중에는 자신의 **주님**의 가르침을 잊어버렸다고 실토하면서 다시 말씀해 달라고 요청하지요. **스리 크리슈나**가 답변으로 되풀이한 말씀이 『웃따라 기타(*Uttara Gita*)』입니다."

다음날 오전, 스리 바가반은 캘리포니아에서 새로 온 미국인 방문객으로, 어떤 정신적 괴로움을 겪고 있는 듯이 보이는 노이 여사(Mrs. Noye)에게 말을 건네며 이렇게 말씀하셨다. "'나는 불순수하다'라는 관념을 없애십시오. **진아**는 항상 순수합니다. 그 모든 것은 마음의 작용입니다. 만일 그대가 마음의 토대에 도달하면, 그런 모든 그릇된 관념들이 사라질 것입니다."

오후에 비자야나가람(Vijayanagaram-안드라 지역 토후국의 하나)의 라니(Rani-토후국 왕비)가 스리 바가반을 친견했는데, 당신은 작고한 라자(Rajah)가 아쉬람에 호랑이가죽 하나와 호랑이 머리 하나를 선물했던 것과, 그 가죽 위에 앉으신 스리 바가반의 사진 하나를 라자에게 보냈던 것을 기억하셨다. 열렬한 헌신자인 라자의 모친은 아들의 병환에 대해 자주 편지를 보내기도 했다. 라니가 여쭈었다. "평안이 무엇입니까?" 스리 바가반이 답변하셨다. "우리의 스와루빠(*swarupa*)[성품] 자체가 평안입니다. 우리는 우리 자신이 들떠 있다고 생각하고, 평안을 갈망합니다. 사실 우리는 늘 평안 속에 있습니다. 베다에서는 진아를 '평안으로 충만해 있고 불멸'이라고 이야기합니다. 온전하게 우리 자신이 되는 것이 평안 혹은 지복입니다. 평안을 얻으려고 애쓰는 것은 민물 속에 머리까지 물에 잠긴 채 서 있으면서 목마름이 해소되지 않았다고 하소연하는 것과 같습니다. 우리는 물 자체가 그 갈증을 야기하고 있는 것이 아닌지 궁금해 합니다." 라니는 떠나면서 나에게 이렇게 말했다. "저는 전통적인 질문을 드렸고, 바가반께서는 전통적인 답변을 하셨지만, 놀라웠던 것은 바가반의 얼굴과 몸에 나타나 있는 평안의 광채였습니다. 정말이지 당신 자신이 평안의 영혼처럼 보였습니다. 이것이 제가 새로 발견한 것입니다."

어떤 사람이 "진인에게는 잠이 얼마나 많이 필요합니까?"라고 질문하자, 스리 바가반은 이렇게 답변하셨다. "잠은 '나는 잠에서 일어났다'고 생각하는 사람에게 필요합니다. 그러나 항상 불변의 잠 속에 있는 사람들에게, 다른 어떤 잠을 자야 할 무슨 필요가 있습니까? 눈꺼풀이 피로를 느낄 때는 한동안 눈을 감으면 되겠지요. 생시·꿈·깊은 잠의 세 가지 상태는 마음에게 있지, 몸에게 있는 것이 아닙니다."

저녁에 스리 바가반은 『아이티히야 마알리까(*Aithihya Maalika*)』라는 말라얄람어 책에 나오는 한 목수와 열 명의 브라민(만트라 수행자(*Mantrik*),

아그니호뜨라(*Agrihotri*) 수행자, 요기 등) 이야기를 들려주셨다. 그 목수는 각 브라민의 행위에 상응하여 높은 곳의 땅에 구덩이들을 파서 그 행위들이 부질없음을 증명했다. 스리 바가반이 말씀하셨다. "(지하수의) 수위를 모르면서 구덩이를 아무리 많이 판들 무슨 소용 있습니까? 마찬가지로, 자기 자신의 스와루빠(*swarupa*)[자기 자신의 진아]를 모른다면, 아무리 많은 신들을 그 어떤 방식으로 숭배해도 아무 소용이 없습니다."

스리 바가반은 우리에 대한 추문공작(어떤 사람이 바가반과 아쉬람에 대해 근거 없는 헛소문을 퍼뜨린 일)이 어떻게 '겉보기와 달리 이로운 일'인지를 보여주시기 위해 한 가지 이야기를 하셨다. 한 천민(*pariah*) 부부가 한 남부드리 브라민(Nambudri Brahmin-께랄라 지방의 전통적 브라민 일족)을 만났다. 그 천민이 아내에게 말했다. "봐, 브라민이 오고 있어. 옆으로 물러서자." 여자가 말했다. "그럴 필요가 없어요. 우리가 다가간다고 해서, 자기 딸을 데리고 사는 사람에게 무슨 오염이 있을 수 있겠어요? 당신은 저 형편없는 자를 브라민이라고 부르네요!" 남자가 대답했다. "자네가 그 추문을 말하는 백 번째 사람이야. 이제 저 브라민의 저주는 없어졌어." 그는 직접 이렇게 설명했다. "저 브라민의 아내가 음식을 요리하고 있을 때 천장에서 떨어진 거머리 한 마리가 음식에 빠져 죽었어. 저 브라민이 그 이야기를 듣고, 그녀에게 그 중독된 음식을 하인들에게 주라고 명했지. 지옥의 지배자인 야마(Yama)는 즉시 그의 서기 찌뜨라굽따(Chitragupta)[36]에게 그 죄를 그 브라민 이름에다 기록해 두라고 지시하고, 그가 죽어 지옥에 가야 할 때 그를 고문하기 위해 거머리를 산더미같이 쌓아두라고 명령했어. 이 브라민은 찌뜨라굽따의 헌신자였고, 매일 밤 자기 전에 그에게 기도를 하곤 했지. 그래서 이제 그 브라민에게 연민을 느낀 찌뜨라굽따가 그

---

36) *T.* 사람들이 살아 있는 동안 행한 모든 공덕과 죄악을 낱낱이 기록해 두어, 그들이 죽은 뒤 그에 상응하는 복이나 벌을 받을 수 있게 하는 일을 맡은 야마의 기록원.

의 꿈에 나타나서, 그가 겪게 될 형벌에 대해 경고했어. 브라민이 두려움에 떨며 그의 발아래 엎드려 거기서 벗어날 어떤 수단을 베풀어 달라고 애원하자, 찌뜨라굽따는 그에게 장성한 처녀인 그의 딸에 대해 그가 그녀와 불륜을 범했다는 추문이 퍼지게 행동하라고 했어. 그 추문을 백 명이 입에 올리면, 그 죄가 그에게서 완전히 떠나 그를 비방한 사람들 사이에서 배분될 거라는 거였지. 브라민은 그렇게 행동했고, 자네가 그 백 번째 비방자야. 그래서 이제 저 브라민의 저주가 없어졌다고 하는 거야."

스리 바가반은 그 이야기에서 다음과 같은 교훈을 끌어내셨다. "최선의 의도를 갖되, 칭찬을 받지 않고 비난을 야기할 방식으로 행위하십시오. 여러분이 정당할 때에도 자신을 정당화하고 싶은 유혹에 저항하십시오."

밤에 스리 바가반이 말씀하셨다. "혹자는 진인도 발현업(*Prarabdha*)을 경험해야 한다는 견해를 가지고 있지요. 그러면 이런 의문이 일어납니다. '그가 그것을 경험하는 동안 새로 한 행위들의 열매는 어떻게 되나?' 그들(진인들)은, 그런 행위들은 볶은 씨앗처럼 먹기 위해서만 쓸모가 있지 싹이 트지는 못한다고 대답합니다. 그러면 (발현업으로 해소되지 않은) 그들의 공덕과 죄악은 어떻습니까? 그들을 칭찬하는 사람들은 그들의 공덕을 공유하고, 그들을 비난하는 사람들은 그들의 죄악을 함께 나눈다고 하지요."

다음날 오전에 스리 바가반은 『아이티히야 마알리까』에서 또 다른 이야기를 읽어주고 계셨다. 한 가난뱅이가 어떤 사람의 잘못된 조언을 듣고 '바다리 나라얀(Badari Narayan)'[37] 쪽을 향해, 외관상 브라민인 두 사람을(실제로는 신 나라야나의 전령들이었지만), 그들의 만류에도 불구하고 뒤따라갔다. 바로 이 시점에서 스리 바가반께 우편물이 왔다. 첫 번째 편지는 바다리 나라얀에서 온 것이었다. 스리 바가반이 말씀하셨다. "바로 지금,

---

37) *T.* Badari(혹은 Badri) Narayan은 히말라야의 힌두 성지 바드리나트(Badrinath)에 있는 나라야나의 사원 혹은 그 사원의 나라야나 신상을 가리킨다.

이 이야기에서 우리는 바다리 나라얀에 있었지요. 이 편지에서도 우리는 바다리 나라얀에 있군요. 경이롭지 않습니까?" 우편물을 살펴보신 다음, 스리 바가반은 바다리 나라얀 이야기에서 점성가가 어떻게 나라야나(비슈누)의 전령들에 의해 특정일에 쓰러질 거라는 저주를 받았고, 그가 어떻게 그것을 피하려 했지만 헛일이었는지 등을 다 읽어 마치셨다.

오후에 스리 바가반은 다른 이야기 하나를 들려주셨다. 한 브라민과 그의 요리사가 성지순례를 떠났다. 요리사는 모든 성수聖水(*tirthams*-성스러운 강물)에 여주(bitter-gourd)를 하나씩 담갔다. 그 여주는 나중에 그것을 요리했을 때도 앞서와 같이 쓴맛이 났다. 스리 바가반이 말씀하셨다. "그러니 마음이 교화되어 달콤해지지 않는다면, 성지순례자가 성수에서 목욕을 한다고 해서 어떻게 그 쓴맛이 사라지겠습니까?" 스리 바가반은 또한 같은 책에서 두 가지 이야기를 더 들려주셨다.

다음날 스리 바가반은 격식 없이 우리에게 「우빠데사 운디야르」의 제 16연, 28연, 30연의 세 연은 원래 스리 무루가나르가 초안을 잡았으나 스리 바가반이 수정한 것이라고 하셨다.

다음날 오전에 스리 바가반은 산 위에 이례적으로 늦게까지 머무르셨다. 그러자 스리 바가반이, 전날 밤 싯디를 성취한(타계한) 한 말라얄람인 스와미의 장례식을 보러 스깐다쉬람으로 가셨을지 모른다는 헛소문이 퍼졌다. 그래서 나는 스리 안나말라이 스와미와 함께 산 위로 올라갔고, 이내 막 돌아오고 계신 스리 바가반을 발견했다. 스리 바가반이 말씀하셨다. "이 산은 나 자신의 집과 같아. 하늘에는 구름이 끼었고 날씨가 서늘했어. 그래서 우리가 시간 가는 줄 모르고 여기저기 거닐다 보니 늦어진 거지." 스리 바가반이 덧붙이셨다. "이 산에는 레몬그라스(lemongrass)가 지천이야. 그 냄새만 맡아도 등산의 피로감이 경감돼. 과학자들은 이 풀에서 기름을 추출할지도 모르지."

한 젊은 벵골인이 스리 바가반께 다음과 같은 질문들을 글로 써서 건네 드렸다.

1. 어떻게 하면 우리가 신을 인식할 수 있습니까?
2. 신은 무엇이며, 그는 어디에 있습니까?
3. 어떻게 하면 우리가 전생들을 알 수 있습니까?

스리 바가반은 그 쪽지를 '질문지'라고 부르시고, 나에게 당신의 답변을 다음과 같이 통역해 달라고 하셨다.

1. 그대가 자신을 생각하듯이, 그대는 신을 인식한다.
2. 먼저 그대가 무엇인지를 알라. 그러면 신이 무엇이며 그가 어디에 있는지를 그대 스스로 알게 될 것이다.
3. 우리의 현생에 대한 앎만으로도 우리는 너무 많이 억압 받아서 에고를 떨쳐버리지 못한다. 만일 우리가 전생들도 알게 된다면, 그 어려움이 한층 커질 것이다. 왜냐하면 그때는 에고가 훨씬 더 강해질 것이기 때문이다. 그러니 과거와 미래, 심지어 현재를 아는 것에 대해서도 걱정하지 않는 것이 더 낫다.

저녁에 스리 바가반은 우리에게 그날, 즉 1939년 6월 22일이 스리 마니까바짜가르(Sri Manikavachakar)[38]의 구루뿌자(*Guru Puja*) 날[39]이라고 알려주셨고, 오랜 시간 깊은 침묵 속에 앉아 계셔서 이날의 신성함이 우리의 영혼 속으로 가라앉았다.

다음날 스리 바가반은 격식 없이 우리에게, 『스리 라마나 기타』 제3판

38) *T.* 남인도의 시인-성자(9세기). 시바에 대한 찬가집 『띠루바짜감(*Tiruvachagam*)』을 지었고, 헌신의 감정으로 가득 찬 그의 노래들은 지금도 타밀 지역에서 널리 불리고 있다.
39) *T.* '구루 뿌자'는 스승에 대한 감사와 숭배를 표현하는 예공이다. 여기서는 마니까바짜가르의 입적일을 의미한다.

서문을 스리 까비야깐타 본인이 산스크리트어로 썼는데, 나중에 그것이 다른 언어들로 번역되었다고 알려주셨다. 마찬가지로 스리 까시바따 크리슈나라야 사스뜨리(Sri Kasibhatta Krishnaraya Sastri)[40]가 쓴 머리말도 타밀어와 말라얄람어로 번역되었다. 스리 바가반이 말씀하셨다. "산스크리트어 서문에서, 띠루쭐리(*Tiruchuli*)는 뜨리술라뿌람(Trisulapuram)으로 번역되었습니다. 타밀어 단어로 올바르게 옮기면 '아바르타뿌람(*Avarthapuram*)'이 되겠지요. 다음 판에서는 그렇게 바꿔도 되지 않을까 싶군요." 그런 다음 스리 바가반은 **쁘랄라야**(*Pralaya*)[우주 해체] 때 **주 시바**가 어떻게 그 땅을 그의 삼지창三枝槍(*Trisula*)으로 들어올려 (대지를 뒤덮고 있던 홍수의) 물속에 소용돌이(*Chuli*)가 생기게 했는지를 들려주셨다. 그것이 띠루쭐리(*Tiruchuli*)[신성한 소용돌이]이다. 스리 바가반은 스리 쁘라나바난다(Sri Pranavananda)가 띠루쭐리를 **쁘라나밤**(*Pranavam*)[옴]으로 해석했다고 덧붙이셨다.

오후에 스리 바가반은 「하리잔(*Harijan*)」[41]에 실린 "신과 사띠야그라하(God and *Satyagraha*)"라는 기고문에서 발췌한 대목들을 몇 개 낭독하셨다. 그 글에는 이 마음 없이도 몸이 일정한 한도 안에서는 잘 움직일 수 있다고 하는 주목할 만한 말이 들어 있었다. 스리 바가반이 말씀하시기를, 사람들은 마음이 소멸되면 자신들이 어떻게 될지 두려워한다고 하셨다.

스리 바가반이 격식 없이 말씀하시기를, 당신은 **아루나찰라**에 오신 뒤에야 조식調息(*Pranayama*)[호흡제어]을 알게 되었다고 하셨다. **지**知의 조식(*Jnana pranayama*)을 **나함**(*Naaham*)['내가 아니다'] · **꼬함**(*Koham*)['나는 누구인가?'] · **소함**(*Soham*)['그가 나다']으로 묘사하신 것은 스리 바가반 자신의 것이다. 스리 바가반은 **소함**도 하나의 상相(*vritti*)[생각]이므로 그것마저 초월해야 한다고 말씀하셨다. 스리 바가반이 덧붙이셨다. "한 단어로 알 수 있는 것

---

40) *T.* 마하트마 간디가 발간한 주간 영자신문(1933~1948).
41) *T.* 텔루구 지역의 저명한 산스크리트어, 텔루구어 문학가(1863~1940).

을 설하기 위해, 무수한 경전들이 생겨났습니다."

스리 바가반은 진인의 특징을 지적하면서 이렇게 말씀하셨다. "어떤 숭배(*Upasana*)나 명상(*Dhyana*)을 하는 사람에게는 노력과 이완이 있습니다. 그러나 진인에게는 어느 것도 없습니다. 그도 그럴 것이, 진아를 떠나서 그가 어디에 있을 수 있고, 무엇을 할 수 있겠습니까? 진아를 기억하면 모든 생각이 사라집니다. 언젠가 명상·요가·조식 등 이런 것들에 대해 속으로 웃게 될 단계에 도달할 것입니다."

어떤 사람이 여쭈었다. "경전에서 말하기를, 진아는 그것이 선택하는 사람에게만 드러날 거라고 합니다. 그렇다면 우리의 노력이 무슨 소용 있습니까?"

스리 바가반이 답변하셨다. "진아는 구도자가 내면으로 향하게 될 때에만 그를 그 자신에게 끌어당길 것입니다. 그가 바깥을 향하고 있는 한, 진아 깨달음은 불가능합니다. 많은 사람들은 진아를 알고 그것 안에 안주하려고 하지는 않고, 진아를 규정하려고 듭니다."

환생에 대해서 질문 받자 스리 바가반이 말씀하셨다. "만일 지금 한 생(birth)이 있다면, 과거의 생과 미래의 생도 있을 수밖에 없습니다. 우리는 '이 탄생이 누구에게 있는가?'를 물어야 합니다. '나'라는 생각의 일어남이 진정한 탄생입니다."

스리 바가반은 『해탈정수』에서 다음과 같은 대목을 인용하셨다. "'나는 진아를 성취했다'고 말하는 것은 구덩이를 하나 파고는 공간(*Akash*)이 그 속으로 들어갔다고 주장하는 것과 같다. 그 구덩이가 생겨나게 한 것이 공간 아닌가? … 한 아이가 자기 그림자의 머리를 붙잡으려고 자기 그림자를 쫓아서 기어가고 있었지만, 물론 그것은 아이에게서 계속 물러났다. 그것을 본 엄마가 아이를 멈추게 하고 아이가 자기 머리를 잡게 하여, 그 아이에게는 손 하나가 그림자의 머리를 잡은 것처럼 보이게 했다. 그러자 아이는 만족했다. 스승의 은총도 그와 마찬가지다."

다음날 아침식사 때 스리 바가반이 나에게 물으셨다. "자네 이 '처트니'를 아나?" 내가 대답했다. "아니요. 하지만 맛이 굉장히 좋습니다." 그러자 스리 바가반이 미소를 짓고 말씀하셨다. "생 여주야." 스리 바가반이 그 말씀을 하시지 않았다면 거의 믿을 수 없었을 것이다. 왜냐하면 쓴맛의 기미라고는 하나도 없었고, 오히려 아주 맛있었기 때문이다. 그러고 나서 나는 어떻게 스리 바가반은 생 여주에서 쓴맛을 그토록 말끔히 없애실 수 있는지에 대한 놀라움을 표현하는 텔루구어 시를 한 수 지어, 당신이 그와 같이 우리의 내면에서 에고라는 쓴맛을 지워내 주시기를 기원했다. 당신이 산에서 돌아 오시자마자 나는 그 시를 스리 바가반께 보여드렸고, 당신은 즐거운 기색으로 그것을 낭독하시고 아쉬람 사람들에게 그것을 해석해 주셨다. 스리 바가반은 신 망고와 코코넛을 섞으면 그 처트니의 쓴맛을 상쇄하고 억제한다고 설명하셨다. 스리 바가반이 덧붙이셨다. "여주는 소화에 좋고, 생 여주는 완하제緩下劑 역할을 하지요."

「우빠데사 사람」의 벵골어 번역문을 한 여성 헌신자가 음송했을 때, 스리 바가반이 제22연과 23연 사이의 생각의 연결을 설명하셨다. 앞 연에서는 몸·감각기관·호흡·마음과 무지가 '실재하지 않고(*asat*)' '지각력이 없는(*jadam*)' 것으로 묘사되는 반면, '나'는 유일한 **실재**(*eka Sat*)이다. 그러면 이런 물음이 남는다. 즉, "'나'는 지각력이 있는 것(*Chit*)인가, 지각력이 없는 것(*Jadam*)인가?"라는 것이다. 이에 대한 답변은 그 다음 연에 나온다. 즉, **실재**(*Sat*)는 지각력이 있다(*chit*). '나'는 앞 연에 따르면 **실재**이다. 따라서 '나'는 지각력이 있다. 스리 바가반은 유머러스하게 이 추론을 수학의 제1공리인 '3수법三數法(the rule of three)'[42]이라고 부르셨다.

---

42) *T.* 비례하는 두 수의 쌍에서 세 수를 알 때, 나머지 수(2:3=x:6에서 x)를 아는 계산법.

스리 바가반은 또한 『바가바드 기타』에서 "마음을 진아 안에 고정하고, 조금도 생각이 없어야 한다"는 구절[43]을 인용하시고, 거기에 지혜의 정수가 담겨 있다고 말씀하셨다.

다음날 오전 3시 40분에 우리들 몇 사람은 산을 돌러 나갔다. 우리가 출발할 때 스리 바가반은 우리가 7시까지는 돌아올지 모른다고 말씀하셨다. 우리는 6시 40분에 벌써 돌아왔다. 우리를 보신 스리 바가반이 유머러스하게 말씀하셨다. "아침을 먹으려고 서둘렀나 보군. 도는 동안 어쩌면 '위장신(stomach-god)'에 대해 명상했겠지!" 보통 아침식사 시간은 오전 6시 30분이었지만, 그날은 마치 우리에게 교훈을 가르치려는 듯 7시로 연기되었다. 그러나 늦어진 대신 우리는 바다이(*vadai*), 삼바르(*sambar*) 등 몇 가지 특식을 먹었다!

나중에 스리 바가반은 내게 『해탈정수』에서 삿찌다난다(*Satchidananda*)를 다루는 몇 개 연을 낭독해 달라고 하셨다. 낭독하는 도중 스리 바가반은 타밀어 텍스트로 그것을 따라가면서 그때그때 주석을 하셨다. 당신이 말씀하셨다. "찌뜨(*Chit*)와 아난다(*Ananda*)는 식물·동물 등에게도 잠재되어 있습니다. 그러나 사뜨·찌뜨·아난다는 실은 깨달은 영혼, 곧 진인만이 그것을 압니다."

스리 바가반은 어린아이가 달이 반사된 모습을 어떻게 실재물로 오인하는지를 이야기하면서, 마야(*Maya*)를 알기 쉽게 설명하셨다. 스리 바가반은 한 원숭이를 당신 자신이 관찰하신 예도 드셨다. 그 원숭이는 한 거울 앞에 놓인 과자에 이끌려 그 거울 앞으로 다가갔다. 원숭이는 처음에 거울에 비친 자신의 모습에 겁을 먹고 물러났다. 그러다가 그 모습을 살펴본 다음, 결국 그것이 실재하지 않는 것임을 알고 나서 거울에 신경

---

43) *T.* 『기타』, VI.25. 또한 『라마나 마하르쉬 저작 전집』(2020, 개정2판), 277쪽 참조.

쓰지 않고 과자를 가져가 버렸다. 이 이야기를 하면서 스리 바가반은 그 사건을 아주 멋지게 연기하셨다.

스리 바가반은 **스승**에 대한 믿음과 경전이 우리가 **진아**를 깨닫는 데 어떻게 도움이 되는지를 설명하면서, 다음의 비유들을 드셨다. 한 왕이 꿈속에서 개에게 물린다. 그는 무력함을 느끼는데, 약도 없다. 현실에서는 모든 약과 의사들을 마음대로 쓸 수 있는데도 말이다. 그 꿈속의 상처는 꿈속의 의사에 의해 꿈속의 약으로만 치유될 수 있다. 마찬가지로, 우리는 거하게 식사를 하고 잠이 들어서는, 뙤약볕에 힘들게 일을 하고 나서 피로하고 배가 고프다고 느끼는 꿈을 꾼다. 그 꿈속의 배고픔은 꿈속의 음식으로만 해소될 수 있다.

스리 바가반은 과거의 상습常習(*samskara*)[타고난 습習]과 원습原習(*vasana*)[경향성]의 힘을 알기 쉽게 설명하기 위해 이렇게 말씀하셨다. "우리는 소화시킬 수 없는 것을 먹습니다. 그로 인해 거듭해서 고통 받습니다. 고통 받는 동안 우리는 다시는 그것에 손대지 않겠다고 엄숙히 맹세합니다. 그러나 회복되자마자 그것에 대한 갈망이 다시 돌아옵니다."

스리 바가반은 '**이성 대對 믿음**'의 문제를 제기한 사이에드 박사에게 답변하면서 가짜 **스승**과 진짜 **스승**의 차이점을 우연히 언급하시고, 이렇게 말씀하셨다. "그것은 모두 제자들의 상태에 달렸습니다. **스승**의 말씀에 대한 맹목적 믿음에 의해 그 **스승** 자신을 드높여준 제자들이 있었지요." 스리 바가반은 또한 동물과 식물들 가운데서도 **진아** **깨달음**을 성취한 예외적 사례들이 있을 수 있다고 말씀하셨다.

저녁에 스리 바가반은 **진아**를 "원자들 중 가장 작고, 큰 것들 중 가장 크다"고 묘사하는 것에 대해 언급하면서, 이렇게 말씀하셨다. "싸락눈이 바다에 떨어집니다. 그것은 작은 물방울 형태로 떨어지는데, 떨어지면 즉시 녹아서 바다 그 자체가 됩니다. 마찬가지로, **진아**의 근원은 하나의 작은 점(pinpoint)입니다. 그것을 찾아보면 그것은 사라지고, 충만함(fullness)만 남습니다. 그래서 진아를 '원자'라고 하는 것입니다. 우리는 아난다[지복]의 바다 위에 떠 있는 빙산들과 같습니다."

스리 바가반은 침묵(*Mouna*)에 대해 언급하면서 이렇게 말씀하셨다. "침묵에 네 종류가 있는데, 말의 침묵, 눈의 침묵, 귀의 침묵, 마음의 침묵이 그것입니다. 마지막 것만이 순수한 침묵이고, 그것이 가장 중요합니다. 주 다끄쉬나무르띠(Lord Dakshnamurti)가 잘 보여주었듯이, 침묵의 주석이 최상의 주석입니다. 침묵이야말로 영원한 언어이고, 단 하나의 말씀(One Word)이며, 심장 대對 심장의 대화(Heart-to-Heart Talk)입니다. 침묵은 전류의 평탄한 흐름과 같습니다. 언어는 조명 기타 목적을 위한 전류를 방해하는 것과 같습니다. 진인은 이야기를 얼마나 많이 하든, 여전히 침묵하는 자입니다. 그는 일을 얼마나 많이 하든, 여전히 고요한 자입니다. 그의 음성은 비非물질적 음성입니다. 그의 걸음은 지구상에 있지 않고, 그것은 허공으로 허공을 재는 것과 같습니다."

저녁식사 도중 스리 바가반이 건조된 잭프루트칩(jack-chips)을 내게 가리켜 보이면서, 그 잭프루트가 까끼나다(Kakinada-안드라프라데시 주의 한 지역)에서 여기까지 온 거라고 말씀하셨다.

저녁을 드신 뒤 스리 바가반은 나의 영어 '기도문'을 스리 순다레사 아이어가 타밀어로 옮긴 것을 낭독하시고, 당신이 손수 면밀히 수정하셨다. 당신은 그 아하발(*Ahaval*) 운율과 그 의미를 설명하셨다. 또한 『진어화만』에 있는 당신의 새로운 시들을 낭독하고 그 의미를 설명해 주셨고, 스리 순다레사 아이어에게 나를 위해 그것을 필사해 주라고 하셨다.

다음날 오전에 내가 집으로 출발할 때 스리 바가반께, 내가 공부하기 위해 당신의 타밀어 저작 세 가지를 가져간다고 말씀드렸다. 스리 바가반은 미소로 승인하시고 말씀하셨다. "별로 어렵지는 않을 거야. 나라싱아

라오(Narasinga Rao)와 락슈맘마(Lakshmamma)도 그걸 공부했지. 시작할 때는 타밀어가 발음이 특이하고 소리와 문자들이 적어서 다소 매력이 없을지 모르지만, 좀 공부하고 나면 아주 근사하게 마음에 들 거야. 나야나도 바로 그렇게 느끼곤 했지."

다사라(Dasarah) 전날 밤, 나는 영국인 헌신자 A.W. 채드윅(Chadwick) 소령이 스리 바가반에 관해 쓴 글 하나를 텔루구어로 번역해 달라는 부탁을 받았다. 그는 제1차 세계대전 때 훌륭하게 복무한 뒤 영적인 추구로 방향을 바꾸었고, 스리 바가반에게 이끌린 뒤로 당신의 발아래 영구적으로 머무르고 있었다. 다사라 연휴 때 아쉬람에 간 나는, 사람들이 내 텔루구어 번역을 다소 지루하게 느낀다는 것을 알았다. 같은 관념을 텔루구어 시로 표현해 보면 어떠냐는 제안이 있었다. 그 글과 여러 언어로 그것을 번역한 것은 다가오는 스리 바가반의 회갑(*Shashti-purti*)[60회 탄신일] 때 쓰려고 하는 것이었다. 그래서 아쉬람 당국은 그것을 인쇄하려고 몹시 서두르고 있었다. 나는 10월 17일 오전에 영감이 솟는 스리 바가반의 친존에서 두 시간 만에 16수의 시를 지었고, 스리 바가반의 권고로 그것을 회당에서 낭독했다. "이 행사[회갑]를 맞아 스리 바가반의 발아래 모였으니, 우리는 철학도 논하지 말고 우리의 개인적 영적 진보도 평하지 말며, 단지 우리와 함께 사시며 이 60년 세월을 우리와 벗해 주시는 당신의 자애로운 배려에 대해, 우리의 뜨거운 마음을 쏟아내야 하리."라고 한 제15연에서 나는 목이 메어 더 나아가지 못했다. 스리 바가반께서도 눈물을 흘리셨다. 나는 어찌어찌 힘들게 그 낭독을 마쳤다. 스리 바가반의 승인으로 그 시들은 「까루나 뿌르나 수답디(*Karuna Purna Sudhabdhi*)」[은총의 감로 같은 바다]라는 제목으로 바로 그날 인쇄에 넘겨졌다.

다음날 스리 바가반은 미라 바이(Mira Bai)가 그녀의 스승(Guruji)을 찾아간 이야기를 격식 없이 들려주셨다. 다른 제자들이 자신들의 스승은 여자의 얼굴을 보지 않으려고 하실 거라는 이유로, 그녀에게 친견을 허락해 주지 않았다. 미라 바이는 놀라움을 표시하며 말했다. "저는 단 한 분의 **뿌루샤**(*Pusurha*)[남자]만 계시고 나머지 우리 모두는 여자라고 생각했지요." 이 말을 제자들이 **스승**에게 전하자 **스승**은 즉시 미라 바이가 **진인**임을 깨닫고 몸소 나와 그녀에게 인사를 했다.

스리 바가반이 이 이야기를 하시고 나서 얼마 후, 오랜 헌신자인 숩바악슈맘마(Subbalakshmamma)와 내가 그것을 논의하고 있을 때, 미라의 말에 따르면 스리 바가반이 단 한 분의 **뿌루샤**[남자]이시고, 따라서 당신의 회갑은 특별히 중요한 의미가 있다는 생각이 떠올랐다. 숩바락슈맘마는 나에게 그 관념을 시로 표현해 보라고 했다. 그에 따라 나는 집으로 돌아온 직후에 다음과 같은 두 연의 시를 지었다.

1. "남자들은 회갑연에서 그들의 아내와 다시 결혼합니다. 진실로 지구상의 소위 남자와 여자라는 저희는 모두 여자들이고, **라마나**, 당신만이 유일한 **뿌루샤**이십니다! 그러니 **당신의 회갑**에서도, **당신**께서는 당신 자신의 것인 저희 모두와 결혼해 주셔야 합니다."
2. "이 결혼식을 위해서는, 오 **라마나**시여, **당신**께서 신랑이시고, **당신**께서 주례 사제이시며, **당신**께서 하객 회중이시고, **당신**께서 예식이시니, 그 만트라는 **침묵**입니다!"

이 시들을 아쉬람에 보내어 숩바락슈맘마에게 보여주도록 했다. 며칠 후, 놀랍게도 아쉬람에서 내게 이 두 연의 시도 인쇄 중인 16연의 시를 담은 소책자에 포함될 거라는 연락이 왔다. 나는 아쉬람에 대해 그 두 연은 유희하는 기분으로 지은 것이지 인쇄용이 아니었다고 설명했다. 10월 29일자 아쉬람의 답장에서는 이렇게 말했다.

"우리는 넬로르에서 보내신 그 두 연의 시에 대한 당신의 관점을 이해

합니다. 그 시들의 내재적 가치는 인간적 심정에 대한 보편적 이해를 가진 분만이 판단할 수 있을 터이니, 설사 그것이 유희적 애틋함의 기분으로 지어진 것이라 할지라도, 그 시들이 독자들에게 전하는 진정한 호소력은, 우리가 몇 개를 선별한 **그분**에 대한 찬가들, (어느 것이라고) 언급할 필요도 없이 준비된 거라고 당신이 느낄 그 시들에서 당신이 발견하는 것과 흡사합니다. 그리고 우리는 그 소책자의 제목을 「까루나 뿌르나 수답디」라고 하지 않았습니까? 그러니 우리가 그저 **그분**의 발자국만 따르고 있는 마당에, 어찌 우리의 감정들이 부적절할 수 있겠습니까?"

그런 다음 "그 반향을 일으킨 원래의 음률들"이라는 의미심장한 제목 하에 스리 바가반의 「문자혼인화만(*Aksharamanimalai*)」에서 뽑은 네 개의 인용문이 이어졌다.

"저를 유괴하신 뒤에 이제 와서 저를 포옹해 주시지 않는다면,
당신의 대장부다움은 어디 있는지요, 오 **아루나찰라!**"(제9연)
"제가 남들에게 능욕당할 때 **당신**께서 주무신다면
그것이 당신께 어울릴까요, 오 **아루나찰라!**"(제10연)
"저를 몸 대 몸, 사지 대 사지로 보듬어 주셔요,
그렇지 않으면 제가 길을 잃을 거예요, 오 **아루나찰라!**"(제51연)
"낮도 밤도 없는 **열린 허공의 집**에서
우리 서로를 즐겨요, 오 **아루나찰라!**"(제91연)

그 소책자들이 회갑연 초대장과 함께 모든 텔루구인 헌신자들에게 보내졌다. 12월 27일의 회갑연에서는 음악적 재능을 가진 헌신자인 쩬쭈크리슈남마(Chenchukrishnamma)가 바가반의 친존에서 그 시들을 노래했는데, 다만 그녀는 마지막 두 연을 생략했다. 스리 바가반은 미소를 지으시고는, 노래를 부른 사람이 여자이다 보니 불필요한 쑥스러움을 느낀 거라고

나에게 말씀하셨다. 왜냐하면 그녀는 성별性別을 초월하는 그 영적인 의미의 보편성을 이해하지 못했기 때문이라는 것이었다.

크리스마스 연휴 동안 아쉬람에 당도했더니, 회갑연(*Shashti-purti*) 시즌이 이미 시작되어 있었다. 행사 전 일주일 내내 경축행사가 이어졌고, 12월 27일에 정점에 달했다. 나는 아쉬람에 왔을 때, 장티푸스 후유증으로 심각한 편두통에 시달리고 있었다. 저명한 텔루구인 저술가이고 동종요법 의사이자 동료 헌신자인 스리 찐타 딕쉬뚤루(Sri Chinta Dikshitulu)가 이틀 동안 나를 치료했으나 효과가 없었다. 사흘째 날 오전에 내가 스리 바가반의 친존에서 어머니 사당(Mother's shrine) 앞의 대臺 위에 앉아 있을 때, 스리 M.V. 라마스와미 아이어가 내 얼굴에서 괴로워하는 기미를 발견하고 큰 소리로 내 병에 대해 이것저것 물었다. 나는 밖으로 나와 그에게 내 문제에 대해 소곤소곤 말해주었다. 그는 스리 바가반께 그에 대해 말씀드리지 않았다고 나를 책망했다. 내가 자리로 돌아가자마자 스리 바가반이 나에게 스리 라마스와미 아이어에게 무슨 말을 했는지 물으셨고, 나의 병과 치료 상황에 대해 상세한 정보를 내게서 얻으셨다. 통증 때문에 앉아 있을 수 없었던 나는 서가 안의 한 선반 뒤로 가서 누웠다. 오전 10시경이었다. 한 아쉬람 일꾼이 누군가를 위해 커피를 가져왔다가 그를 놓쳐 버리자, 나에게 그것을 받으라고 강권했다. 내가 그것을 마신 순간 통증이 홀연히 가라앉았고, 나중에도 다시는 재발하지 않았다. 나는 이것이 스리 바가반의 은총에 의한 또 하나의 기적이라고 느꼈다.

회갑연 날, 나는 스리 바가반에 관한 여섯 연의 시를 지었고, 내 이름을 서명하지도 않고 그 종이를 그날의 우편물들 속에 끼워 두었다. 스리 바가반은 당신의 시선이 그 쓴 것에 닿자마자 나를 바라보며 자애로운 미소를 지으셨고, 그것을 찬찬히 살펴본 다음 나에게 물으셨다. "이 시들을 어디서 언제 부쳤지?" "제 심장에서, 오늘 오전에요!" 내가 대답했다.

스리 바가반은 웃으셨고, 나에게 그 시들을 낭독하고, 교사이자 열렬한 헌신자인 스리 K. 바이디야나타 아이어의 영시英詩들도 낭독해 달라고 하셨다. 나의 네 번째 시에서는 이렇게 말했다.

"온 우주의 행운이 당신의 손바닥 안에 있습니다, 오 바가반. 그래서 저는 당신께서 저희 모두의 삶을 맡아 주시고, 가장 오래 장수하시기를 기원드립니다."

그것을 낭독하고 있을 때 스리 바가반은 고개를 저으시고, 마치 그 감정을 퇴짜 놓듯 당신의 손가락을 뚝뚝 꺾으셨다. 이것은 훗날 일어날 일들에 대해 하나의 예언적 의미를 획득한다. 스리 바가반은 마치 그 기도와 정반대로 하신 것같이 보인다. 당신은 **당신의** 신체적 삶을 돌연 끝내면서 **우리의** 수명들을 늘려주신 듯하다.

다음날 일찍, 「스리 라마나 짜뜨와림사뜨(*Sri Ramana Chatvarimsat*)」가 창송되던 중 제31연과 32연에 이르렀을 때 스리 바가반이 나에게 말씀하셨다. "여기서 나야나는 나를, 에고 속에 있는 인간이라는 동물들을 토막내어 그것으로 **시바의** 식사를 준비하는 **시바의** 요리사로 부르지!" 나는 그 비유가 이중으로 적절하다고, 왜냐하면 보통의 의미에서도 스리 바가반은 탁월한 요리사이시기 때문이라고 말씀드렸다.

다음날 저명한 법률가이자 친밀한 헌신자인 라오 바하두르 A. 데바라자 무달리아르(Rao Bahadur A. Devaraja Mudaliar)가, 스리 바가반께서는 헌신자들 가운데서 어떻게 (우열의) 구분을 관찰하실 수 있는지를 여쭈었다. "예를 들어, 저희가 만일 숩바라마이야가 남들보다 조금 더 총애를 받고, 이 종단의 고위 사제 역할을 하게 되었다고 말하면 저희가 잘못한 것이 될까요?" 스리 무달리아르가 덧붙였다. 스리 바가반은 미소를 지으며 답변하셨다. "저에게는 어떤 구분도 없습니다. 은총이 바다처럼, 항상 충만하게 흐르고 있습니다. 모두가 자기 그릇에 따라 거기서 길어갑니다. 컵 하나만 가져오는 사람이 어떻게 자기는 항아리를 가져온 사람만큼 많이 가져가지 못한다고 불평할 수 있습니까?"

어제 아침, 내가 떠나기 전에 스리 바가반은 스리 무루가나르가 지은 시 두 연(『스리 라마나 산니디 무라이(*Sri Ramana Sannidhi Murai*)』, 「띠루벰바바이(*Tiruvempavai*)」, 제30연과 15연)을 인용하시고 그것을 다음과 같이 설명하셨다.

1. "저 너머의 너머인 것이자, 동시에 안의 안이라고 말해지고, 심장 그 자체 안에서 빛나는 것, 진정한 자아가 진실로 스리 벤까따 라마나라네. 그분을 숭모하라."
2. "다이아몬드를 돌멩이라고 여기고 옆으로 치워버리는 수탉처럼, 그대도 이 아루나찰라 라마나를, 보통의 같은 인간으로 여겨 대수롭지 않게 여길지 모르지만, 그분은 실로 지고아至高我이시라네. 그러니 조심하라!"

기차가 까뜨빠디(Katpadi)에서 멈추었을 때 나는 위의 시를 텔루구어 시로 옮기고, 나 자신의 송별시도 지어서 그것들을 스리 바가반께 우편으로 제출했다.

집으로 돌아온 직후, 나는 스리 바가반의 은총에 대한 경이로운 체험을 했다. 이른 아침이었다. 나는 오랜 시간 명상을 하며 앉아 있었다. 그러다가 점차 가벼워지고 편안해지는 것을 느꼈다. 결국 바람에 떠다니는 하나의 깃털 같이 가벼운 느낌이 들었을 때, 나는 몸-의식(body-consciousness)을 상실했다. 나는 여전히 자각하고 있었다. 어느 새 나는 하늘의 아주 높은 곳에서 날고 있었다. 얼마 후 하나의 장엄한 산을 배경으로 환히 불을 밝힌 큰 '고뿌람'들(*Gopurams*)[사원의 탑들]을 보았고, 그곳이 띠루반나말라이라는 것을 알았다. 몇 분 안에 나는 아쉬람의 우사牛舍 근처 남쪽의 위를 떠다니다가 지면에서 몇 피트 높이까지 내려왔다. 스리 바가반이 근처의 어떤 덤불에 횃불 하나를 던져 넣으시는 것이 보였다. 나는 바로 공중에서 스리 바가반께 절을 했다. 그런 다음 즉시 아주 높은 곳으로 솟구쳐 올랐고, 날아서 돌아왔다. 돌아오는 길에 보니 저 아래쪽에 이글거리는 어떤 불길이 있고, 한 곳에서는 총 쏘는 소리가 들렸다. 그 비행을 계속하다가 마침내 내가 사는 읍내를 알아보았다. 그때 나는 비행을 멈추고 하강하여 내 집의 한가운데 홀에 있는 내 자리로 돌아왔다. 즉시 나는 몸-의식을 회복했고, 눈을 떴다. 몸이 사라졌다가 다시 나타난 것 외에 내 자각은 끊임이 없이 지속적이었다. 다음날 신문에서 보니 띠루반나말라이와 꼰지바람(Conjeevaram) 사이의 아르코트(Arcot) 읍내에서 바로 그날 밤 큰 폭동이 있었고, 소이탄을 던진 자들이 있었다. 경찰은 총을 쏘아 폭도들을 해산시켰다. 나는 그 전이나 후에 이런 체험을 결코 해본 적이 없고, 그것을 스리 바가반이 내게 당신을 실제로 친견하는 기회를 베푸신, 당신 은총의 한 기적으로밖에는 간주할 수 없다.

1940년 이른 봄에, 아쉬람에서 나에게 텔루구어판 「운나디 날루바디(*Unnadi Nalubadi*)」[「실재사십송」]의 신판을 내는 것을 도와 달라고 부탁했다. 스리 바가반의 산문과, 스리 까비야깐타와 스리 바가반이 수정한 스리 G.L. 나라싱하 라오(Narasimha Rao)의 운문을 실었던 이전 판 외에도, 텔루구어 버전이 두 가지 있었다. 하나는 작고한 뽀나까 세샤 레디(Ponaka Sesha Reddi)가 옮긴 브리땀(*vrittams*)[4행시]으로 된 것이고, 다른 하나는 스리 V. 벤까따크리슈나이야가 옮긴 2행시로 된 것이었다. 그런 상황에서 신판을 낸다는 것은 누가 봐도 어렵고 미묘한 문제였고, 나 혼자서는 그것을 해결할 수 없었다. 그래서 여름방학 때 아쉬람에 갈 때 그 버전들을 모두 가져가서, 스리 바가반께 내 어려움을 말씀드렸다. 또한 「보유補遺」에서는 연들의 수를 늘려 40연이 되게 하고, 그 시들의 산스크리트어 버전을 포함시키자는 제안이 있었다. 스리 바가반은 그 문제에 당신다운 해법을 주셨다. 각 연에 대한 텔루구어 산문과 산스크리트 시를 왼쪽 페이지에 인쇄하고, 그와 나란히 텔루구어 2행시(*dwipadas*)와 4행시(*vrittams*)들을 오른쪽 페이지에 인쇄하라는 것이었다. 본시本詩 40연에 대해서는 스리 G.L. 나라싱하 라오의 2행시가 선정되고, 「보유」는 제목을 '숙띠 수다(*Sukti Sudha*)'[지혜로운 격언의 감로]로 바꾸어 스리 V. 벤까따크리슈나이야의 2행시가 선정되었다. 본시와 「보유」의 4행시들은, 일부는 스리 G.L. 나라싱하 라오의 것으로, 일부는 뽀나까 세샤 레디의 것으로 하기로 했다. 그것은 다양한 기여물들을 멋지게 균형 잡은 것이었고, 그 판본은 완벽한 성공작이 되었다. 이것은 **진인**의 평등심(*samatva buddhi*)과 실제적 지혜를 보여주는 멋진 실례였다.

말이 난 김에 스리 바가반은, 나라싱하 라오의 (본시) 제23연 번역에서, 타밀어 원문은 "이 몸은 '나'라고 말하지 않고"인데, 당신이 '이 몸'을 '이 몸이라는 **송장**'으로 확장했다고 우리에게 알려주면서, 이렇게 설명하셨다. "우리가 살아 있는 동안에도 이 몸은 하나의 송장입니다. 그것이 그토록 밝고 활동적으로 보이는 것은, 그 안에 우리의 **진아**가 존재하기 때문일 뿐입니다."

스리 바가반은 또한 다른 흥미로운 사건 하나를 들려주셨다. 나야나는 본시本詩 「사십송」을 산스크리트어로 번역하면서, "참된 **지**知는 지知와 무지가 없다"는 제12연에 대해 이의가 있었던 모양이다. 스리 바가반은 나야나에게, 같은 관념을 표현하는 「우빠데사 사람」 제27연에 대한 주석을 본인이 쓰지 않았느냐고 상기시켜 주셨다. 그러자 나야나는 만족해했다. "이것은 **마야**가 어떻게 가장 뛰어난 학자조차도 오도하는지를 보여줍니다." 스리 바가반이 말씀하셨다.

나는 시인이자 헌신자인 스리 나루 나가나리야(Sri Naru Naganarya)가

테따 기띠(*Theta Giti*) 운율로 옮긴 『스리 라마나 기타』의 또 다른 텔루구어 번역을 훑어봐 달라는 부탁을 받았다. 나는 즐거이 그렇게 했고, 그 원고를 아쉬람에 제출했다. 그것은 『안드라 라마나 기타(*Andhra Ramana Gita*)』라는 제목으로 출간되었다.

이때 나는 주방에서 스리 바가반과 함께 일하는 드문 행운을 얻었다. 소임 시간은 오전 2시 30분에서 4시까지였다. 스리 바가반은 정확히 2시 30분에 오셔서 먼저 일꾼과 헌신자들과 함께 한동안 채소를 써셨다. 그런 다음 당신은 주방에 들어가서 조반을 위한 '삼바르'나 '처트니'를 준비하시곤 했고, 가끔 어떤 특별한 음식도 만드셨다. 등기소장(Sub-Registrar) 스리 R. 나라야나 아이어, 서점 담당관 스리 깔리야나 아이어, 그리고 내가 스리 바가반을 돕곤 했다. 처음에는 내가 그 일에 문외한이었다. 나는 스리 바가반이 오븐 가까이에서 땀을 비 오듯 흘리시는 것을 보고 당신에게 부채질을 해드리려고 했지만, 스리 바가반이 반대하셨다. 당신은 당신에 대해 어떤 특별한 대접을 하는 것도 용납하지 않으셨다. 나는 부채질을 그만두었지만, 스리 바가반의 주의가 워낙 일에 몰두해 있었기 때문에, 부채질을 부드럽게 되풀이했다. 스리 바가반이 나를 돌아보고 웃으시더니 말씀하셨다. "그걸 몰래 하고 싶은 거로군. 그러나 자네는 그것을 효과적으로 하는 법도 모르고 있어. 내가 가르쳐 주지." 그러면서 당신은 내 손을 붙들고 부채를 제대로 부치는 법을 가르쳐 주셨다. 오! 이 접촉에 내가 얼마나 전율했고, 내가 뭘 몰랐던 게 얼마나 고마웠던지! 주방에서 우리는 다른 방으로 자리를 옮겨서 혼합물을 갈기도 했다. 처음에는 공이와 막자를 잡는 법을 몰랐다. 스리 바가반이 당신의 손을 내 손 위에 얹어 막자를 올바른 방식으로 돌리셨다. 또다시 그 전율이란! 내가 뭘 모르는 것이 얼마나 축복이던지! 그 일이 끝난 뒤에 스리 바가반은 그 요리한 것을 조금 집어서 약간 맛보신 다음 나머지를 우리에게 맛보라고 주셨고, 이따금 우리가 손을 씻지 못했을 때는 당신이 그것을 당신의 손으로 우리의 입 속에 넣어주시기도 했다. 그러면 우리의 행복감은 정점에 이르는 것이었다. 그런 다음 당신은 급히 회당으로 돌아가서 침상 위에 비스듬히 누우시고, 브라민들이 빠라야나(*Parayana*)를 하러 도착했을 때는 졸고 계신 것처럼 보인다. 스리 바가반 곁에 그렇게 가까이 앉아 당신과 잡담이나 농담을 하고, 당신의 자애로운 노동의 결과물을 함께 먹는 것은 얼마나 큰 특권이고 행운이던지! 그것은 우리 세 사람의 삶에서 실로 가장 축복받은 기간이었다. 그것을 회상하는 것만도 평생토록 우리를 전율하게 할 것이다.

스리 바가반과 함께 하는 이 일은 그 즐거움과 함께 나름 힘든 점이 있었다. 스리 바가반이 아주 자애로우시고 은총에 넘치시기는 해도, 동시에 당신은 엄격한 훈육가이셨다. 조금이라도 일을 허투루 하는 것을 관용하지 않으셨다. 모든 것이 완벽하게 되어야 했다. 그 무엇도 낭비되거나 상하면 안 되었다. 당신은 온전한 주의력과 당신의 지시에 대한 절대적 복종을 요구하시곤 했다. 어느 날 밤에는 한 변호사 헌신자가 그 일을 같이 하겠다고 고집했다. 그에게 '삼바르'가 든 그릇 하나를 날라 달라고 했다. 그는 그것을 옮기다가 삼바르 몇 방울을 흘렸다. 즉시 스리 바가반이 말씀하셨다. "자네는 법원에서 변론하는 데나 적합하군. 이 일은 자네에게 맞지 않아." 그 가여운 양반은 다시는 자원하지 않았다. 각자에게 하나의 소임이 할당되었고, 그는 스리 바가반의 표정만 보고도 어떻게 할지를 알아야 했다. 예컨대 내 소임은 소금과 물을 공급하는 것이었고, 스리 바가반이 나에게 시선을 보내시면, 뭐가 필요한지 알아차리고 그 둘 중 하나를 가져가야 했다. 보통 우리는 새벽 2시에 깨어나, 소임을 시작하기 전에 목욕을 마치고 준비하고 있곤 했다. 그러나 한 번은 내가 5분 늦었다. 작업은 이미 진행 중이었다. 스리 바가반은 준비한 요리를 맛보면서 소금이 조금 과하게 들어갔다 하시고는, 나를 돌아보고 덧붙이셨다. "자네가 없었기 때문에 소금을 넣는 순간 자네 생각을 했지. 간이 과해진 이유는 그거야." 그것이 내가 시간을 지키지 못한 것을 스리 바가반이 질책하시는 방식이었다. 또 한 번은 신맛의 재료가 약간 과했다. 스리 바가반이 그것을 맛보시더니 농담을 하며 말씀하셨다. "산성은 삣땀(*pittam*)[어지럼증]에 대해 써볼 수 있는 요법이지. 여기 오는 사람들 대부분은 다소간 머리가 어지러우니까, 이 요리는 우리에게 많은 이익이 있을 거야!" 그러나 그런 실수조차도 드물었다. 모든 헌신자와 방문객들이 기꺼이 증언하겠지만, 그 음식들은 맛이 기막히게 좋았다. 스리 바가반의 손길이 닿기만 해도 그 음식들이 그토록 맛난 것이 되기에 충분했다. 그것은 마치 그 음식들 위에 감로(nectar)를 뿌리는 것 같았다.

그 일을 하는 동안 스리 바가반은 흔히 수수하고 격식 없는 말씀을 통해 최고의 지혜를 가르치시곤 했다. 어느 날 밤 영국에서 기른 채소 하나가 썰리고 있을 때, 한 일꾼이 말했다. "이 채소가 우리 아쉬람 정원에서 자랄 수 있다면 얼마나 좋을까요!" 스리 바가반이 즉시 대꾸하여 말씀하셨다. "자네는 그게 어디서 자랐다고 생각하나? 거기도 우리의 정원이야. 그렇지 않다면 어떻게 우리가 그것을 얻을 수 있겠어? 실로 세계의 모든 정원들이 우리의 아쉬람 정원이지!" 또 한 번은 '삼바르'가 끓고 있을 때, 스리 바가반이 말씀하셨다. "충분히 끓어서 모든 거품이 완전히 가라앉아야 해. 그래야 몸에 좋고 제 맛이 나지."

또 한 번은 오전 3시경에 우리가 스리 바가반과 함께 재료를 빻는 방에 있었다. 누가 나를 부르더니 회당 근처에 나를 기다리는 사람들이 있다고 했다. 그들은 나유두뻬뜨(Nayudupet)에서 온 여자와 아이들 일행이었다. 그들은 산을 돌기 시작한 참이었는데, 스리 바가반의 친견과 축복을 원했다. 나는 그들에게 그 시간에는 스리 바가반을 뵙기가 불가능하다고 무뚝뚝하게 말하고, 안으로 들어갔다. 스리 바가반이 무슨 일이냐고 물으셨고, 내 이야기를 들으시더니 "가여운 사람들! 왜 그들이 실망하고 가야 하지? 그들에게 뒷문으로 오라고 하게. 그러면 내가 거기서 그들을 만날 테니." 그에 따라 내가 그들에게 알려주었고, 그들은 그곳으로 달려갔다. 스리 바가반은 문간에 서 계셨고, 가로막는 시자도 없었다. 일행 전원이 당신의 발아래 엎드렸고, 두 발에 손을 댔고, 발에 키스를 하고 눈물로 발을 적혔다. 요컨대 그들은 당신의 은총을 약탈하는 것처럼 보였는데, 당신은 자비로움으로 미소 지으며 바라보셨다. 나는 그들의 행운을 부러워했고, 스리 바가반을 까루나뿌르나수답디(*karunapurnasudhabdhi*)[은총의 감로 같은 바다]라고 부를 때의 온전한 힘을 깨달았다.

하루는 스리 바가반이 1931년 찌뜨라-뿌르니마(*Chitra-purnima*)[찌뜨라 달의 보름밤]의 한 사건을 회상하셨다. 그날 밤 식사를 잔뜩 한 뒤에 한 헌신자가 압바이야르(Avvaiyara-10세기 타밀 지역의 여류성자)의 노래 하나를 인용했는데, 그것은 영혼이 위장에게 다음과 같이 불평을 말하는 것이었다.

> "너는 하루도 먹기를 그치지 않는구나. 또 한편 한 번에 이틀 치 음식을 받지도 않으려 하는구나. 너는 내가 고생하는 것을 모른다. 너와 함께 사는 것이 아주 어렵구나, 오 위장아."

이것을 들으신 스리 바가반은 위장이 그 영혼에게 불평할 이유가 더 많다고 보신 듯하고, 위의 노래를 개작하여 스리 바가반 자신이 다음과 같이 위장이 영혼에 대해 불평하는 시를 지으셨다.

> "위장인 나에게 너는 반시간도 음식을 멀리할 여유조차도 주지 않는구나. 너는 한시도 내 고생을 모른다. 실로 너와는 잘 지내기가 아주 어렵구나, 오 영혼아."

이제 나는 이 두 노래를 모두 텔루구어로 번역했다.

나흘 뒤에 나는 집에서 보낸 편지를 받았는데, 내 아들 라마나 쁘라사담(Ramana Prasadam)이 사고로 넘어져서 견갑골이 골절되었고, 병원에서 치료를 받고 있다고 했다. 스리 바가반께 그 편지를 보여드리자, 당신은 당신 자신의 오른쪽 견갑골을 가리키면서 그것은 단순골절일 것이고, 아이들은 뼈가 쉽게 붙을 수 있다고 말씀하셨다. 그 말씀을 듣자 무척 안심이 되었고, 더 이상 걱정하지 않았다. 그리고 한 달 뒤 집에 돌아와서 보니 그 골절이 정확히 스리 바가반이 가리키셨던 자리에서 일어났고, 아이는 거의 다 나은 상태였다. 그때 나는 라마나 쁘라사담 자신이 곧 스리 라마나의 은총이라는 것을 기억했다.

5월 30일에 든 마하뿌자 전날 밤에, 스리 바가반이 마뜨루부떼스와라(Matrubhuteswara)의 이야기를 해주셨는데, 그것은 어머니 사당 안에 있는 신의 이름이자 띠루찌라빨리(Tiruchirapalli)의 고대 사원에 있는 신의 이름이기도 했다. 그 이름을 타밀어로 옮기면 따유마나바르(Tayumanavar)인데, 그것은 '어머니가 되신 하느님'이라는 뜻이었다. 스리 바가반이 당신 어머니의 삼매지에 '링감'을 설치했을 때, 스리 까비야깐타가 즐거운 영감을 받아 그것을 '마뜨루부떼스와라'라고 이름 지었다. 나는 마하뿌자 날을 기념하여, 그 이름 이야기를 언급하면서 그것이 어머니 사당[44] 안의 신에게 적절한 이름임을 설명하는, '어머니를 신으로서 숭배하라'는 제목의 영문 기고문 하나를 썼다. 거기서 발췌한 내용은 다음과 같다.

> "뿌라나(*Puranas*)에서는 한 여자 헌신자가 출산의 고통을 겪고 있을 때 그녀를 돌봐줄 산파가 아무도 없자, 하느님 자신이 어머니로서 나타나 무사히 분만하게 했다고 이야기한다. 그래서 하느님이 마뜨루부떼스와라로서

---

44) *T.* '어머니 사당'은 이제 '어머니 사원'으로 불린다. 아쉬람의 바가반 삼매지와 인접해 있다.

숭배 받게 된 것이다. 마찬가지로, 세계가 마야로 배가 불러서 자기탐구의 복음을 절실히 필요로 했을 때, 하느님이 어머니의 형상을 취하여 바로 그 복음의 화신인 바가반의 출산을 도우신 것이다. 따라서 어머니를 마뜨루부떼스와라로서 숭배하게 된 것은 더없이 적절하다."

같은 관념이 내가 마하뿌자 날에 텔루구어로 지은 기도의 시에서도 표현되었다.

다음날 스리 바가반은 『아루나찰라 마하뜨미얌(*Arunachala Mahatmyam*)』에서, 데비(Devi)[여신 빠르바띠]가 아수라들(Asuras)에게 엄중히 경고한 말을 인용하시고, 그것을 텔루구어 산문과 시로 다음과 같이 번역하셨다.

"이 성스러운 곳은 항상 올바른 존재들과 헌신자들의 거주처이다. 남들에게 해를 끼치려는 저 비천한 자들은 많은 저주로 고통 받다가 죽을 것이다. 사악한 자들의 힘은 여기서 금방 사멸할 것이다. 불의 산인 주 아루나찰라의 이글거리는 불 속에 나방처럼 떨어지지 말라."

사흘 뒤에 내 어머니가 스리 바가반을 친견하러 와서 나를 통해 이런 질문을 드렸다. "여자들이 쁘라나바 염송(*Pranavam Japam*)['옴'을 염하는 것]을 하는 것도 허용됩니까?" 스리 바가반이 답변하셨다. "쁘라나바 염송의 궁극적 목적은, 다른 모든 수행과 마찬가지로, 진지眞知(*Jnana*)입니다. 어떤 수행을 통해서든 진지를 추구하는 사람에게는, 그들이 남자든 여자든, 아무 금지사항이 없습니다." 스리 바가반이 덧붙이셨다. "사람들은 흔히 그들의 특정한 수행법에 집착하여 그것을 그 자체 목적으로 여깁니다. 그들은 조식調息(*pranayama*)·염송念誦(*japam*)·고행·희생제(*yajna*)·요가 등 세상의 모든 수행법이 하나의 공통 목적, 즉 마음 제어(*mind-control*)에 이르기 위한 수단일 뿐이라는 것을 잊어버립니다. 그래서 이런 모든 의심이 일어나는 것입니다."

이틀 뒤에 오랜 헌신자인 스리 자가디스와라 사스뜨리(Sri Jagadiswara Sastri)가 스리 바가반을 친견하기 위해 실려 왔다. 그는 중병을 앓고 있었고, 막 읍내 병원에서 퇴원한 참이었다. 얼마 전에 그를 보았던 우리는 모든 희망을 접었는데, 그가 기적적으로 회복되었다. 이제 그는 해골처럼 말라 보였고, 나는 그런 약한 몸으로 어떻게 살아서 움직이는지에 대해 놀라움을 표했다. 스리 바가반이 미소를 짓고 말씀하셨다. "그렇지, 마치 어떤 영이 그 몸 안으로 들어가서 그것을 이끌고 있는 것처럼 보이지." 또한 당신은 우리에게 알려주시기를, 산 위에 살면서 한때 (시를 지으려고) "심장 동혈 한가운데(*Hridaya kuhara madhye*)"라는 구절을 썼지만 더 나가지 못하고 스리 바가반께 그 시를 완성해 달라고 간청했던 사람이 바로 자가디스와라 사스뜨리였다고 하셨다. 그렇게 해서 그 유명한 시(「실재사십송-보유」, 제8연)를 스리 바가반이 지으시게 되었던 것이다. 스리 자가디스와라 사스뜨리는 병원의 병상에서 스리 바가반께 올리는 몇 연으로 된 산스크리트어 기도시 하나를 지었는데, 그 중의 한 연은 다음과 같다.

> "만일 제가 구원받을 만하다고 생각하신다면, 바로 지금 은총을 보여주시어 저를 구해 주십시오, 오 주님! 저의 죄와 공덕을 따지시는 것은 당신께 어울리지 않습니다. 당신께서는 남들의 어떤 도움 없이도 우주를 창조하고 파괴할 힘을 가지고 계십니다. 그렇다면 왜 저를 속이시면서 업業(karma)의 법칙은 지고至高하며, 해소되어야 한다고 말씀하십니까?"

나는 나중에 그 시를 텔루구어로 번역했다. (어쨌든) 여기에 스리 바가반의 은총이 낳은 또 한 가지 기적이 있었다.

1940년 6월 10일이었다. 라디오에서 파리가 독일에 함락되고, 이탈리아가 연합국을 상대로 전쟁에 돌입했다고 방송했다. 오전 3시경, 스리 나라야나 아이어와 나는 식재료 빻는 방에서 일을 하고 있었다. 나는 이탈리아의 행동에 대처하기 위해 터키가 연합국 측에서 선전포고를 했다는 소문을 막 들은 참이었다. 그래서 읍내에서 가장 늦게 도착한 나라야나 아이어에게 라디오에서 그런 방송을 혹시 들었느냐고 물었다. 나라야나 아이어가 미처 대답하기 전에 스리 바가반이 말씀하셨다. "아니야, 그럴 리가 없지." 나라야나 아이어는 좀처럼 듣기 어려운 스리 바가반의 이 답변을 긍정하면서, 나를 돌아보고 말했다. "일류 강국 프랑스가 사흘 만에 함락되었어. 그렇다면 우리의 영국이 기껏해야 3주 이상 버틸 수 있겠어?" 그러자 스리 바가반이 다시 말씀하셨다. "음! 하지만 러시아가 …." 스리 바가반은 돌연 말씀을 중단하고 침묵을 되찾으셨다. 당시 독일과 우호 관계였던 러시아를 스리 바가반이 언급하신 것이 이상하기는 했으나, 우리 중 누구도 스리 바가반께 러시아가 어떻게 할 것인지 여쭐 용기가 없었다. 그러나 불과 1년 뒤에 독일과 러시아 간에 전쟁이 발발했고, 사실 독일이 러시아를 공격하면서 전세가 연합국 측에 유리하게 전개되기 시작했다는 것을 기억할 필요가 있다. 여기서 우리는 세상일에 대해 아무것도 모르실거라고 여겨지던 외관상 은둔자의 전지全知함을 조금 엿볼 수 있었다.

이때 나는, 매년 『바가바드 기타』를 현지 학생들에게 무료로 배포하고 있던 한 친구를 위해 『기타』의 신판 하나를 준비하고 있었다. 이전 판이 바닥난 상태였기 때문이다. 하루는 내가 스리 바가반께, 학생들이 매일 암송하고 쉽게 기억할 수 있게 그 책의 맨 앞쪽에 인쇄할 만한 일부 연들을 『바가바드 기타』에서 좀 뽑아 주실 것을 간청했다. 처음에는 스리 바가반이 그 분야에는 수많은 『기타』 선집들이 이미 있다고 하면서 선뜻 내켜하지 않으셨다. 그러나 결국 나의 거듭된 간청을 배려하여 42개 연을 골라내고 새로운 순서로 배열하셨다. 그런 다음 스리 바가반은 그것을 당신 자신이 타밀어와 말라얄람어 시들로 번역하시고, 나에게 그것을 텔루구어로 옮겨보라고 권하셨다. 산스크리트어 원문과 함께 이 모든 버전들이 아쉬람에서 출판되었다. 스리 바가반은 거기에 타밀어와 말라얄람어로 기원시 한 수를 덧붙이셨고, 그것을 스리 자가디스와라 사스뜨리가 산스크리트 시로 번역했고, 나 자신이 텔루구어로 번역했다. 그것은 다음과 같았다.

"아르주나의 전차에 앉으신 그분이 아르주나에게 복음을 설하여 그의 고뇌를 없애주었으니, 저 은총의 화신께서 우리를 구원하시기를!"

나는 텔루구어로 경축시도 한 수 지었는데, 그것은 이러했다.

"당시 『기타』를 말씀하신 바로 그 주님이 이제 스리 라마나로 형상을 취하셨고, 당신 자신이 『기타』의 감로 같은 정수를 우리에게 맛보게 주셨네. 이 얼마나 행운인가!"

이것은 나중에 산스크리트어와 여타 언어들로 번역되었다.

스리 바가반은 다른 말씀 중에 『바가바드 기타』에 관해 몇 가지 흥미로운 말씀을 하셨다. 보편상普遍相 친견(*Viswarupa-Sandarshan*)[보편적 형상을 보는 것]을 언급하면서 스리 바가반이 말씀하셨다. "그 전체 이야기가 실로 놀라운 거지요. 스리 크리슈나가 아르주나에게 말합니다. '이제 여기 내 몸 안에서 그대는 움직이거나 움직이지 않는 전 우주를 보고, 그 밖에도 그대가 보고 싶은 무엇이든 보라.' 만약 그것이 하나의 형상이라면, 그것이 아무리 방대하다 해도 아르주나가 어떻게 그 안에서 그가 상상하는 무엇이든 볼 수 있겠습니까? 또 주님(크리슈나)은 말합니다. '그대는 모든 신들, 싯다들(Siddhas), 마하르쉬들 등을 내 몸 안에서 본다.' 아르주나는 자신이 그들 모두를 본다고 시인하면서, 동시에 그들이 모두 주님께 절을 하고 찬가를 부르고 있다고 말합니다. 그러면 그들은 주님의 몸과 관련하여 어디에 있습니까? 안에 있습니까, 밖에 있습니까? 아르주나 자신은 어디에 있습니까? 이런 외관상의 모순들은, 아르주나가 보고 있는 것이 보편상이 아니라 보편아普遍我(*Viswa-Atma*)라는 것을 우리가 깨달을 때에만 없어질 것입니다."

(『기타』) 제6장에서 아르주나가 마음은 변덕스럽고 완강하다고 하소연하자, 스리 크리슈나는 그에 동의하지만 수행(*abhyasa*)과 무욕(*vairagya*)으로 마음을 제어할 수 있다고 확인해 준다. 조금 앞에서 주님은 아르주나에게 변덕스러운 마음이 헤맬 때마다 그것을 거두어들여 진아 안에 고정하라고 말한다. 스리 바가반이 말씀하셨다. "그런데, 마음을 그 헤매는 영역에서 거두어들이는 것이 참된 무욕이고, 그 마음을 진아 안에 고정하는 것이 참된 수행입니다."

스리 바가반은 스리 크리슈나가 그의 복음을 자신의 참된 헌신자들에게만 공개해야 할 지고한 비밀이라고 묘사하는 것에 대해 언급하면서, 근기(*adhikara*)[구도자의 자질]의 원리를 설명하셨다. 만약 근기가 되지 않는 사람에게 최고의 진리를 가르치면, 그것이 왜곡되고 남용되기 마련이다. 사실 히라냐까시뿌(Hiranyakasipu) 같은 아수라[악마]들도 브라만을 설하는 자들(*Brahmavadins*)이었다. 그들도 "내가 신이다"라고 선언했다. 다만 그들이 말하는 '나'는 에고였다. 그래서 그들은 자신들의 에고보다 더 높은 어떤 권위도 인정하지 않았고, 어떤 죄도 마음대로 저지를 수 있다고 생각했다. 제자의 근기와 무관하게 최고의 진리를 무차별하게 설하는 것은 재앙을 야기할 수 있고, 주님에 의해 금지된다.

스리 바가반은 제2장, 46절을 언급하면서 말씀하셨다. "모든 경전은 그들 자신의 무지를 인정하고 깨달음을 추구하는 사람들에게만 타당성을 갖습니다. 무지에 매몰되어 있는 사람들은 경전에 전혀 신경 쓰지 않고,

그런 것이 존재한다는 것도 까마득히 잊고 있습니다. 반면에 진아 아닌 그 무엇도 보지 않는 진인은 어떤 권위에도, 심지어 경전의 권위에도 구속되지 않습니다. 모든 경전은 브라만을 설할 뿐이지만, 진인은 브라만 그 자체입니다."

어떤 사람이 쁘라냐나(*Prajnana*)와 비냐나(*Vijnana*)의 차이에 대해서 여쭈자, 스리 바가반이 말씀하셨다. "스와루빠냐나(*Swarupajnana*)[진아자각]가 쁘라냐나입니다. 아누브하바-냐나(*Anubhava-jnana*)[체험을 통한 지知]가 비냐나입니다."

또 한 번은 내가 스리 바가반께 『스리 라마나 기타』, 제4장 1연의 '아함 브라마스미(*Aham Brahmasmi*)'['나는 브라만이다']와 '브라마아함(*Brahmaaham*)'['브라만이 나다']의 차이점을 설명해 주시라고 청했다. 스리 바가반이 말씀하셨다. "브라마아함에 대해 명상하면 간접성(indirectness)의 느낌이 사라집니다. 아함 브라마스미에 대해 명상하면 분리성(separateness)의 느낌이 없어집니다."

6월 17일에 스리 R. 나라야나 아이어가 스리 바가반께 자신의 맏딸을 위해 혼처를 구하려고 애를 써도 안 된다고 하면서, 스리 바가반의 구체적인 지시를 듣지 않고서는 더 이상 시도하지 않겠노라고 말했다. 바로 그 순간 우편물이 왔는데, 그 중에 「프로그레스(*Progress*)」라는 저널이 있었다. 스리 바가반은 그 저널의 모토인 "당신 안에 있는 힘을 알면 당신이 성공할 수 있다"를 소리 내어 읽으시고, 여기에 나라야나 아이어에 대한 답변이 있다고 말씀하셨다. 나라야나 아이어는 그것을 스리 바가반의 은총의 분명한 표지라고 간주하여 즉시 새로운 혼담을 받아들였고, 이번에는 성공했다.

며칠 후 베테랑 변호사이자 넬로르의 정치인인 라오 바하두르 A. S. 크리슈나 라오가 스리 바가반을 친견하러 왔다. 그는 자신의 이력을 들려

드린 다음, 자신의 단 하나 욕망은 **마하르쉬** 같은 위대한 영혼들의 발아래서 봉사(*susrusha*)를 하여 구원을 성취하는 것이라고 했다. 스리 바가반이 그에게 말씀하셨다. "당신 나이에 무슨 봉사를 할 수 있습니까? 무엇을 하려고 애쓸 필요가 없습니다. 그저 '내가 구원을 성취해야 한다'는 생각만 꾸준히 붙드십시오. 그러면 그것 자체가 당신을 구원으로 이끌어줄 것입니다."

어느 날 오전에는 아침식사를 하는 도중 산땀마(Santamma-공양보살의 한 사람)가 스리 바가반께 자신이 그날 밤 자기 고향으로 출발하고 싶다고 말씀드렸다. 그러자 스리 바가반이 나를 돌아보며 말씀하셨다.

"여기 보게! 산땀마가 오늘밤 가고 싶다는군. 그녀는 그때가 되어 바삐 서두르다 잊어버릴까봐 미리 하직인사를 하고 싶은 거지."

그런데 산땀마가 그 여행을 취소하지 않을 수 없는 사정이 생겼다. 다음날 오전에 그녀는 평소와 같이 아침식사를 배식하러 나타났고, 스리 바가반은 미소 짓는 표정으로 다시 나에게 말씀하셨다.

"왜 이제 산땀마는 어제 오전에 자기가 떠날 거라고 선언했듯이 여행이 취소된 것에 대해 우리에게 알려주지 않는 거지?"

스리 바가반은 덧붙여 이렇게 말씀하셨다.

"이건 우리에게 목걸이(*Kanthabharanam*) 우화를 생각나게 하는군. 한 여자가 목걸이를 잃어버리고 열심히 찾았는데, 모든 사람에게 목걸이를 보지 못했느냐고 물었지. 사실 그것은 내내 그녀의 목에 걸려 있었는데 말이야. 문득 그녀는 목걸이가 거기 있는 것을 느꼈고, 침묵을 지켰지. 남들이 목걸이를 찾았느냐고 물어 보면 그녀는 '예'라고만 답변하고, 찾은 경위는 밝히지 않았어. 그랬다가는 체면이 손상될 테니까 말이야."

주변에 있던 사람들 모두가 이 이야기에 웃음을 터뜨렸고, 가여운 산땀마는 부끄러운 기색이 역력했다.

다른 헌신자 스리 바사바라주 시따빠띠 라오(Sri Basavaraju Sitapati Rao)도 어느 날 이렇게 말했다. "바가반, 저는 내일 떠납니다." 스리 바가반은 그냥 이렇게 답변하셨다. "내일 간다면서 왜 오늘 하직인사를? 내일 일은 내일이 알아서 하겠지." 알고 보니 스리 시따빠띠 라오는 다음날 떠날 수 없었다. 다음날 오전에 스리 바가반은 그를 보고 농담을 하며 말씀하셨다. "그래, 시따빠띠 라오 말이 맞아. 그는 오늘이 아니라 내일인가 간다지!" 이런 사건들에서 교훈을 얻은 나는, 그 이후로 마지막 순간까지는 결코 스리 바가반께 하직인사를 하지 않았다.

내가 집에서 보낸 편지에서 라마나 쁘라사담이 붕대를 풀었지만 아직 몸이 매우 약해 보인다고 알린 데 대해, 아쉬람에서는 1940년 7월 8일자 편지에서 이렇게 썼다.

"우리는 라마나 쁘라사담이 붕대를 풀었다는 말을 들으니 기쁩니다. 한동안 계속 그 아이에게 훌륭한 보약을 먹이면 좋은 효과가 있을 것이고, 튼튼한 체격을 형성하는 데 도움이 될 것입니다. 행복하고 미소 짓는 아이들은 부모에게 보배이고, 우리는 모두 우리의 '성취와 보전(*Yogakshemam*)'이 당신의 유일한 관심사이신 분의 자녀들이나 마찬가지입니다."

그 편지에는 다음과 같은 추신이 들어 있었다.

"이 편지를 읽어 보신 당신은 당신께서 '다른 어떤 생각도 없이 나만을 ···(그 헌신자들의) 성취와 보전을 내가 맡아 책임진다(*Ananyaschintayanto Mam ··· yogakshemam vahamyaham*)'라는 시구를 타밀어로 번역하는 것을 막 끝내셨다고 말씀하십니다.[45] 그래서 그것이 그런 것입니다."

나의 요리 동료인 스리 R. 나라야나 아이어는 1940년 7월 12일자 편지에서 어떻게 스리 바가반의 은총이야말로 7월 7일에 자신이 딸의 결혼식을 성공적으로 치러내는 데 도움을 주었는지를 묘사하며 이렇게 썼다.

"목요일 저녁까지도 나는 그 결혼이 결정되어 다음 일요일에 거행될지 알지 못했다네. 아무 준비도 한 게 없었고 … 내가 어떻게 할 수 있었겠나? 단 하루의 여유가 있고 아무것도 해놓은 게 없으니 말일세. 나는 스리 바가반께 호소하면서 눈에서 눈물이 뚝뚝 떨어지는 채로 순복(*saranagati*)의 편지 한 통을 썼다네. 바로 그 순간 그 부담은 덜어져 버렸지. 띠루반나말라이에 가 보니 내가 할 일이 하나도 없었네. 건물들, 요리사들, 그릇들, 하인들, 물자들, 사실상 모든 세부사항이 다 준비되어 있었고, 일체가 아주 잘 진행되었네. 경이로웠지. 가슴 졸이던 긴장, 마지막 순간의 정신없는 노력, 그 열띤 헤맴이 이제는 하나의 꿈처럼 보이고, 나는 하나의 만트라처럼 이 말을 읊고 또 읊을 뿐이라네. '당신 안에 있는 힘을 알면 당신이 성공할 것이다.'"

스리 크리슈나 자얀띠 날이었다. 나는 (집에서) 스리 바가반의 「우빠데사 사람」을 음송吟誦하고 있었다. 그 마지막 구절인 "라마나 바기얌(*Ramana Vagiyam*)"["라마나께서 이렇게 말씀하셨네"]을 막 노래했을 때, 우체부가 책 한 묶음을 내 손에 놓아주었다. 그것은 스리 바가반의 타밀어 번역본 「바가바드 기타 요지(*Bhagavad Gita Saram*)」였다. 이 우연의 일치에 나는 전율을 느꼈고, 스리 크리슈나가 어떻게 그날 나를 위해 참으로 다시 태어나셨는지, 그리고 어떻게 바가반 스리 크리슈나의 『기타』와 바가반 스리 라마나

---

45) *T.* 인용된 시구는 『바가바드 기타』, IX.22이다. 바가반은 『기타』에서 뽑은 42개 연을 타밀어로 번역했고, 이것은 그 제31연이다. 『라마나 마하르쉬 저작 전집』, 278쪽 참조.

의 복음이 똑같은 하나인지를 깨달았다. 내가 아쉬람에 보낼 편지를 쓰고 있을 때, 거리의 거지가 텔루구어 노래 하나를 부르는 것을 들었는데, 그 후렴이 "이것은 거짓말 아닌 진실이라네, 그래, 진실이라네. 참스승을 친견하고 나면 더 이상 어떤 환생의 수고로움도 없다네"였다. 이 우연의 일치도 경이롭게 느껴졌다. 나는 바로 그 자리에서 그 노래를 바로 그 편지에 옮겨 쓰고 그 상황을 서술했다. 아쉬람은 8월 20일자 답장에서 다음과 같이 썼다.

"그 소책자가 당신에게 도착할 때의 상황을 숩바락슈맘마(Subbalakshmamma)가 들려주었습니다. 생각해 보면 우리는 그것들(그 우연의 일치들)이 함께 미현현자(the Unmanifest-지고자) 그 자체가 현현하는 한 사례를 이룰 뿐이라고 결론짓게 됩니다. 그(미현현자)는 '일체의 존재들 안에 자리잡고 계시고(*sarvabhutasayastittah*)', 그래서 인쇄소에서 그 소책자들을 보내어 그 일이 일어난 바로 그날 당신에게 도착할 수 있게 한 것입니다. 그리고 그것이 얼마나 많은 손을 거쳐 당신에게 가든, 그의 헌신자들의 심장 속에 거주하시는 주님이 바로 그 순간 당신에게 '라마나 바기얌'으로 마무리되는 그 시들을 읊조리게 했던 것입니다.

거리의 거지(Daridra Narayan)[46]가 노래한 시들도 깊은 의미가 있습니다. 주님의 은총은 영혼을 해방시킨다는 점에서 오류가 없고(*amogham*), 두 번째 연은 그 수단이 그의 은총을 통해서만 가능하다는 것을 시사합니다."

『기타』에서 가려뽑은 연들에 대한 나의 텔루구어 번역이 아쉬람에 도착하자, 당시 찌뚜르(Chittoor-안드라프라데시 주의 도시)의 부副징세관으로서 자기 아들의 성사식과 관련하여 이때 아쉬람에 있었던 것으로 보이는 스리

46) *T.* Daridra는 '거지' 혹은 '가난한 자', Narayan은 '신'이다. 스와미 비베카난다가 "가난한 이들을 섬기는 것이 곧 신을 섬기는 것이다"라는 명제를 확립한 뒤로, 가난한 이들을 신을 섬기듯 섬겨야 한다는 사상이 (특히 간디에 의해) 인도에서 널리 전파되었다.

B. 비라바드라이야(Virabhadrayya)가 우연히 그 시를 읽었다. 그는 1천 부의 인쇄비를 대겠다고 제안했고, 아쉬람에서는 그 신심 어린 제안을 받아들였다. 이것은 스리 바가반의 은총이 안겨준 또 하나의 결실이었다.

스리 바가반의 은총이 드러난 또 하나의 감동적 표현은, 당신이 헌신자들의 이익을 위해 많은 노고를 아끼지 않고 당신의 저작들을 다른 문자로 표기해 써 주셨다는 것이다. 그렇게 해서 스리 바가반은 그 『기타』 선집에 대한 당신의 말라얄람어본을 텔루구어로 써서 나에게 보내주셨다. 마찬가지로 당신은 당신의 시자인 마다바스와미를 위해 나의 텔루구어본을 말라얄람어로 써 주셨다. 그래서 다음번에 내가 아쉬람에 갔을 때, 스리 바가반의 지시로 마다바스와미가 그 텔루구어 시 전체를 단 하나도 실수하지 않고 암송하는 것을 듣고서 무척 놀랐다!

나는 다시 10월 5일 밤에 아쉬람을 방문했는데, 즉시 그날 일어났던 한 사건에 대해 듣게 되었다. 보통은 매우 신속하게 그리고 시간을 엄수하며 스리 바가반을 시봉하던 마다바스와미가, 웬일인지 그날은 빤(*paan*)을 준비하는 것을 깜빡 잊은 모양이다. 그는 문득 그것을 기억하고 그것을 준비해 가져왔는데, 그러는 바람에 다소 지체되었다. 스리 바가반은 그것을 사양하고, 앞으로는 그것을 원하지 않는다고 선언하셨다. 마다바스와미는 자신의 과오에 몹시 속상해 했고, 스리 바가반께 당신의 용서의 표시로 그 빤을 받아들여 달라고 간청했다. 스리 바가반은 그에게 실은 용서할 것이 아무것도 없다고 안심시키고, 당신의 거절을 고수하셨다. 이틀 뒤에 나는 '빤의 한탄(*Tambula Vilapam*)'이라는 제목의 텔루구어 시들을 지었는데, 거기서 '빤'은 자신도 다른 헌신자들처럼 스리 바가반을 섬겨왔다고 주장하면서, 이제 자신은 아무 잘못도 없이 마다바스와미의 무의식적 과실로 인해 해고되었다고 한탄한다. 그리고 마다바스와미가 용서받고, 자신도 헌신을 다시 할 수 있게 해 달라고 간청한다. 스리 바가반은 그 시를 보시자 너털웃음을 웃으셨고, 즐거운 표정으로 그 의미를 아쉬람 사람들에게 설명해 주셨다. 그러나 이 시도, 다른 모든 호소도 스리 바가반의 결정에는 조금도 영향을 주지 못했다. 스리 바가반이 선언하셨다. "저는 이 빤(*paan*) 습관을 그만둘 구실을 기다려 왔는데, 그게 이번에 온 거지요. 마다바에 대해서는 아무 감정이 없어요. 실제로 그것은 그의 과실이 아니었습니다. 그렇게 일어날 수밖에 없었던 거지요. 일체가 우리의 이익을 위해서 일어납니다. 만일 여러분이 말하듯이 여러분 모두가 스스로 빤을 그만두고 싶다고 느끼면, 얼마든지 그렇게 하십시오. 저는 그런 변화를 반길 것입니다." 스리 바가반은 그 뒤로 베틀후추잎(betel leaf)에 절대 손을 대지 않으셨다.

이 무렵 나는 숩바락슈맘마에게서 스리 바가반이 원칙 문제에서 얼마나 견고하게 확고하신지를 잘 보여주는 다른 사건 하나에 대해 들었다. 내가 보니 스리 바가반은 배식하는 라삼(rasam) · 버터밀크(buttermilk) 등을 결코 손을 들어서 받지 않으셨다. 여러 해 전 어느 날, 숩바락슈맘마가 스리 바가반의 손에 버터밀크를 천천히 따르면서 당신의 엽반葉盤(앉아서 음식을 배식 받는 바나나 잎 등의 나뭇잎) 앞에 조금 오래 서 있었던 모양이다. 스리 바가반이 그것을 보고 말씀하셨다. "모든 엽반 앞에서 똑같이 오래 서 있나? 만약 그렇지 않다면, 왜 나에게 이런 특별대우를 하지?" 그 뒤로는 그녀와 다른 사람들이 아무리 애원해도 스리 바가반은 결코 다시는 식사 중에 손을 뻗어 무엇을 받지 않으셨다.

다음날, 스리 바가반은 스리 까비야깐타가 「스리 라마나 짜뜨바림사뜨」의 기원시로 쓰기 위해 지은 시구 하나를 내게 주셨다. 그것은 이러하다.

> "어둠을 초월하셨고, 저에게 찬연한 신성神性을 보여주신, 참스승 스리 라마나 마하르쉬의 연꽃 발에 절합니다."

나는 즉시 그것을 텔루구어 시로 번역했다.

다음날 오전에 아쉬람은 『기타』 선집의 텔루구어판 인쇄본들을 받았다. 나는 스리 바가반의 사진을 거기에 넣지 않은 것을 질책한 바 있었다. 그래서 나를 기쁘게 하기 위해, 그 중 한 권에는 앞서의 기도시와 함께 스리 바가반의 멋진 사진 하나가 첨부되었고, 스리 바가반은 자애롭게도 그것을 당신의 복된 손으로 나에게 증정하셨다. 그날은 마침 마하나바미(Mahanavami)[47]였고 내 생일이기도 했기에, 그것은 아주 상서롭고 복 있는 일로 느껴졌고, 나의 행복감을 세 배로 만들어주었다. 또한 그것은 과거에 내가 같은 저작의 타밀어판을 받았을 때의 그 비슷한 우연의 일치를 생각나게 했다.

내가 집으로 돌아온 바로 그날, 내 막내딸 알라감마(Alagamma)—스리 바가반의 어머니 이름을 땄다—가 사고를 당했다. 오븐 위로 넘어져 팔에 화상을 입은 것이다. 나는 그 사실을 아쉬람에 전보로 알렸고, 아이에 대한 스리 바가반의 축복을 전하는 답장을 받았다. 당신의 은총으로 그 상처는 빠르게 아물었다.

1940년 크리스마스 연휴 동안 내가 아쉬람에 있을 때, 스리 바가반은 당신이 산 위에 사실 때 말라얄람어로 시 짓기 경쟁을 하시곤 했던 이야기를 우리에게 해주셨다. 꾼주 크리슈나 메논이라는 사람이 즉석에서 스리 라마나를 찬양하는 시 한 수를 지었다. 스리 바가반도 즉흥적으로 같은 운율로 주 아루나찰라를 찬양하는 시 한 수를 지으셨다. 1914~1915년의 어느 날에는 스리 바가반이 밖에 나가셨을 때, 스리 암리따나다 야띤드라(Sri Amritananda Yatindra)가 종이쪽지에 말라얄람어로 시 한 수를 지어 스리 바가반이 앉으시는 자리에 놓아두었다. 그 시는 이러했다.

---

47) *T.* 여신 두르가(Durga)가 악마 마히샤아수라와 마지막 결전을 벌이기 시작한 날. '악에 대한 승리의 날'이라는 의미를 갖는다. 여신은 그 다음날('비자야다사미')에 이 악마를 죽였다.

“아루나찰라 꼭대기의 한 동굴에 은총의 보물이라는 직함을 가지신 바가반 스리 라마나 마하르쉬님이 거주하신다네. 그분은 누구신가? 하리(Hari-비슈누)인가, 시바 구루(Siva Guru-수브라마니아)인가, 바라루찌(Vararuchi)[48]인가, 아니면 위대한 야띠(Yati-고행자)이신가? 내 가슴은 내 스승님의 영광을 알고 싶은 욕망에 몰두해 있다네.”

스리 바가반이 돌아와서 당신의 자리에서 그 종이를 집어 드시자, 글쓴이는 자취를 감추어 버렸다. 그러고 나서 스리 바가반은 그 쪽지 뒷면에 같은 운율로 다음과 같이 당신의 답변을 쓰셨다.

“하리를 위시한 모든 영혼들의 연꽃심장이라는 동굴 안에서, 자각으로서 유희하는 지고의 진아가 곧 라마나 아루나찰라라네. 지고의 존재가 빛나는 심장 속으로 들어가면, 지知의 눈을 뜨고 최상의 성실함으로 (가슴 녹는 사랑으로) 추구하라. 그러면 그것의 진리가 그대에게 아주 분명해지리라.”

어느 분도 그 일에 대해 상대방에게 이야기하지 않았으나, 스리 암리따나다(Sri Amritanadha)가 스리 바가반의 답변을 다른 헌신자들에게 보여주자, 그것은 스리 바가반이 당신 자신에 대해서 한 더없이 중요한 선언으로 환영받았다. 타밀어 버전은 아쉬람에서 매일 하는 빠라야나의 일부가 되었다. 나는 나중에 그 질문과 답변을 모두 텔루구어 시로 번역했다.

그해에 스리 바가반의 자얀띠는 1941년 1월 13일에 들어, 보기(Bhogi)[화톳불] 축제와 겹쳤다. 그래서 나는 크리스마스 연휴 뒤 며칠 안에 다시 아쉬람으로 갔다. 자얀띠 날 나는 텔루구어로 빤짜라뜨남(*Pancharatnams*)[5연시]을 지었는데, 거기서 말하기를 우주 안에서 단 한 분의 진정한 보기(Bhogi)[향유자]는 스리 라마나이시며, 라마나 자얀띠와 보기 축제가 겹침으

48) *T.* 앞에서도 나온(68쪽) 바라루찌는 인도의 여러 지역에 등장하며 정확히 누구인지 알기 어렵다. 보통 천문학자나 문법가로 이야기되며, 타밀지역에서는 13세기 천문학자이다.

로써 온전한 의미를 성취했다고 했다. 그 시들은 또한 이렇게 말했다.

> "과거의 모든 원습(*vasanas*)을 지푸라기로 만들고, 업業(*karmas*)의 무더기 전체를 장작으로 만들어, 찌뜨(*chit*)[지知]의 불로 그것을 점화하라. 그러면 그대가 보기 라마나 자얀띠를 위한 참된 '화톳불'을 얻으리라."

스리 바가반이 당신의 옛 급우였던 스리 랑가 아이어(Sri Ranga Iyer)의 아들이라고 소개하신 젊은이가, 자신이 지은 「라마나 깔리야남(*Ramana Kalyanam*)」[라마나 결혼식]을 읊었다. 거기서는 스리 라마나가 신랑으로, 지知가 당신의 신부로 묘사된다. 그 시는 보통의 모든 예식 절차와 이 경우에 맞게 각색된 노래들이 수반되는 결혼을 정교하게 묘사하고 있다. 스리 바가반은 그 낭독을 즐거운 관심으로 따라가면서, 여기저기서 유머러스한 언급들을 하셨다. 스리 바가반이 나를 돌아보면서 말씀하셨다. "자네는 스와미(스리 바가반)를 위한 회갑연 결혼식에 대해 언어유희를 했지. 이것은 어떻게 생각하나? 여기 모든 세부사항이 갖추어진 정식 결혼이 있어. 신부를 지知라고 하든 다른 뭐라고 하든 간에, 사람들은 어떻게든 스와미를 결혼 속으로 끌어넣기를 좋아해. 왜냐하면 그것이 그들의 유머 감각을 자극하는 것 같으니까." 내가 말했다. "저희는 스리 바가반을 단지 산야시(*Sannyasi*-출가자)로만 볼 수 없습니다. 사실 바가반은 가장 큰 재가자(*Grihastha*)이시고, 아쉬람은 당신의 영원한 결혼식 빤달(marriage-pandal)[49] 입니다. 그 시는 바가반께서 결혼을 포기하신 데 대해 결혼으로써 일종의 복수를 하는 것처럼 보입니다." 스리 바가반은 껄껄 웃으셨다. 당신은 스리 M.V. 라마스와미 아이어도 비슷한 취지로 연시戀詩를 지어 그것을 「라마나 스링가아람(*Ramana Sringaaram*)」이라고 불렀다고, 우리에게 말씀

49) *T.* 빤달(pandal)은 남아시아에서 종교적 축제나 결혼식 등 큰 행사 때 많은 사람들을 수용하기 위해 건립하는 구조물이다. 단순한 천막보다는 더 내구성 있는 자재로 지어진다.

하셨다. 스리 바가반은 이렇게 마무리하셨다. "사람들은 그들 자신의 자아 속에 가지고 있는 무엇이든, 그것을 스와미에게 귀속시킵니다. 글쎄요, 부디 본인들이나 그렇게 하라지요."

집으로 돌아오는 도중에 나는 텔루구어로 송별시 한 수를 지어 아쉬람으로 보냈다. 거기서 이렇게 말했다.

> "친정에서 고작 사흘간 잔치 하며 보내고 시댁으로 돌아가는 새댁같이, 내내 놀다가 연휴가 끝날 때 무거운 발을 끌고 학교로 돌아가는 청소년같이, 모든 일가친척과 헤어져 전쟁터로 행군해 가는 군인같이, 왕이 된 꿈을 꾸다가 별안간 깨어나는 거지같이, 나는 스리 라마나 자얀띠 축제의 완벽한 지복 속에서 사흘을 보내고, 오호라, 이제 억지로 스리 바가반의 발아래를 떠나 집으로 가야 한다네."

아쉬람에서는 위 시를 잘 받았다면서 1941년 1월 18일에 이렇게 썼다.

> "감동적인 헌신과 사랑의 감정을 담은 그 시가 당신의 책 안에 써 넣어졌습니다. 많은 것을 생각하게 하는 시입니다."

집에 돌아와 보니, 친구인 스리 P. T. 고빨라짜리율루(Gopalacharyulu)가 자기 아들과 아버지의 중병으로 인해 큰 걱정을 하고 있다는 것을 알게 되었다. 나는 그에게 그 쁘라사드를 주고, 아쉬람에게 그의 기도를 전했다. 스리 바가반의 은총으로, 두 환자 모두 정상적인 건강을 회복했다.

텔루구 설날인 1941년 3월 28일에 나는 스리 바가반께, 거짓·분노·증오·불안을 소멸하고, 세계 전체에 평안과 행복을 확립하게 해 달라고 기원하는 텔루구어 시 한 수를 우송했다. 아쉬람에서는 다음날 그것을 잘 받았다면서, 이런 편지를 보냈다.

"우리는 스리 바가반의 은총으로, 세계가 모색하고 있는 정의로운 평안이 올해에 확립되기를 바랍니다."

5월 19일의 마하뿌자가 가까울 무렵, 나는 출산오염(*jatasoucham*)[출산으로 인한 오염][50]에 걸려 있었다. 왜냐하면 나의 형제가 아들을 얻었기 때문이다. 나는 아쉬람에 내가 오염을 가지고 마하뿌자에 참석할 수 있는지를 문의했다. 아쉬람에서는 5월 14일자 답변에서 이렇게 썼다.

"단순히 출산오염이 있다는 이유로, 이곳에 오는 여정을 연기할 필요는 없습니다. 그것은 모두를 정화하는 순례입니다."

마하뿌자 날에 스리 바가반은 텔루구어로 시를 한 수 지으셨는데, 그 내용은 이러하다.

"원래 아루나찰라 링가는 아르드라(*Ardra*) 별 아래 다누스(*Dhanus*) 달에 생겨났다네. 하리와 다른 신들이 그 링가에서 주 시바가 나타나자 그를 숭배한 날이야말로 꿈바(*Kumbha*) 달의 시바라뜨리(*Siva Ratri*)[시바의 밤]라네."[51]

다음날 나는 위 시와 같은 운율로 스리 바가반의 탄생에 대해 또 다른 시 한 수를 지었는데, 그 내용은 이러하다.

"원래 아루나찰라 링가가 생겨난 바로 그 신성한 날, 띠루쭐리(*Tiruchuli*)에서는 알라구(Alagu)와 순다람(Sundaram)의 고행(따빠스)의 결실로서, 스깐다(Skanda)의 화현이신 바가반 스리 라마나께서 태어나셨다네."[52]

---

50) *T.* 힌두 정통신앙은 '오염(*asoucha*, pollution)' 개념을 중시한다. '출산오염(*jata-asoucham*)'은 집안에서 누가 아이를 낳으면 가족 구성원들이 열흘간 오염 상태에 있게 되어, 사원을 방문하거나 종교적 숭배 등을 할 수 없다는 개념이다.

51) *T.* 타밀어로 번역된 이 시의 내용은 『라마나 마하르쉬 저작 전집』, 125쪽 제2연 참조.

52) *T.* 띠루쭐리는 스리 바가반의 고향이고, 순다람과 알라구는 당신의 부모님이다. 스깐다는 시바의 둘째 아들로 수브라마니아, 까르띠께야 또는 (남인도에서는) 무루간으로도 불린다.

스리 바가반은 이 시를 당신의 공책에—앞의 시 바로 밑에—적어 넣으셨다. 그러고 난 직후에 나는 당시 찌뚜르에 있던 내 형제인 G. 벤까떼사이야(Venkatesayya)에게 편지를 보내어, 아쉬람에 망고를 좀 보내달라고 했다. 오후에 그 편지를 부쳤는데, 놀랍게도 바로 다음날 오전에 우리는 그에게서 온 망고 한 바구니를 받았다. 철도화물 상환증이 동봉된 편지에서는, 내 형제가 시장에서 좋은 망고를 보자 갑자기 그것을 아쉬람으로 보내야겠다는 생각이 들어, 즉시 그것을 사서 철도화물로 부쳤다고 말하고 있었다. 그가 그 바구니를 부쳤을 때가 내가 그에게 편지를 쓰던 때와 정확히 일치했다. 전날 저녁의 내 편지를 보셨고, 이제 화물상환증이 든 내 형제의 편지를 보신 스리 바가반이 미소를 지으며 말씀하셨다. "정말 경이롭군!" 그것은 실로 스리 바가반의 **은총**의 경이로움이었다.

며칠 후 스리 세슈 아이어(Sri Seshu Iyer)가 친견하러 오자, 스리 바가반은 세슈 아이어의 "다이아몬드와 탄소"라는 제목의 영시를 호평해 언급하시고, 그것을 '세샤 다르산(*Sesha Darsan*)'으로 부르셨다. 그것은 다음과 같았다.

"다이아몬드는 탄소이고 달리 무엇도 아닌데,
마음과 물질은 다이아몬드와 탄소 같다네.
다이아몬드는 그것이 받는 빛을 반사하여 빛나고,
탄소는 그것이 받는 빛을 흡수하여 어둡네.
마음은 연마하기 전의 다이아몬드처럼 때와 얼룩이 있네.
다이아몬드만이 다이아몬드를 연마할 수 있고, 얼룩들은 제거된다네.
탐구는 에고성이라는 얼룩과 무지라는 때를 제거하네.
연마된 다이아몬드는 가장 순수한 빛의 독특한 보석으로 빛나고,
자기탐구는 그대로 하여금 **진아**로 빛나면서 모두를 비추게 만든다네."

나는 이번에 아쉬람에 와서 스리 바가반이 더 이상 주방에 들어가지 않으신다는 놀라운 소식을 들었다. 주방 일꾼들이 여분의 버터밀크에 관한 스리 바가반의 지시를 이행하지 않았고, 그래서 그것을 버리게 되었던 모양이다. 그날부터 스리 바가반은 주방을 멀리했고, 다시는 결코 주방에 발을 들여놓지 않으셨다. 사람들이 사죄하고 애원했음에도 그랬다. 이 소식은 천둥처럼 내 가슴에 떨어졌다. 왜냐하면 그것은 내가 그 드문 특권을 빼앗긴다는 것을 의미했기 때문이다. 여기에 대해 나는 '주방의 한탄(*Pakasala Vilapam*)'이라는 텔루구어 시를 한 수 지었다. (그 내용은 이러하다.) 아침 이른 시간에 그 시인은 평소처럼 일을 하러 주방에 들어갔다가, 그곳이 어둠과 침묵에 잠겨 있는 것을 발견한다. 주위를 둘러보며 낙심하고 있을 때, 요리의 **여신**이 하나의 환영幻影으로 그의 앞에 나타나서, 자신은 **스리 라마나**의 헌신자라면서 **주님**이 매일 그곳에 오셔서 자신을 명예롭게 하는 동안 자신이 누렸던 영광과 특권을 회상한다. 이제 그녀는 눈물을 흘리면서 갑자기 스리 바가반이 자신에게서 **은총**을 거두어 가신 것을 한탄한다. 처트니, 삼바르, 피클과 여타 음식에서 감칠맛이 사라졌다. 채소 썰기와 여타 요리 작업에 대한 흥미가 사라졌다. 요컨대 겉보기에는 그녀가 전과 같지만, 그녀의 생기 자체가 그녀를 떠났다. 언젠가 **라마나**의 가슴이 녹아서 새로이 당신의 **은총**을 그녀에게 쏟아줄지 모른다는 희망을 안고, 그녀는 여전히 그곳을 떠나지 못하고 있다.

스리 바가반은 그 시를 매우 즐기시는 것처럼 보였다. 당신은 그것을 낭독하고 그 내용을 설명했을 뿐 아니라, 주방 일꾼들 앞에서 그 장면을 극적으로 연기하기까지 하셨다. 그 시가 스리 바가반의 결정에 실제적으로 어떤 효과가 있었는가로 말하면, 그것은 '빤의 한탄(*Tambula Vilapam*)'과 같은 운명을 공유했다. 그 모든 이론적 평가보다 약간의 실제적 반응이 더 낫지 않았을지 내가 궁금해 하자, 스리 바가반이 웃으며 말씀하셨다. "일들은 일어나야 하는 대로 일어나고, 달라질 수 없어. 자네의 일과 내 일은 의심할 바 없이 끝났어. 우리는 이제 우리의 느긋함을 즐길 수 있지. 그것은 다 모두에게 좋은 일이야. 이 사람들이 언제까지나 나에게 매달려서는 안 되지. 그들 스스로 일을 하는 법을 터득해야 해. 그러니 자네는 그에 대해 걱정하지 말게." 고백하건대, 스리 바가반의 이런 자애로운 말씀조차도 나에게 많은 위안을 주지는 못했다.

이번에는 나의 두 딸, 아홉 살의 랄리따와 다섯 살의 인디라도 와서 아쉬람에 며칠 머물렀다. 랄리따는 스리 바가반의 예전 총아였고, 인디라는 새롭게 당신의 총애를 받는 아이가 되었다. 평소처럼 스리 바가반은 두 아이에게 회당에서 노래와 춤을 해보라고 하셨다. 인디라는 기꺼이 반응했으나, 랄리따는 이제 꼬마 숙녀가 되었기에 공연을 시작하게 하려면 많이 구슬려야 했다. 스리 바가반이 말씀하셨다. "뭐라고, 랄리따, 나는 누구에게도 절대로 뭘 해달라고 하지 않아. 근데 지금 넌 내가 너에게 부탁을 하게 만들었어. 인디라를 봐. 착한 아이잖아. 동생 본을 좀 봐." 그래서 두 소녀는 함께 노래하고 춤을 추었고, 스리 바가반은 일어나 앉아서 자애로운 즐거움의 미소를 지으며 바라보셨다. 이 '오락'은 아이들이 머무르던 짧은 기간 동안 스리 바가반의 '알현실(Durbar-즉, 회당)'에서 매일 보는 모습이 되었다. 하루는 인디라가 텔루구어판 「우빠데사 사람」(신판)의 페이지를 넘기다가, 스리 바가반이 지으신 (텔루구어로 번역된) 산스크리트어 4행시에서 굵은 글씨로 된 (각 행의) 처음 두 글자씩을 골라 그것들을 함께 '**데함**(*Deham*)-**나함**(*Naham*)-**꼬함**(*Koham*)-**소함**(*Soham*)'이라고 큰 소리로 읽었다. 그 단어들을 함께 읽으면 그 의미는 "나는 몸이 아니다. 나는 누구인가? 내가 **그다**"이다. 스리 바가반이 그것을 듣자 말씀하셨다. "아주 좋아! 그거면 돼. 그 연의 나머지는 네가 읽을 필요 없다. 네가 읽은 것이 지혜의 정수야. 그것을 너의 **만트라**로 하렴." 스리 바가반은 인디라를 보실 때마다 그 만트라를 해보라고 하셨다. 그래서 그녀는 그것을 금세 외었다. 어느 날 저녁에는 일찍 저녁밥을 먹은 랄리따가 여자 어른들과 함께 읍내로 떠났다. 이제 혼자 남은 인디라가 나를 돌아보며 배가 고프다고 칭얼댔다. 스리 바가반이 즉시 그것을 발견하시고는 내가 아이에게 밥 먹이는 것을 지체했다고 나를 질책하셨다. 당신이 말씀하셨다. "그 아이를 섬기는 것을 소홀히 한다면, 자네의 명상이 무슨 가치가 있나?" 아이들에 대한 당신의 넘치는 은총이 그와 같았다. 두 소녀가 스리 바가반께 하직인사를 하러 갔을 때는 아침이었고, 스리 바가반은 산으로 올라가려고 나서시던 참이었다. 당신은 더없이 자애롭게 인디라를 토닥여 주면서 말씀하셨다. "그러니까 너는 네 집으로 가고, 나는 내 집으로 가는군." 그러면서 산을 가리키셨다. 의미심장하게도 그것은 그이들의 마지막 하직인사가 되고 만다. 집에 당도한 뒤에 두 아이 모두 나에게 편지를 보내왔다. 랄리따는 스리 바가반께 절을 올린다면서, 자신이 다음 학년으로 진급했다는 것을 전해달라고 했다. 인디라는 자신이 부단히 그 만트라를 염하고 있고, 스리 바가반에 대해 명상하고 있다고 썼다. 이 편지들을 살펴보신 스리 바가반은 더없이 자애롭게 즐거워하시는 표정이었다.

어느 날 밤 스리 바가반은, 몇 달째 걱정을 안겨주고 있던 내 사위의 건강에 대해 자애롭게 물으셨다. 집안의 근심걱정에 대한 내 이야기를 들으신 스리 바가반은 더없는 연민으로 내 얼굴을 뚫어지게 바라보면서 가슴 뭉클한 어조로 말씀하셨다. "왜 자네도 나같이 되어 보지? 내가 띠루반나말라이에 왔을 때 어땠는지 자네 알지. 한때 음식을 탁발하며 읍내를 돌아다닌 적이 있었지. 당시에 나는 묵언을 했어. 그래서 거리를 지나가다가 잠시 한 집 앞에 멈추어 부드럽게 손뼉을 쳤지. 아무 반응이 없으면 그냥 지나갔어. 그렇게 해서 나와 다른 동료들이 어떤 음식이든 얻으면, 우리는 그것을 한 덩어리로 섞어 각기 한 줌씩 먹곤 했지. 그것을 우리는 하루에 한 번만 먹었어. 이제 외적으로 어떤 변화들이 일어났는지 보게. 어떤 건물들이 들어섰는지, 어떻게 아쉬람이 사방에서 성장했는지를. 그러나 나는 항상 똑같아. 해가 뜨고 해가 질 뿐이야. 나에게는 다른 어떤 변화도 없는 것 같아. 그러니 좋고 나쁜 모든 (삶의) 부침浮沈 속에서 자네도 나처럼 되고, 언제든 우울과 의기소침에 빠져들 때마다 나를 기억하게." 스리 바가반의 이 자애로운 말씀은 그 이후 늘 나와 함께하면서, 삶의 모든 우환을 막아주는 하나의 부적처럼 나를 보호해 준다.

어느 날 오전에 스리 바가반은 「프리 인디아(*Free India*)」에 실린 스리 자가디사난다(Sri Jagadisananda)의 기고문에서 다음 문장을 낭독해 주셨다.

"활동(*pravritti*)을 통해서 신은 그 자신을 잊고 인간이 되고, 무위(*nivritti*)를 통해서 인간은 자신을 기억하여 신이 된다."

우편물이 왔을 때, 스리 바가반은 베로니카라는 한 미국인 여성의 편지에서 다음 문장들을 낭독하셨다.

"세계 안에 계신 그분보다 제 안에 계신 그분이 더 위대하십니다."
"이 작은 현현하는 '나'는 표현할 수 없지만, 당신께서는 아십니다."

이틀 뒤에 스리 바가반은 『바가바드 기타』에서 당신이 뽑으신 연들 중 '떼샴 에바(*Tesham eva*)' 등으로 시작하는 연[X.11]과 '냐네나(*Jnanena*)' 등으로 시작하는 연[V.16]을 격식 없이 언급하시고, 두 연의 의미가 『바가바땀(*Bhagavatam*)』에서는 '아루네네바(*Aruneneva*)' 등으로 시작하는 단 하나의 연으로 결합되었다고 말씀하셨다. 그 연의 의미는 이러하다.

"여명에 의해 어둠이 소멸되듯 지知에 의해 무지가 소멸되면, 이때 즉시 진아가 해처럼 그 자신을 현현한다네."

나아가 당신은 같은 관념이 마니까바짜가르의 『띠루바짜감』에서는 어떻게 '인레나까룰리(*Inrenakkaruli*)' 등으로 시작하는 단 하나의 행으로 전달되는지를 지적하셨다. 그 행은 이러하다.

"오늘 저에게 은총을 하사하시고, 당신께서는 제 심장 안에서 해처럼 밝게 떠오르시며 (떠나라고) 명령하시니, 어둠은 달아납니다."

스리 바가반은 위의 『기타』 연[V.16]에서 '쁘라까사야띠(*prakasayati*)'[비추고]를 비유적으로 해석해야 한다고 생각하셨다. '**따뜨 빠람**(*Tat param*)'[저 지고자]은 **스스로** 빛나지, 다른 어떤 것에 의해 비추어지지 않기 때문이다. 나아가 당신은 같은 연에서 '아디띠야바뜨(*Adityavat*)'[해처럼]는 '**따뜨 빠람**'과 함께 봐야지 '**냐남**(*Jnanam*-지知)'과 함께 보면 안 된다고 하셨다. 당신은 『바가바땀』에서 이를 뒷받침하는 '아바찐나 이바(*avachchinna iva*)' 등으로 시작하는 다른 한 연도 인용하셨는데, 그것은 이러하다.

"**진아**는 마치 무지에 의해 조건 지워진 것처럼 보이네. 그러나 그것[무지]이 소멸되면, **절대적 진아**가 마치 구름 걷힌 해처럼 스스로 빛난다네."

그날 오전에 스리 바가반은 한 헌신자가 가져와서 배식한 말라바르 죽(Malabar *Kanji*)의 맛을 호평하셨다. 스리 바가반은 그것을 아비얄(*aviyal*)[몇 가지 채소로 만드는 음식]과 함께 먹으면 그 맛이 더 좋아질 거라고 덧붙이셨다. 그래서 내가 도감에게 아쉬람 안에서 죽(*Kanji*)과 아비얄을 (대중공양으로) 준비해 달라고 요청했고, 그는 친절하게도 그것을 사흘 뒤에 준비하겠다고 했다.

다음날 오전에 스리 바가반은 『바가바땀』의 「한사 기타(*Hamsa Gita*)」에서 시구(*sloka*) 하나를 격식 없이 인용하셨는데, 그 내용은 이러하다.

"술에 취해서 앞이 보이지 않는 사람이 자신이 걸친 옷을 잊어버리듯이, 진아를 깨달은 진인은 사멸할 몸뚱이가 살았는지 죽었는지, 까르마(*Karma*)의 법칙에 따라 분리되는지 결합되는지 알지 못한다네."

이 시구를 스리 바가반 자신이 텔루구어와 타밀어 시로 번역하셨다.

1941년 6월 16일이었다. 아쉬람 주방에서 새롭게 활발한 움직임이 있었다. 꼭두새벽부터 모든 불이 켜져 있었다. 여자 일꾼들에 대한 아쉬람 규칙이 완화되어 그들이 남자들과 함께 새벽 3시부터 바쁘게 움직였다. 스리 바가반 자신도 한번은 문지방을 넘어서 안을 들여다보며 지시를 하셨다. 무슨 일 때문이었을까? **아침식사에 나올 죽과 아비얄이 만들어지고 있었던 것이다.** 그 소식이 들불처럼 퍼졌다. 우리가 줄을 지어 앉았을 때 식당은 어떤 잔치 분위기가 났고, 모든 헌신자들에게 특별한 컵이 제공되었다. 죽과 아비얄이 주된 품목으로 배식되었다. 스리 바가반이 아비얄과 함께 죽을 제대로 마시는 법을 시범해 보이셨다. 평소의 관행과 달리 이 두 품목은 반복해서 무제한 배식되었다. 스리 바가반은 이 특별한 음식들을 제대로 평가하려면 한동안 커피를 마시지 않아야 한다고 말씀하셨다. 당신 자신을 위해서는 죽의 섭취를 늘리기 위해, 드시던 약제(*kashayam*)[약 음료]까지 포기하셨다. 우리들 중 융통성을 발휘해 커피를 자제한 사람은 매우 드물었다. 그러나 물론 다른 사람들을 위해 커피도 배식되었다. 남들이 회당을 떠난 뒤에 스리 바가반이 나를 돌아보고 말씀하셨다. "자네가 오늘의 음식들을 책임진 것 같군. 그러니 나를 흉내 내어 온전히 그 가치를 누릴 수밖에." 그런 다음 당신은 몇 컵 더 달라고 하셨다. 나는 배가 너무 부르다고 말씀드렸다. 그러나 스리 바가반이 안심시키며 말씀하셨다. "겁내지 마. 아무 해害도 없을 거야. 반시간 안에 소화될 거고, 평소보다 식욕이 더 날 테니까." 그런 다음 스리 바가반은 웃음 띤 표정으로 두 컵을 더 드셨고, 나도 당신의 본을 따랐다. 당신은 내가 그러는 것을 미소로 승인하시고, "바로 그거지" 하셨다. 그런 다음 당신은 사방에 은총을 방사하셨다. 그것은 실로 신들조차도 볼 만한 광경이었다!

스리 바가반이 산에서 돌아오셨을 때 나는 '암리따빠남(*Amritapanam*)'[감로 마시기]이라는 제목의 텔루구어 시 두 연을 지어 당신께 제출했다.

> "사람들은 죽 마시기를 싫어하지만, 오늘 스리 바가반의 은총으로 아비얄과 함께 죽을 마셨습니다. 이른바 감로(*Amrita*)란 다름 아닌 이것입니다."
>
> "예전에는 당신께서 목동 친구들과 함께 찬밥과 죽을 드셨습니다. 그 맛이 이것에 필적했습니까? 나중에는 비두라(Vidura)의 집에서 죽을 대접 받으셨습니다. 그 맛도 이것에 필적했습니까, 오 주님?"

스리 바가반은 이 시들을 즐기시는 듯했다. 당신은 그것을 낭독하고, 누가 보기에도 즐기는 표정으로 그것을 설명하셨다. 당신은 (『마하바라타』에서) 스리 크리슈나가 하스띠나뿌라(Hastinapura)[지금의 델리]에 있을 때 듀로다나가 왕궁에서 저녁식사를 대접하겠다고 한 제안을 물리치고 비두라의 수수한 접대를 선호한 이야기도 들려주셨다. 비두라의 집에 들어선 주님(스리 크리슈나)은 죽(*Kanji*)을 달라고 했다. 죽을 그의 두 손에 따라줄 때, 그는 다른 두 손도 내밀어[53] 죽을 받아, 한 방울도 흘리지 않았다. 그는 그토록 죽을 좋아했다. 스리 바가반은 또한 말라바르(Malabar-께랄라 주 북쪽 지방)에서는 죽이 보편적 음식이라고 우리에게 알려주셨다. 왕과 농부, 부자와 가난뱅이가 공히 먹는 것이 죽이었다. 왕이나 부자는 어떤 특별한 재료를 첨가할지 모르지만, 주된 재료는 똑같다. 그래서 말라얄람인들은 '죽쟁이들(*Kanji*-drinkers)'이라는 별명이 있다는 것이다.

---

53) *T.* 스리 크리슈나는 비슈누의 화신이므로 팔이 네 개이다. 『바가바드 기타』, XI.46에서 아르주나가 말한다. "… 우주의 형상이신 당신은 네 개의 손을 가진 형상으로 나타나십니다."

다음날 스리 바가반은 한 영국인 헌신자의 편지에서 부활절(Easter)에 대한 다음과 같은 성찰적 견해를 낭독하셨다.

"부활절은 저 자신이 **영원자**로 부활한다는 생각을 하게 만듭니다."
"부활절은 겨울이 죽어 봄으로 환생하는 것, 바꾸어 말해서 생각이 죽어 **진아**의 지복으로 환생하는 것을 의미합니다."

다음날 아침, "나 까르마나 나 쁘라자야(*Na Karmana Na Prajaya*)" 등 만트라가 창송된 뒤에 스리 바가반이 말씀하시기를, (그 만트라의) 앞 절반은 **즉시해탈**(*Sadyo-mukti*)을, 뒤 절반은 **점진해탈**(*Krama-mukti*)을 설하는 거라고 하셨다. 스리 바가반이 덧붙이시기를, '빠라암리따뜨(*Paramritat*)'라는 구절에서 '**빠라**(*Para*)'는 '**브라마**의 수명(*Brahmayuh*)'을 의미한다고 하셨다.

다음날, 스리 바가반은 『시따라만자네얌(*Sitaramanjaneyam*)』을 언급하면서 '무심無心-요가(*Amanaska-yoga*)'는 **쁘라냐**(*Prajna*)[자각]의 상실을 뜻하지 않는다고 설명하셨다. 그것은 마음이 **스와루빠**(*Swarupa*)[진아]와 하나가 되었다는 의미일 뿐이라는 것이다.

다음날 오후에 어떤 사람이 『쁘라스나 우파니샤드(*Prasnopanishad*)』에서 '그는 일체를 보고, 그가 보는 일체가 된다(*sarvam pasyati, sarvah pasyati*)'는 구절(IV.5)을 언급하면서 그 의미를 설명해 달라고 청했다. 스리 바가반은 그것을 설명하여 이렇게 말씀하셨다. "그것은 '보는 자, 보이는 것, 봄'이 모두 **진아**이고, **진아**에 다름 아니라는 의미일 뿐입니다. 우리가 **진아**를 일체(*sarva*)로서 보는 것입니다."

다음날인 토요일, 스리 바가반은 **회당**의 베란다 아래에서 쉬고 계셨고, 나는 맞은편 대臺 위에 누워 있었다. 밤 10시에 스리 바가반이 시자侍者 크리슈나스와미에게 물으셨다. "나라야나 아이어가 왔나?" 크리슈나스와미가 대답했다. "아니요." 주말마다 뽈루르(Polur)에서 오던 스리 나라야나 아이어는 나에게 이번 일요일에는 벨로르에 일이 좀 있어서 아쉬람에 올 수 없을 거라고 했다. 놀랍게도 그 일요일 아침에 그가 내 앞에 나타났다. 그는 자신이 토요일 저녁에 벨로르에서 일을 끝내고 그날 밤 뻴루르로 돌아갔는데, 갑자기 밤 10시에 평소처럼 일요일에 여기 와야겠다고 마음먹었다는 것이었다. 그래서 그의 결심은 스리 바가반이 그에 대해 물어보신 시간과 정확히 일치했다. 이것은 스리 바가반의 은총의 또 한 가지 경이로움이었다.

그 일요일에 스리 바가반은 「영적 전선(*The Spiritual Front*)」이라는 저널에서 다음 구절을 낭독하셨다.

"기억하라, 우리의 내면에서 이해를 넘어서는 저 평안을 성취했을 때만, 우리 주위의 세상에서 평화가 현현하는 것을 볼 수 있으리라는 것을."

오후에 스리 바가반은, 어떤 왕이 한 요술가의 마법에 걸려 천민 여자와 결혼하는 환영을 보았는데, 나중에 그것이 사실이었음이 드러났다는 이야기를 들려주셨다. 당신은 또한 어떻게 브라민 가디(Brahmin Gadhi)가 비슈누마야(*Vishnumaya*)[비슈누 신의 환력]를 맛보았는지도 이야기하셨다. 스리 바가반은 이렇게 매듭지으셨다. "여러분에게는 꿈일 뿐인 것이 다른 사람에게는 현실일 수도 있습니다. 마야의 성품이 그와 같습니다. 마음을 정복하지 않고는 그것을 극복할 수 없습니다."

스리 바가반은 또한 스리 까비야깐타가 믿은 현견론現見論(*srishti-drishti vadam*)과 스리 K. 락슈마나 사르마(Lakshmana Sarma)와 여타 사람들이 지지한 견현론見現論(*drishti-srishti vadam*)의 차이점도 설명하셨다. 전자에 따르면 우주는 신이 창조하고, 인간은 냐나-싯디(*Jnana-Siddhi*)[지知의 성취]를 통해서 신에 합일된다. 후자에 따르면, 우주와 신 모두 밖으로 나가는 인간의 마음에 의해 형성된다. "어떻게 신이 인간의 환상의 결과일 수 있는

가?"라는 물음에 대해, 이 학파는 꿈속에서 나타나는 죽은 부모나 왕이 꿈속에서는 그 사람에게 효도나 충성의 감정을 불러일으킨다는 비유로써 답한다. 결론적으로 스리 바가반은 이렇게 선언하셨다.

> "'보는 자' 없이는, 그것이 세계든 신들이든 '보이는 것'이 존재할 수 없습니다. 그 모든 '봄'의 대상들은 '보는 자'에게 의존합니다. 모든 '봄'의 대상들의 목적은 '보는 자'를 가리켜 보이기 위함일 뿐입니다. 모든 창조계의 목적은 진실로 창조주(진아)에게 도달하기 위해서입니다."

그 다음에 스리 바가반은 스리 까비야깐타의 요가와 지知에 대한 견해를 언급하면서, 이렇게 말씀하셨다. "수슘나 나디(*Sushumna Nadi*)는 물라다라(*Muladhara*)에서 시작되어 사하스라라(*Sahasrara*)로 올라갑니다. 거기서 그것은 앞으로 내려가 심장에 도달합니다. 그것이 밑으로 향할 때, 그것을 빠라 나디(*Para Nadi*) 혹은 암리따 나디(*Amrita Nadi*)라고 합니다. 이것이 나야나의 견해인데, 이것은 지知의 길이 전도前道(*Purva-marga*), 요가의 길이 후도後道(*Paschima-marga*)라고 불리는 이유를 설명해 줍니다. 요가의 길에서 꾼달리니(*Kundalini*)가 물라다라에서 일어나듯이, 탐구(*Vichara*)의 길에서는 내적 꾼달리니(*Antah-Kundalini*)가 심장 안에서 불타오릅니다."

그런 다음 즐거운 사건이 있었다. 에짬마의 조카인 크리슈나무르티와 그의 신부가 결혼식을 올린 뒤 스리 바가반을 친견하고 축복을 받으러 왔다. 스리 바가반은 밖에 나가셨다가 금방 회당으로 다시 들어오신 참이었다. 당신은 두 발을 바닥에 대고 침상 위에 똑바로 앉으셨다. 젊은 부부는 즉시 당신의 발아래서 절을 했고, 그러는 동안 당신은 그들에게 은총을 쏟아주셨다. 에짬마의 비상한 헌신으로 인해, 이것은 능히 예견되던 일이었다. 나에게 그 복된 장면을 찍을 카메라가 없는 것이 한이었다.

내가 떠나야 할 날이 왔다. 내 사위가 심하게 앓고 있었고, 나는 2주일째 집에서 소식을 듣지 못했다. 내 마음은 그의 건강이 악화되었을 것이 틀림없다는 걱정으로 가득 차 있었다. 스리 바가반께 하직인사를 하러 갈 때, 나는 내 유일한 버팀목을 붙들고 있던 것을 놓아 버리고 심연으로 떨어진다는 두려움에 사로잡혔다. 나는 울면서 스리 바가반께 집으로 돌아가는 것이 두렵다고 말씀드렸다. 당신은 나에게 무한한 자비의 표정을 오래 지어 보이시고 말씀하셨다. "두려워하지 말게. 자네 식구들은 자네가 올 것을 기대하면서 편지를 쓰지 않은 거야. 사위가 많이 좋아진 것을 발견하겠지." 집에 당도해 보니 기쁘게도 스리 바가반의 말씀이 모든 면에서 완벽하게 참되다는 것을 발견했다. 스리 바가반의 은총은 얼마나 감동적인 경이로움인가!

1941년 8월 6일, 나는 공책에 「실재사십송 보유」를 옮겨쓰기 하고 있었다. (제6연의) '데바나르(*Devanar*)'["신은 누구입니까?"]를 막 옮겨 쓸 때, 스리 V.V. 라마나이야(Ramanayya)가 스리 바가반의 자비로운 축복과 함께, 8월 5일자 아쉬람 편지를 나에게 건네주었다. 나는 마치 "신은 누구입니까?"라는 물음에 대해 즉각 "스리 라마나가 신이다"라는 답이 왔고, 그 답을 '스리 라마나' 자신이 하신 것같이 느꼈다.

1941년 8월의 마지막 날이었다. 두 살배기 딸 알라감마가 종일 고열에 시달렸다. 밤에 아이 엄마가 식사를 하는 동안 나는 요람을 흔들고 있었다. 갑자기 아이가 무섭게 울어댔고, 내가 아이를 팔에 안았을 때 아이의 몸이 뻣뻣한 것을 발견했다. 모든 생명 기관들이 작동을 멈추었고, 안색조차도 파랗게 되었다. 그 아이는 외관상 죽은 것이었다. 아이를 치료해왔던 의사는 오지 못한다고 했다. 그래서 다른 의사를 부르러 사람을 보냈다. 그러는 사이 아내는 나에게서 아이를 받아 스리 바가반 사진 앞에 앉아서, 아이를 팔에 안고 놀라거나 불안해하는 기색이 조금도 없이, '라마나, 라마나, 라마나'를 끊임없이 염했다. 10분쯤 염하고 나니 생명의 기미가 다시 나타났고, 아이에게서 생명 기능들이 되살아났다. 그것은 기적이나 다름없었다. 그러고 나자 두 번째 의사가 왔고, 아이를 성공적으로 치료했다. 아내가 염송을 하고 있을 때, 나는 스리 바가반께 알라감마의 상태를 보고 드리면서 은총을 기원하는 전보를 쳤다. 아쉬람의 1941년 9월 1일자 편지에서는 그 메시지를 잘 받았다면서, 이렇게 썼다.

> "그 전보를 잘 받았고, 스리 바가반 앞에 놓아 드렸습니다. 스리 바가반의 은총으로, 알라감마는 그 병에서 회복될 것입니다. 지금쯤은 걱정하던 시간이 지나갔겠지요."

아이가 어떻게 소생했고 상태가 좋아졌는지를 보고하자, 아쉬람에서 3일자로 다시 편지를 보내왔다.

> "당신의 편지를 받으니 기쁩니다. 스리 바가반의 무한한 은총이야말로 우리의 보호자이고, 그것은 틀리는 법이 없습니다. 우리가 더 무엇을 원하며, 더 할 말이 뭐가 있습니까?"

다음 번 다사라 연휴 때 내가 아쉬람에 머무는 동안에는, 스리 상까라난다 바라띠 스와미(Sri Sankarananda Bharati Swami)에 대한 이야기를 스리 바가반에게서 직접 들었다. 스리 바가반에 대해 한 번도 들어보지 못한 이 스와미는 브라만을 깨닫기 위해 히말라야에서 수행(*Sadhana*)을 하다가 한 진인의 환영을 보았고, 나중에 한 사진에서 그가 스리 라마나라는 것을 확인했다. 그래서 그는 브라만이 스리 라마나와 동일하다고 확신하고, 스리 바가반을 친견하러 띠루반나말라이까지 왔다. 그는 한동안 산 위에 계시던 스리 바가반과 함께 머물렀는데, 기후가 그의 건강에 맞지 않았기 때문에 더없이 내키지 않았지만 히말라야로 돌아가겠다고 스리 바가반의 허락을 얻었고, 당신의 발아래 9연의 작별시를 바쳤다. 그 시에서 그는 자신이 히말라야에서 본 환영을 이야기하고, 스리 라마나의 그 신적인 모습이 자신의 심장 속에서 항상 빛나도록 해달라고 기원했다. 나는 그 시들을 내 공책에 베껴 썼다.

어느 날 오전, 스리 바가반은 「더 비전(*The Vision*)」 지誌를 살펴보시다가 G.S. 바찌(Baci)의 다음 진술을 낭독하셨고, 내가 그것을 받아 적었다.

> "신의 문법에서는 단수 외에는 어떤 수數도 없고, 공통 외에는 어떤 성性도 없으며, 현재 외에는 어떤 시제도 없고, 1인칭 외에는 어떤 인칭도 없다."

스리 바가반은 스리 순다라난다 스와미(Sri Sundarananda Swami)가 지은 유머러스하고 위트 있는 두 연의 시도 나에게 보여주셨는데, 거기서 이 스와미는 스리 바가반을 먼저 강력한 퇴마사退魔師에 비유하고, 두 번째로 아홉 행성에 비유했다. 나는 그 시들을 베껴 썼다. 이날은 보름날이었다. 평소처럼 스리 바가반은 삭발을 하셨다. 그날 오후 우리가 회당에 모두 모였을 때, 당신은 이제 당신이 수염 난 노인에서 아기로 바뀌었다고 익살스럽게 말씀하셨다. 그리고 덧붙이셨다. "사실 진지眞知(*Jnana*)는 영원한 아기 상태지요."

그날 더없이 특별한 일이 나에게 일어났다. 토요일이었는데, 나는 월요일에 대학에 출근해야 했기에, 그날 정오에 출발하고 싶었다. 모든 준비를 마친 다음, 절을 하면서 하직인사를 하기 위해 스리 바가반께 갔다. 그런 모든 경우에 스리 바가반은 "그래, 가 봐"라거나 말없이 승인하며 고개를 끄덕여 주시곤 했다. 그러나 이번에는 스리 바가반이 말씀하셨다. "자네 대학은 월요일에 다시 문을 열지. 왜 지금 가야 하나?" 내가 즉시 대답했다. "지금은 가지 않겠습니다. 멈추겠습니다." 그리고 예약한 것을 취소했다. 그날 오후 내내 당신은 나에게 특별히 자애로우셨고, 공들여서 나에게 말라얄람어 알파벳을 가르쳐 주셨다. 그날 저녁에 당신이 산을 올라가시기 시작할 때, 내가 저녁기차로 가도 되겠는지 여쭈었다. 당신은 그것이 직행열차인지 물으셨다. 내가 대답했다. "아니요. 까뜨빠디(Katpadi)에서 정차할 겁니다." 스리 바가반이 말씀하셨다. "그렇다면, 왜 까뜨빠디 역에서 밤을 보내야 하나? 여기 있지 그래?" 나는 다시 여정을 연기했다. 다음날 새벽기차가 내가 탈 수 있는 마지막 기차였다. 그래서 오전 5시경에 스리 바가반을 친견하러 갔다. 당신은 나를 보시자마자 내가 아침을 먹었는지, 출발할 준비가 되었는지 물으셨다. 나는 "예."라고 말하고, 엎드려 절을 했다. 일어섰을 때, 나를 바라보시는 당신의 표정이 완전히 달라져 있었다. 당신의 눈이 활짝 떠진 채, 안정되게 고정되어 있었다. 당신은 나를 꿰뚫고 지나가 **무한자**(무한한 실재)를 보고 계신 것 같았다. 이전에는 스리 바가반에게서 그런 응시를 본 적이 없었다. 나는 **보편상 친견**(*Viswarupa Sandarshan*)을 하고 있는 아르주나 같은 느낌이었다. 나는 순수하고 신성한 장엄함을 마주하고 있었고, 홀린 듯 서 있었다. 5분, 10분이 지나갔다. 달구지꾼이 빨리 오라고 재촉하고 있었다. 나는 "떠나겠습니다"라고 중얼거렸지만 아무 반응이 없었고, 그 빛나는 오랜 응시에는 조금도 변화가 없었다. 나는 경외감과 두려움에 압도되어 물러났다. 모두가 스리 바가반이 지금 나를 대하신 그런 방식은 선례가 없는 것이고, 그것은 나에게 어떤 중대한 변화가 일어날 것임을 의미한다고 했다. 이 예측은 석 달 안에 내 집에서 일어난 한 사건에 의해 확인되었다.

집에 돌아와 보니 우리 읍내에서 힌두-무슬림 간 폭동이 일어났었다고 했다. 무고한 많은 사람들이 고통 받고 있었고, 상황이 나날이 악화되고 있었다. 나는 그것을 아쉬람에 알렸고, 평화가 회복되기를 기원했다. 답장으로 아쉬람에서는 1941년 10월 31일에 편지를 보내 왔다.

"모두 넬로르에서 오는 슬픈 소식들이군요. 우리는 스리 바가반의 은총으로 더 나은 상황이 곧 회복되기를 바랍니다."

그 상황은 약 한 달 안에 정상으로 돌아갔다.

11월에 넬로르를 방문하고 있던 스리 바가반의 누이동생과 매제가 그들의 손자와 함께 내 집을 찾아와서 우리 가족을 기쁘게 했다. 우리는 그것이 스리 바가반의 특별한 은총의 표지라고 느꼈고, 나는 그 느낌을 1941년 11월 11일자 편지로 아쉬람에 적어 보냈다. "부디 그분들께 저희 집을 방문해 주신 데 대해 제가 절을 올린다고 전해 주십시오. 그분들을 뵙고 우리는 거의 스리 바가반을 친견하는 것처럼 느꼈습니다."

같은 날짜에 당시 우타르프라데시 주 지사의 자문관인 고등문관 빤나랄(Panna Lal)씨가 나에게 편지를 보내어, B.V. 나라싱하스와미가 러크나우에서 마하르쉬님에 대해 한 강연을 자신이 주재했다면서, 이렇게 편지를 마무리했다.

"당신이 아쉬람에 가시거든 부디 저를 기억하여, 아쉬람에서 보내는 장문의 편지로 그곳의 분위기에 대해 무엇이든 전해주십시오."

아쉬람에서 1941년 12월 11일자로 보낸 편지에는 이렇게 쓰여 있었다.

"자얀띠에 맞추어 여기에 당신이 오신다니 우리는 기쁩니다."

"당신이(you)"와 "오신다(are coming)" 사이에 잘못 타자된 단어 하나가 줄로 그어 지워져 있었다. 그런데 내가 큰 사별을 겪으면서, 가지 못하게 되고 말았다. 이제 그 사소해 보인 오타가 어떤 의미가 있었음을 알겠다. 스리 바가반에게서 나오는 그 무엇도 실로 의미 없는 것일 수가 없었다.

내 아내가 갑자기 심각한 산전産前 합병증을 겪었고, 12월 23일에 병원에 입원했다. 그날 밤 아내는 아이를 사산했다. 같은 날 나는 아쉬람에 전보를 보내어 그녀의 상태를 알리고, 스리 바가반의 은총을 기원했다. 이어서 자세한 내용을 편지로 써서 보냈으나, 놀랍게도 12월 27일까지 아무 답장을 받지 못했다. 그날 저녁에 그녀의 병이 심각하게 악화되었다는 말을 들었고, 내가 병원으로 급히 달려가고 있을 때 12월 26일자 아쉬람 편지가 내 손에 놓여졌다.

> "오늘 당신의 엽서를 받았고, 그것이 스리 바가반 앞에 놓였습니다. 전보는 23일에 받았고, 그것도 스리 바가반 앞에 잘 놓였습니다. … 그 전보는 이름이 '수브라마니야'로 잘못 적힌 탓에 우리가 답장을 못했습니다."

그 편지는 '당신(바가반)의 자애로운 축복'이라는 말로 마무리되어 있었다. 그러나 내가 병원에 도착하기도 전에 모든 것이 끝나 있었다. 아내의 시신은 아직 따스했다. 내 손이 그녀의 맥박을 느끼는 것 같았기에, 나는 그녀가 죽었다는 것을 믿을 수 없었다. 의사는 내 요청으로 그녀를 다시 한 번 검사한 다음, 생명이 소멸되었다고 선언했다. 그때까지는 온통 근심하고 있었는데, 그 순간 나는 마치 큰 짐이 내 마음에서 덜어졌고, 어떤 천상의 평안이 나에게 내려온 것처럼 느껴졌다. 나는 완전히 새로운 사람이 되었다. 일순간 내 마음의 눈이 스리 바가반의 지복스러운 친존에게로 열렸다. 나는 스리 바가반의 자애로운 표정이 가진 감미로운 고요함에 전율을 느꼈다. 그때부터 내 마음은 스리 바가반의 인도를 온전히 의식하게 되었다. 그때 모여든 흥분한 모든 애도자들 중에서, 나 혼자 차분한 사람이었다고 진실로 말할 수 있다. 나는 선두에 서서 모든 일을 처리했고, 다른 사람들을 위로하기 위해 최선을 다했다. 나는 마치 하나의 완벽한 자동인형처럼 행동했다. 그 위기에서 나의 행동거지는 나에게, 스리 바가반의 은총이 가져다준 가장 큰 경이로움이었다.

다음날 오전, 나는 시신 곁에 앉아서 스리 바가반께 그녀가 죽었다는 사실을 보고 드리는 우편엽서를 쓰고, 이렇게 덧붙였다.

> "이제 저는 이 어미 없는 아이들을 당신의 발아래 맡깁니다. 앞으로 그들은 당신의 자녀이지 저의 자식들이 아닙니다. 저는 완전히 무력하다고 느끼고 있고, 당신께 순복합니다. 부디 저와 이 어린아이들에게 당신께서 원하시는 대로 하십시오."

당시 아쉬람에 있었던 내 동료 스리 K. 수리야나라야나에게서 나중에 들은 바로는, 이 엽서를 회당에 가져가자 스리 바가반은 말없이 그것을 살펴보셨고, 마치 당신이 내가 떠나기 전에 나에게 베푸셨던 시선처럼, 오래도록 그것을 뚫어지게 응시하셨다고 했다. 1941년 12월 29일자 아쉬람의 답장은 다음과 같았다.

> "우리는 당신과 가족에게 닥쳐온 그 큰 재난 소식을 듣고, 어느 누구 할 것 없이 굉장히 안타까워하고 있습니다. 그 엽서는 스리 바가반 앞에 놓였습니다. 그 표현할 수 없는 슬픔은 말로 표현할 길이 없습니다. 삶이 무엇인지 알기에 너무 어리고, 위로하기에 너무 여린 그 아이들의 말없는 슬픔을 누가 표현할 수 있겠습니까? 그것은 마치 꽃잎들을 받치는 꽃의 줄기를 잔인하게 뽑아버린 것과 같습니다. 스리 바가반의 은총이 그들을 보호해주기를, 그분의 어머니 같은 사랑이, 너무 어려서 자신들이 아무것도 할 수 없다는 것조차도 알지 못할 이 엄마 없는 아이들을 도와주시기를! 당신네 모두에게 우리의 깊은 연민을 전합니다."

이제 동정 어린 편지들이 계속 밀려들었는데, 그것은 그 편지들을 통해 스리 바가반의 수많은 음성이 나에게 위로의 말을 하고 내게 당신의 자애로운 보호와 인도를 보증하는 것처럼 느껴졌다. 한 동료 헌신자에게서 온 편지에는 이렇게 쓰여 있었다.

"저는 그것이 다 일어나야 했던 일이고, 이렇게 말하면 거의 무신경해 보이겠지만, 그것은 불가해한 어떤 섭리의 신적인 안배 속에서 당신의 궁극적 이익을 위해 일어난 일이었다고 생각합니다. 그렇지 않다면, 당신을 보살피신다는 것을 우리가 아는 우리의 바가반께서 이런 일이 일어나지 않게 하셨을 것이기 때문입니다. 그러나 저는 그분께서 당신이 이 큰 타격을 감당하는 데 필요한 믿음과 용기로써 당신을 축복하실 거라고 확신합니다. 제가 확신하지만, 바가반께서는 당신의 인생 반려자가 홀연히 세상을 떠나던 그 고뇌의 시간에 당신 곁에 계셨을 것이고, 당신이 어떤 체념과 차분함으로 그 이별의 고통을 감당할 수 있게 도우셨을 것입니다. … 당신의 여건이 허락하는 대로 가능한 한 빨리 바가반께 달려가십시오. 왜냐하면 다른 모든 것이 우리를 실망시킬지라도, 그분만은 우리의 유일한 위안처이시기 때문입니다."

또 한 사람의 형제 헌신자는 다음과 같이 썼다.

"형의 고통의 크기에서는 말들이 공허하게 들리겠지요. 마음을 달랠 진정제는 바가반에게서 와야 하고, 저는 그분이 당신께 귀의한 우리를 저버리지 않으실 거라는 것을 압니다. … 저는 한 점의 의심도 없이, 우리의 바가반은 눈에 보이는 지상의 신이시라는 것, 그분은 실로 무한한 형상 속의 무한자이시라는 것, 그리고 그분은 온통 사랑이고 친절함이시라는 것을 느낍니다. 설사 그분이 벌겋게 달궈진 쇠로 제 심장을 뒤지신다 해도, 저는 이것을 선언해야겠습니다. 아뜩한 기복을 가진 삶의 시련들을 견딜 힘을 우리에게 주시라고 당신께 기도합시다."

시신을 화장하는 바로 그날, 어느 마을의 내가 가르치는 여학생 한 명이 보내온 특이한 편지 한 통을 여기서 언급해도 될지 모르겠다. 그녀는 스리 바가반이 넬로르를 방문하여 우리 집에 머무르신다는 소문을 들은 모양이었다. 그녀는 그게 사실이냐면서, 사실이면 자신도 와서 그분을 친견하겠다고 했다. 이 순진한 편지는 스리 바가반이 이 시점에 우리 집에 나와 함께 계시다는 나의 확신을 확인시켜 주는 역할을 했다.

그 당시 내가 했던 많은 경이로운 체험 중에는, 스리 바가반이 당신의 지팡이와 껍질(shell-코코넛 껍질로 만든 물주전자)을 가지고 장례식장을 걸어 다니며 그 의식의 모든 세부사항을 지시하시는 생생한 꿈-환영(dream-vision)이 있었다. 이것은 당신의 개인적 인도가 있다는 나의 믿음을 더 강화해 주었다.

또한 내 마음이 고독 속에서 유난히 약해져서 슬픔과 절망이 북받치는 순간들도 있었다. 내 안의 이런 성향은 예상된 것이기는 했으나, 아쉬람에서 속속 오는 편지들이 격려와 경고를 해주었다. 1942년 1월 2일자 편지는 이러했다.

> "당신 말처럼, 스리 바가반은 우리의 유일한 피난처이십니다. 그분은 지고자이시고, 절대적 존재 그 자체이시지요. … 그분의 신적 은총이 당신에게 마음의 평화를 안겨주기를!"

1월 14일자 편지에서는 이렇게 말했다.

> "아이들에게 그 상실은 큰 비극입니다. 엄마를, 그리고 그들의 엄마 같은 사람을 대체할 그 무엇도 있을 수 없습니다. 연민의 말들이 당신을 위로할 수는 없겠지만, 당신은 지혜의 말씀들을 읽어 왔고, 들어 왔고, 흡수했을 것입니다. 『기타』의 말씀들은 영원한 진리를 표현하고 있고, 당신은 그 텍스트를 공부할 때 그것을 아주 면밀히, 주의 깊게 공부한 바 있습니다. 그 지혜를 흡수하는 것이 지혜이겠지요. 그렇지 않으면 우리가 축음기(*sabda-garhana yantram*)밖에 되지 않을 것입니다. … 만일 그 계명誡命을 실천에 옮기지 않는다면, 그 결과는 마음이 그 사람을 압도하고 절멸해

버릴 거라는 것입니다. 마음이 심장을 잠식하게 해서는 안 되며 …."

한 이틀 전에, 몇 년 동안 계속해서 스리 바가반과 함께 있었던 한 헌신자가 갑자기 세상을 떠났다. 그를 알던 모든 사람은 스리 바가반이 이렇게 말씀하실 때 많은 것을 느꼈다. "실재하지 않는 것[몸]을 여러분은 실재하는 것으로 여기는데, 그 결과는 고뇌일 뿐입니다."

1942년 3월 14일에 존경 받는 한 헌신자가, 아쉬람에서 보낸 에짬마의 메시지를 전하는 쪽지를 나에게 보냈는데, 내가 즉시 아쉬람으로 가야 한다는 것이었다. 에짬마와 스리 바가반의 관계를 아는 나는, 그것이 스리 바가반 자신의 부르심이나 다름없다고 느꼈다.

1942년 4월 25일에, 그리고 다시 이틀 뒤 열렬한 동료 헌신자인 데바라자 무달리아르가 나에게 편지를 보내어, 4월 13일에 스리 바가반이 아쉬람 계단에서 사고로 넘어져 오른쪽 견갑골이 골절되었다고 알려주었다. 그날 오전에 아침식사를 하신 스리 바가반은 산으로 올라가기 위해 아쉬람 계단을 넘어가시다가 개 한 마리가 당신 앞에서 다람쥐를 쫓아가는 것을 보고, 개가 공격하지 못하게 당신의 지팡이로 개입하셨던 모양이다. 지팡이가 미끄러졌고, 스리 바가반은 넘어지셨다. 이 사고는 중대한 정치적 사건 하나와 정확히 같은 때에 일어났는데, 그것은 침공해 오던 일본군 함대가 본국 정부의 취소 명령에 따라 마드라스 해안에서 갑자기 철수한 일이었다. 우리들 중 어떤 사람들은 이 우연의 일치에 심오한 의미가 있다고 보고, 다람쥐와 개를 정치적 상황과 비교했고, 스리 바가반이 국가적 재앙을 당신의 몸에 위태롭게 받아서 비껴가게 하셨다고 믿었다. 여하튼 이 사고 소식으로 인한 경각심과 걱정 덕분에, 내 마음은 최근의 사별에서 온 짓누르는 듯한 슬픔에서 벗어났다. 두 번째 편지는 더 나아가 다음과 같이 말하고 있었다.

"어제 저녁에 스리 바가반은 스리 나라야나 아이어에게 말씀하시던 도중 당신의 편지를 언급하셨지요. 그분은 당신의 현 상황에서 당신이 더 일찍 여기 오지 못한 것을 이해하셨습니다."

이것은 내게 스리 바가반의 한층 더 직접적인 부르심으로 느껴졌고, 그래서 즉시 아쉬람에 스리 바가반을 일찍 친견하고 싶다는 뜻을 표현하는 편지를 썼다. 여기에 대해 1942년 5월 2일자 답장을 받았는데, 이렇게 말하고 있었다.

"우리는 당신이 여기 올 수 있을 거라는 것이 기쁘고 … 당신이 마하뿌자 뒤까지도 우리와 함께 머무르게 되기를 희망합니다."

이 무렵 나는 주체할 수 없는 감정의 스트레스 속에서 「스리 라마나의 메시지(*Sri Ramana Sandesam*)」라는 제목의 텔루구어 시 한 수를 짓고 있었는데, 거기서 시인은 스리 라마나께, 세상을 떠난 자신의 사랑에게 메시지를 전해 달라고 기원한다. 1942년 6월 1일에 내가 한 연에서 "띠루반나말라이에 가기 직전에"라는 의미의 단어들을 쓰고 있을 때, 학식 있는 오랜 헌신자인 스리 찌담바라 사스뜨리(Sri Chidambara Sastri)의 아들이 들어와서 말했다. "선생님, 제 아버지가 당신께서 언제 아쉬람에 가시는지 알고 싶어 하십니다. 띠루반나말라이에 가시기 직전에 좀 알려달라고 부탁하시는군요." 이 언어적인 우연의 일치도 나에게 경이로운 일로 여겨졌고, 아쉬람을 방문하려는 내 의향에 박차를 가했다.

1942년 6월 12일 아침에 내가 회당에 들어가서 구석에 앉았을 때, 스리 바가반은 나를 발견하지 못하신 듯했다. 스리 바가반은 견갑골이 잘 붙어서 삼각건을 버리셨지만, 여전히 몸이 매우 약해 보였다. 그때 당신은 황홀경에 드신 것처럼 눈을 반쯤 감으신 채 이례적으로 말씀이 없어 보였다. 그러나 점심을 먹고 난 직후 시자가 나를 부르더니, 스리 바가반이 나를 보자 하신다고 했다. 물론 나는 이때 스리 바가반이 혼자 쉬고 계실 거라는 것을 알았다. 내가 머리를 숙인 채 당신의 친존으로 들어갔을 때, 어디서 나는지 모를 꿰뚫는 듯한 날카로운 소리가 거기서 방사되었다. 즉시 나의 모든 신체적 기능이 마비되고 나는 혼절했다. 정신이 돌아왔을 때, 스리 바가반이 나를 당신 가까이 오라고 부르시더니 내가 당신 발 가까이 앉게 하셨다. 당신은 몇 마디만 하셨지만, 은총이 흘러넘치는 당신의 고요한 표정은 나에게 오래 머물렀고, 내 가슴의 상처를 더없이 효과적으로 치유해 주었다. 당신이 하신 말씀의 요지는 이러했다.

"그녀가 떠났다는 생각을 없애야 돼. 그녀는 어디도 가지 않았어. 그녀는 진아로서 진아 안에 안주하고 있어. 어찌 그녀가 존재하지 않을 수 있나? 신의 존재 없이 우리가 존재할 수 있나? 마찬가지로, 그녀의 존재 없이 아이들이 어디 있고, 가족이 어디 있나?"

그 이후로 나는 거의 매일 한낮에 혼자 당신을 만났고, 내 가슴의 끓어오르는 감정들을 자유롭게 쏟아냈다. 스리 바가반은 인내심 있게 들어주셨고, 한두 마디 참된 위안의 말씀을 주셨다. 6월 17일에 나는 당신께 하소연하며 말했다. "바가반, 요즘은 그녀가 제 꿈에 나타나지 않습니다. 그래서 그 위안조차도 저에게 허락되지 않습니다." 여기에 스리 바가반은 안타깝게 미소를 지으며 말씀하셨다. "뭐! 꿈-환영에서 위안을 발견한다고?" "예, 바가반. 만일 저의 진정한 느낌을 숨긴다면 제가 위선자이겠지요." 내가 대답했다. 그 말을 들으신 스리 바가반은 한숨을 쉬고 침묵을 지키셨다. 그날 밤 나는 당신이 주무시는 베란다 맞은편의 대臺 위에 누워 있었다. 큰 여행자숙소(choultry) 하나가 보였다. 문이 조금 열려 있었다. 한 무리의 나이 든 브라민들이 입구를 가로막은 채 안을 들여다보고 있었다. 그들 중에서 베나레스(바라나시)의 내 연로한 삼촌이 두드러져 보였는데, 그가 안에 있는 어떤 사람을 가리키며 그들에게 말했다. "저기 보게. 그녀는 집안의 맏며느리야. 범상한 여자가 아니군. 그녀는 온통 금빛이야." 이 말을 듣자 나도 호기심이 일어서 그 브라민들 뒤에서 발뒤꿈치를 세우고 서서 그들의 어깨 너머로 들여다보았다. 그런데 웬걸! 내 사랑하는, 죽은 아내가 보였다. 그녀는 바닥에 앉아 있었는데, 그녀가 살아 있을 때는 내가 지금처럼 또렷하고 생생한 그녀의 모습을 결코 본 적이 없었음을 고백하지 않을 수 없다. 지복의 홍수가 나를 감쌌는데, 얼마나 오랫동안이었는지는 알 수 없다. 그러다가 문득 그것이 모두 하나의 꿈이라는 의식이 나를 엄습해 왔다. 꿈인 것이다! 이 생각을 하자 이전에 결코 느껴보지 못한 압도적인 슬픔이 나에게 쏟아졌다. 자신을 억제할 수 없었던 나는 일어나 앉았고, 스리 바가반이 손에 횃불을 들고 회당으로 돌아가시는 것을 보았다. 즉시 일어선 나는 스리 바가반을 따라 회당 안으로 들어갔는데, 계속 흐느끼고 있었다. 이때는 오전 5시였다. 스리 바가반은 소파 위에 똑바로 앉으셨고, 나를 발견하고 물으셨다. "뭐! 왜 그러는 거지? 그 꿈을 꾸었어?" 내가 대답했다. "예, 바가반." 그리고 아주 힘들게, 그 꿈을 당신께 들려드렸다. 그러자 당신이 말씀하셨다. "지금 왜 슬퍼하나? 자네는 꿈-환영을 원했고, 그것을 가졌어. 자네는 그것이 위안을 가져다줄 거라고 생각했지. 그러기는커녕 그것은 참담한 슬픔임이 드러났어. 모든 환幻은 슬픔이야. 진정한 자아만이 참된 행복이지." 그런 다음 당신은 마치 내 마음을 딴 데로 쏠리게 하시려는 듯, "그 여행자숙소 외에 어떤 것을 본 게 있나?" 이 질문을 듣자, 나는 근처에 큰 강이 흐르고 있었던 것을 기억해 냈고, 스리 바가반께 그렇게 말씀드렸다. 그러자 스리 바가반이 말씀하시기를, 그 강은 갠지스 강일 수 있고, 그 장소는 베나레스일 수 있다고 하셨다. 당신의 말씀은 어떻든 내 신경을 가라앉히는 효과가 있었고, 내 가슴에서 슬픔의 짐이 덜어졌다. 그날 오전에 나는 베나레스의 그 삼촌으로부터 편지 한 통을 받았는데, 내 아내의 월 기제忌祭 날짜를 상기시켜 주면서 나에게 제때에 돌아와 달라고 했다. 그 편지를 스리 바가반께 보여드리자, 당신이 말씀하셨다. "이건 정말 경이롭군. 자네의 이 삼촌은 오늘 새벽에 자네 처를 가리켜 보였는데, 지금 다시 이 편지에서 그녀를 가리키고 있어." 그 모든 사건이 하나의 장엄한 불가사의, 스리 바가반의 은총의 기적이었고, 그것은 나에게 셰익스피어의 유명한 시구를 생각나게 했다.

"하늘과 땅에는 그대의 철학에서 그대가
꿈꾸는 것보다 더 많은 일들이 있다네."

나는 아쉬람에서 「스리 라마나의 메시지」를 완성하여 6월 20일 오전에 그것을 스리 바가반께 제출했다. 스리 바가반은 정오에 나를 찾으셨고, 내게 이렇게 말씀하셨다.

"그래, 그녀는 자네의 메시지를 들었고, 그녀의 답변은 그대 자신이 (그 시의) 제2부, 제10연에서 기록한 최근의 한 꿈에서 그녀가 자네에게 말한 그것, 즉 '정말이지, 저는 결코 어디에도 가지 않았고, 늘 당신과 함께 있어요'라는 거지. 그것이 그녀의 '메시지(Sandesam)'야. 이제까지는 그녀가 자네와 별개로 보였지. 그러나 이제 그녀는 자네와 함께 있고, 자네 안에 있어. 그것이 진리야. 그녀에 대해 걱정할 필요가 없어. 그녀는 아주 잘 있어. 자네와 아이들만 그녀를 잃었다는 생각으로 인해 고통 받고 있지."

당시 나는 일기장에 이렇게 썼다. "이 면담들은 내 삶에서 가장 잊을 수 없는 순간들이었고, 내 가슴의 상처를 치유하는 효과가 있었다."

스리 바가반의 자애로운 친존과 인격 외에도, 에짬마와 다른 많은 헌신자들의 동정 어린 말들도 내가 위안 받는 데 기여했다는 것을 덧붙여야겠다. 이 무렵 나는 아쉬람을 방문 중이던 베나레스의 스와미 나라야나난드 사라스와띠와 친분을 갖게 되었다. 그는 『바가바드 기타』를 통째로 외웠고, 매일 스리 바가반의 친존에서 18개 장 전체를 음송하고 있었다. 그가 하직인사를 하던 장면은 잊을 수 없는 것이었다. 그는 오체투지를 하고, 산스크리트어로 스리 바가반을 "**헤 나라야나 스와루빠**(*He Narayana Swarupa*)"["오, 나라야나의 진아시여"]라고 부르며 기도를 했다. 스리 바가반은 당신의 손을 스와미지의 머리에 얹고 그를 일으켜 세우셨다.

1942년 7월 15일자 아쉬람 편지는 최근에 출간된 스리 바가반의 몇 가지 저작들과 함께 온 것으로, 이렇게 말하고 있었다.

> "스리 바가반의 가르침들로 말하면, 그것은 **우파니샤드** 중의 **우파니샤드**입니다. **베다**와 **우파니샤드**에 정통한 몇몇 헌신자들은, 스리 바가반의 가르침의 견지에서 보면 그들이 이전에 공부했던 그 텍스트들이 새로운 의미를 획득한다고 말한 바 있습니다."

며칠 후 나는 특이한 꿈 하나를 꾸었다. 꿈에서 내가 아쉬람에 있었는데, 어디서도 스리 바가반을 볼 수 없었다. 나는 당신을 찾고 찾아도 찾지 못하자 울고 또 울었고, 결국 피로가 엄습하여 나를 잠 속에 빠트렸다. 그러다가 (그 꿈속에서) 다시 하나의 꿈을 꾸었는데, 내가 스리 바가반과 얼굴을 마주하고 앉아 있었다. 그 위치에서 나는 앞서 스리 바가반이 사라졌던 것을 기억하고는 그것을 하나의 꿈으로 치부했다. 그때는 스리 바가반의 친존에 있는 나의 존재만이 유일한 실재라고 느꼈다. 이 환영이 워낙 생생하고 현실적이어서, 그에 비하면 내가 깨어난 뒤의 생시 의식은 흐릿하게 보였다. 현실의 견고한 핵심이 녹아서 해소되는 것처럼 보였다. 경계선들이 가라앉아 버린 꿈과 생시의 상태들이 서로의 속으로 흘러들어 한데 섞이고 하나가 되는 것처럼 보였다. 이 체험을 편지로 아쉬람에 이야기할 때, 나는 내가 실제로 깨어 있는지, 그 편지를 쓰는 것을 포함한 이른바 생시의 활동은 확장된 꿈의 일부가 아닌지 … 의문이 들었다. 지금 그 사건을 회상해 보니, 이 글을 쓰는 것조차도 그 꿈의 한 연속이고, 거기서 최종적으로 깨어나는 것은 스리 바가반이라는 단 하나의 실재 속으로 깨어나는 것 아닐까 하는 의문이 든다고 고백해도 될지 모르겠다. 1942년 7월 24일자 아쉬람의 답장이 깨우침을 주었다. 그 편지에서는 이렇게 말했다.

"당신이 말하는 체험은 드문 것이 아닙니다. 이 비영구적인 세계 안에서 상주하는 것이 무엇인가에 대한 치열하고 오롯한 성찰을 통해서든, 행위의 이상理想들을 일념으로 고수하는 것을 통해서든, 혹은 삶이 무엇인지를 본 결과로서, 감각으로 지각되는 세계의 배타적 실재성의 권리를 상실한(세계가 실재하지도 않고 실재하지 않지도 않는) 일부 사람들에게는, 그런 소수의 사람들에게는 … 세계의 꿈과 꿈의 세계 간의 구분이 단지 외관상의 것일 뿐이어서, 외적인 삶의 오랜 기간조차도 하나의 꿈이라는 내적인 삶의 너무나 짧은 경험에 의해 완전히 변모됩니다. 마음의 모든 상태들에 대해 단순히 관찰자가 되는 것보다 더 행복한 것이 무엇입니까? 그것이 되는 것 외에 달리 무엇이 지혜입니까?"

당시 나의 대학 동료였던 한 마울비 사헵(Moulvi Saheb-이슬람 성직자)은 어떤 만성질환으로 고생하고 있었는데, 그의 요청으로 내가 아쉬람에 스리 바가반의 은총을 기원하는 편지를 썼다. 1942년 7월 28일자 답장은 스리 바가반의 자애로운 축복을 내 친구에게 전해주었을 뿐 아니라 그에게 『나는 누구인가?』의 우르두어판 한 권도 보내주었다. 그 편지에서 이렇게 말했다.

"삶의 모든 우환에 대한 단 하나의 위안은 스리 바가반의 가르침을 공부하고 거기에 들어 있는 지혜를 흡수하는 것입니다."

그 편지의 추신에서는 이렇게 덧붙였다.

"보내드린 책의 페이지들을 넘기는 동안 다음 구절이 우리의 마음에 떠올랐습니다. 우리의 지난 번 편지에서 언급한 논점과 관련해 당신도 여기에 관심을 가질지 모릅니다. '생시의 상태는 길고 꿈의 상태는 일시적이라는 것 외에는 그 둘 사이에 아무 차이가 없다.'"

1942년의 다사라 연휴(나바라뜨리)에 다시 아쉬람을 방문했다. 사원 건립 작업이 꾸준히 진행되고 있었다. 나바라뜨리(*Navaratri*) 동안의 임시 아쉬람 사당에서 10만 염송(*Laksharchana*)[여신의 명호 십만 번 염하기]을 시행하는 것은 새롭고 인상적인 면모였다. 우리는 아쉬람이 번영하고 있고, 다방면으로 활동을 확대해 가고 있는 것을 발견하고 기뻐했다. 그러나 아쉬람의 삶은 눈에 띄게 변하고 있었다. 한편으로는 쇄도하는 방문객들의 군중이 갈수록 늘어나고 있고, 다른 한편으로 스리 바가반의 건강이 쇠퇴하고 있어서, 스리 바가반의 친견 시간을 제한하는 것이 필요해졌다. 그래서 스리 바가반과 가까이 친밀하게 함께하는 예전 아쉬람의 삶은 이 새로운 여건에서는 거의 불가능해졌고, 이것은 특히 오래된 헌신자들에게 슬픈 일이었다. 아쉬람을 떠날 때 나는 『해탈정수(*Kaivalya Navanitam*)』와 『아묵따 말리야다(*Amukta Malyada*)』의 텔루구어 고전을, 여가에 살펴보실 것을 기원하며 스리 바가반께 제출했다.

내가 서기를 맡고 있던 '넬로르 진보연합' 주최로 '라빈드라나트 타고르의 날' 경축에 초청한 데 대해, 아쉬람은 1942년 10월 22일자로 다음과 같은 자애로운 메시지를 보내 왔다.

"인도의 위대한 아들들에 대한 깊은 존경의 감정을 표현하기 위한 그런 행사들을 조직하는 것은, 고대의 문화유산을 널리 보급하는 최상의 방식 중 하나이고, 전 세계가 보고, 받아들이고, 따르도록 그것을 높이 선양하는 것은 우리의 자랑스러운 특권입니다. 우리는 스리 바가반의 은총으로 그 행사가 성공적으로 경축되기를 바랍니다."

1942년 11월 1일자의 그 다음 편지는 내가 스리 바가반께 드리고 온 책 두 권에 대해 언급하며 이렇게 말했다.

"『해탈정수』의 수정이 끝났습니다. 언제든 시간이 허락하는 대로(다른 일들 외에도 어느 타밀어 책의 교정도 있습니다), 『아묵따말리야다』도 훑어보아지고 있습니다."

이것은 스리 바가반의 바쁘신 삶을 엿볼 수 있게 했다. 문장 전체를 통해 수동태가 사용되고, 스리 바가반을 명시적으로 언급하는 것을 생략하고 있는 것도 주목할 만하고 의미심장했다.

나는 이해의 마지막 날에 다시 아쉬람을 방문했다. 자얀띠 경축이 끝난 며칠 뒤였다. 새해 첫날 아침, 나는 헌신자 친구인 스리 R. 나라야나 아이어와 함께 산을 돌았다. 그날은 다른 친구 두 사람, 즉 사두 아루나찰라(Sadhu Arunachala)[A.W. 채드윅 소령]와 스리 A. 데바라자 무달리아르가 나에게 새해 선물로, 그들이 자얀띠에 스리 바가반께 각기 시와 산문을 지어서 올린 것을 건네주었다. 사두 아루나찰라는 이렇게 노래했다.

"제가 내주는 것은 얻는 것이니
그것은 헛되지 않을 것입니다.
왜냐하면 제가 버리는 생각 하나하나가
저를 자유에로 데려다줄 날개의

또 하나 깃털로 자라날 테니까요. …"

스리 무달리아르는 자신을 "라마나 베이비"로 부르면서 이렇게 썼다.

"저는 제가 성품상, 기질상, 그리고 능력상, 자기 힘으로 엄마에게 매달릴 수 있는 새끼 원숭이가 되기에 부적합하다는 저의 오랜 믿음을 확신하고 있고, 따라서 어미 고양이가 목을 꽉 물고 자기가 가고 싶은 어디든 데려가야 하는 야옹대는 새끼 고양이가 되는 데 만족해야 합니다."

스리 바가반의 친존에서 스리 무달리아르는 내가 **자얀띠**에 참석하지 않은 것을 부드럽게 질책하고는 이렇게 덧붙였다. "저는 스리 바가반께서 당신의 자식들인 우리가 그런 행사 때는 당신의 발아래 모이기를 기대하신다고 믿습니다."

스리 바가반이 미소를 지으며 말씀하셨다. "바가반의 두 발은 도처에 있습니다. 그러니 그의 발아래 외에 우리가 어디에 모일 수 있습니까? 시간과 공간은 가슴들의 모임에 아무 장애물이 아닙니다."

평소처럼 **자얀띠** 이후 한동안 아쉬람에 배어 있는 축제 분위기에도 불구하고, 나는 스리 바가반이 아주 몸이 약하시고 기운이 없어 보였기 때문에 마음이 많이 우울한 상태로 돌아왔다.

1943년 1월 15일에 든 아내의 1주기 때, 나는 아쉬람에서 보낸 다음과 같은 자애로운 메시지를 받았다.

"세상을 떠나신 영혼이 **평안** 속에 안식하시기를! 그녀는 아이들을 당신에게 남기고 떠났고, 당신 아이들의 행복과 복지는 곧 당신의 행복과 복지입니다. 그들에게서 기쁨을 발견해야 하고, 그것이 당신의 우울함을 덜어줄 것입니다. 스리 바가반의 **은총**이 아이들과 당신과 함께하기를!"

그 편지는 스리 바가반의 건강에 대한 나의 질문에 대한 다음과 같은 간명한 답신을 덧붙이고 있었다.

"건강은 많이 좋아졌고 며칠 안으로 모든 것이 괜찮아질 것입니다."

나는 아쉬람이 스리 바가반에 대한 개인적 질문에 대해 일반적으로 과묵하다는 것을 알고 있었기에, 아쉬람의 답변에 안심이 되지 않았다. 그래서 다른 친구들에게 스리 바가반의 건강에 대해 자세한 정보를 달라고 편지를 썼다. 그들의 답장에서, 스리 바가반은 1월 14일부터 18일까지 계속 딸꾹질을 하셨고, 이때 아무 음식도 드시지 못했다는 것을 알았다. 그 딸꾹질이 가라앉은 뒤에는 스리 바가반이 모든 식욕을 잃었고, 황달 증세도 보이셨다. 스리 바가반을 치료할 때 한 가지 어려운 점은, 음식을 그 자리에 있는 모든 이들과 평등하게 함께 나눈다는 원칙에 반하는 어떤 특별한 음식도 당신이 들지 않으려 하신다는 것이었다. T.N. 크리슈나스와미 박사가 마드라스에서 보낸 최신 약을 스리니바사 라오 박사(Dr. Srinivasa Rao)가 스리 바가반께 드리자, 당신은 그 의사에게 이렇게 말씀하신 모양이다. "그것은 자네에게 온 것이니 자네가 먹는 것이 좋겠네." 결과적으로 스리 바가반은 몸이 많이 수척해지셨다. 사두 아루나찰라[채드윅 소령]는 1월 21일에 이런 자세한 이야기들을 전하면서 이렇게 썼다.

"우리가 할 수 있는 거라고는 당신께 최선인 것을 하시라고 기원하는 것이 전부입니다. 어쨌거나 저는 그 점에 대해 걱정하는 것을 포기했습니다. 왜냐하면 바깥으로 제가 아무리 걱정해도, 직접 회당에 들어가면 그것이 모두 떨어져 나가고, 그래서 일체가 잘 될 거라고 확신하기 때문입니다."

이 사두는 스리 바가반께 쾌차하시라고 말씀드리는—사실은 당신께 명령하는—시도 한 수 지었다. 그 시는 다음과 같은 연으로 마무리된다.

"당신의 약속을 이행하여 이 게임을 끝내시라고,
저 이제 옳은 일로 요청 드리오니,
저희에게는 결코 그것이 게임이 아니고,
당신의 곤경을 보면 저희가 눈물을 흘리기 때문입니다.
비천한 자식들인 저희가 간청하오니,
의지를 발동하여 당신께서
이 병을 던져버리시어
더는 저희가 괴롭지 않게 해주십시오!"

1월 27일에, 나도 편지를 써서 그 일반적 기도에 두 연의 텔루구어 시로 내 목소리를 덧붙였는데, 그것은 이런 의미였다.

"이 전 우주의 행운이 당신의 손바닥 안에 있습니다, 오 독특한 찬연함을 지니신 지고의 존재시여, 그러니 부디 저희 모두의 수명을 당신 자신에게 가져가시어 당신의 생명을 늘리소서, 오 아버지시여!"

"당신께서는 저희들의 사랑하는 아버지이시고, 감로 같은 은총의 바다이시니, 저희의 허물을 용서해 주시고 지금처럼 영원히 저희 위에 군림하소서, 당신의 발아래 엎드려 비옵니다."

2월 7일에, 나는 원로 헌신자인 스리 M.V. 라마스와미 아이어로부터 경각심을 주는 쪽지를 받았는데, 그는 이렇게 말했다. "스리 바가반의 약한 건강 상태에 대한 정보를 자네가 들었는지 모르겠네. 우리는 모두 몹시 걱정하고 있다네." 그러나 사흘 뒤에 그는 다시 편지를 보내 이렇게 말했다. "스리 바가반의 건강이 이제 훨씬 좋아졌다는 것을 알리게 되어 기쁘네. 당신은 평소처럼 음식을 좀 드신다네." 다음날 아쉬람에서도 다음과 같은 편지를 보냈다.

"모든 헌신자들의 기도는 하나이고, 하나이신 그분 자신께 드렸습니다. 당신의 은총으로, 우리는 그 기도가 등한시되지 않는다는 것을 발견합니다.

건강이 좋아지는 확실한 징표들이 있고, 몸이 약하셨던 것은 우발적인 것인데, 그 질환의 성품상 호전되는 것이 느립니다. 당신께서 하실 수 없는 것이 무엇이며, 우리가 우리 혼자 할 수 있는 것이 무엇입니까?"

이 무렵 내 딸 인디라가 백일해를 앓고 있었고, 내가 그에 대해 편지를 썼을 때 아쉬람에서는 3월 17일에, 다음과 같은 답장을 보냈다.

"우리는 스리 바가반의 은총으로 인디라의 건강이 좋아지기를 바랍니다. 모든 것이 실재하되 모든 것이 실재하지 않으니, 신은 인간이 삶 속의 이 역설에 맞춰 가게끔 했습니다. 당신은 엄격한 훈육가이신데, 그 또한 실재하면서 실재하지 않습니다."

3월 30일에, 내 친구 스리 R. 나라야나 아이어가 편지를 보내어 내가 아쉬람에 언제 올 예정인지 물었다. 그가 말했다.

"요즘은 모두가 아주 조용하고, 우리가 자네와 함께 있을 때 갖곤 하던 (바가반과의) 신나는 대화를 하지 않고 있다네. 우리는 모두 자네가 오기를 잔뜩 고대하고 있네. 스리 바가반의 몸은 그 질환을 극복했지만 … 몸이 아주 약하시다네."

텔루구 설날이던 4월 5일에, 동료 헌신자이자 학문에 대한 관대한 후원자인 스리 T. 라미 레디(Rami Reddy)가 나에게 16루피를 선물했고, 나는 그 금액을 아쉬람으로 보냈다. 행운이 이런 '명예'를 나에게 주었음에도 재앙이 다음 길목에 숨어 있었다. 인디라가 천연두에 걸려 2주일간 병석에 누워 있었고, 스리 라마의 자얀띠 날인 4월 13일에 그녀는 육신을 벗고 주님의 연꽃 발(lotus-feet)을 성취했다. 이 이야기를 들은 아쉬람에서 이런 편지를 보냈다.

"우리는 인디라가 당신을 떠났다는 것을 알고 슬퍼하고 있습니다. … 지난 몇 달간 당신과 당신의 자녀들은 많은 정신적 고뇌를 겪었고, 당신의 집은 집이라고 할 수도 없을 정도가 되었는데, 이제는 사랑하는 자식이 떠났군요. 당신의 집과 당신의 고통을 보는 연로한 부모님의 슬픔이 얼마나 크겠습니까? 헌신자들의 아버지이자 어머니이신 분의 심정은 누가 묘사할 수 있겠습니까? 그분의 은총이 당신에게 평안을 베푸시기를!"

5월 15일에, 아쉬람에서 나에게 『안드라 라마나 기타』를 보내면서 이렇게 썼다.

"별도 우편물로, 당신이 수년 전에 읽고 부지런히 수정한 스리 나루 나가나리야 까비(Sri Naru Naganarya Kavi)의 『안드라 라마나 기타』 한 부를 보내드립니다. 백 부만 인쇄했는데, 주된 이유는 종이가 부족해서였습니다. 또한 우리가 원문 시구들과 당신이 텔루구어 시로 탁월하게 번역한 텔루구어 번역을 가지고 있기 때문이기도 합니다.

스리 바가반의 은총으로 당신이 마음의 평안을 발견할 수 있기 바랍니다. 그분의 넘치는 은총이 당신에게 흘러가서 당신이 평안을 발견하기를."

5월 21일에 스리 M.V. 라마스와미 아이어가 인디라의 죽음에 대해 위로하는 감동적인 편지를 아쉬람에서 보냈는데, 거기서 그는 다른 한 헌신자의 아들이 최근에 죽은 것에 대해 다음과 같이 언급했다.

"우리들 중 많은 사람이 보세(Bose) 씨의 스무 살 난 아들의 죽음을 깊이 애도하고 있는 때에 자네가 가족을 이렇게 떠나보냈다는 것이 그 상처를 덧나게 하고 있네. … 그저 자네에게 여기로 오라는 말밖에는 못하겠네.

왜냐하면 달리 어디에서도 평안을 얻지 못할 테니 말일세. … 우리의 마음을 세계로부터 돌려서 세계의 잔인함에 대해 무심해지는 법을 배우세. 사실 우리가 체험에서 진보할 때는 이것을 시도해 봐야 한다네. 그래서 우리의 선조들은 진아의 진리를 추구하는 가운데서 여기서 벗어나는 길을 우리에게 보여주신 거라네."

5월 26일에, 내가 "미어지는 가슴과 함께" 공양 올린 얼마 안 되는 시주금을 잘 받았다면서, 아쉬람에서 이런 편지를 보냈다.

"당신의 5루피를 받았고, 이것을 우리는 마하뿌자를 위해 사용할 수 있습니다. 공양하신 다른 '것'은 스리 바가반께서 그것을 온전하게 만드셔야 하겠지요. 그분께서 그러시기를."

7월 23일에 아쉬람에서 히딩(Hiddinghe) 여사가 스리 바가반에 대해 쓴 기고문을 텔루구어로 번역해 달라고 나에게 보내면서, 다음과 같이 썼다.

"약 2주일 안에 번역이 완성되면 되겠습니다. 영어를 읽을 수 없는 사람들은 이 프랑스 여사로 인해 공부의 이익을 얻을 것입니다.

삶은 꿈만큼이나 실재하지 않는다는 것을 받아들이는 것 외에 다른 대안은 없어 보이고, 그런 이해를 얻으면 우리가 완전한 평정심(equanimity)을 계발해야 합니다. 이것은 스리 바가반의 은총만이 당신의 헌신자들이 그것을 성취할 수 있게 도울 수 있는, 실로 초인적인 과제입니다. 그것이 그렇게 성취되기를!"

8월 5일에 아쉬람에서 나에게 스리 짜간랄 요기(Sri Chaganlal Yogi-헌신자의 한 사람)가 지은 "노예 상태의 노래"라는 시를 보내 왔다. 이 시인은 '노예 상태'의 미덕을 찬양하면서 시를 이렇게 마무리한다.

"노예이기보다 차라리 죽겠다고, 사람들은 말하네.
에고의 분투는 그 자체 노예 상태라고, 나는 말하네.
모두의 진아이신 당신의 노예가 되는 것이 자유를 얻는 유일한 길이네.
오, 자비로우신 바가반, 저는 차라리 오래 살면서 언제까지나 당신의 비천한 노예로 남겠습니다."

아쉬람 편지는 그 시에 대해 이렇게 논평했다.

"필자가 국민의회(Congress) 진영의 노련한 공무원이고 여러 번 투옥되었다는 것을 우리가 안다면, 예속 노예가 되려는 그의 욕망은 각별한 의미를 얻습니다. 그는 성품상 독립적이어서, 남들의 덕을 보는 것을 좋아하지 않을 것입니다. 삶은 하나의 엄청난 역설인 것 같군요!"

이 무렵 나는 발이 갈라지고 손도 갈라지는 증세로 고생하고 있었다. 그래서 히딩 여사의 기고문에 대한 텔루구어 번역은 내가 불러주고 받아쓰는 방식으로 했고, 그것을 제출했다. 아쉬람에서는 9월 6일에 그것을 잘 받았다면서 편지에 이렇게 썼다.

"우리가 당신의 번역을 훑어보고 있는데, 당신이 그 영어 기고문을 아주 주의 깊게 따라갔다는 것을 알겠습니다. 여기 있는 스리 사띠야난다 스와미도 당신의 번역을 읽고 아주 호평했습니다.

우리는 스리 바가반의 은총으로 당신의 건강이 속히 좋아지리라고 믿습니다."

같은 날 인디라의 무덤 위에 묘비가 건립되었는데, 거기에는 스리 바가반이 그녀에게 가르쳐 주신 만트라, 즉 "데함 나함 꼬함 소함"이 새겨져 있었다.

이어진 다사라 연휴 때 나는 평소처럼 스리 바가반을 친견하러 가서 당신의 친존과 자애로운 위안의 말씀에 많은 위안을 받았다. 이번에는 도착하자 먼저 목욕을 했고, 그래서 조금 뜸을 들인 뒤에 스리 바가반을 뵈었다. 당신은 즉시 그날 기차가 연착했는지 궁금해 하셨고, 그날 아침 정시에 기차의 기적소리를 들었던 것 같다고 덧붙이셨다. 나는 내가 늦어진 이유를 설명하며 정말 부끄러움을 느꼈다. 여하튼 나는 언제나 명심해야 할 교훈을 배웠다. 그 뒤로는 아쉬람에 도착하자마자 먼저 스리 바가반께 '도착 보고'를 드린 다음, 다른 어떤 일을 했다.

어느 날 오전에 스리 바가반은 「우빠데사 사람」의 한 연을 설명하면서 이렇게 말씀하셨다.

> "호흡제어는 심잠心潛(*Manolayam*), 즉 마음의 일시적 정지만 산출할 수 있지요. 일념명상과 집중만이 심멸心滅(*Manonasam*), 즉 마음의 소멸로 이끌어줄 수 있습니다."

이에 대해 나는, 내가 명상하다 보면 종종 잠이 드는 경향이 있다고 하소연했다. 스리 바가반이 나에게 말씀하셨다.

> "물론 수행에서는 경각하고 있어야 하고, 가능한 한 잠을 조심해야지요. 그러나 설사 잠을 이기지 못한다 해도 상관이 없습니다. 깨어나는 순간, 그대가 하던 명상의 흐름을 다시 붙들고 계속하십시오. 그러면 잠은 아무 장애가 아니라는 것을 알게 될 것입니다."

어느 날 오후 스리 바가반이 산책을 하고 아쉬람으로 돌아오실 때, (넬로르에서 짓는) 내 집의 건축이 어떻게 진행되고 있는지 자애롭게 물으셨다. 나는 그때 우리가 지나가던 아쉬람 병원 건물을 가리키며, 내 건물도 바로 저 병원과 같은 단계에 있다고 말씀드렸다.

1943년 12월 22일에 아쉬람에서는 집들이 의식(*Griha-pravesam*)에 대한 나의 초청장을 잘 받았다면서 이런 편지를 보냈다.

당신의 은총이 그 행사에 대해 여러분 모두를 축복하기를!

1944년 2월 19일에 도감都監의 긴급한 호출로 그가 있던 마드라스로 가서, 아쉬람의 사원 건축에 필요한 몇 가지 철강 품목을 확보하는 것을 도왔다. 당시 이런 품목들은 정부의 통제 아래 있었다. 우리는 스리 바가반의 은총으로 그것을 구하는 데 성공했다.

나는 아쉬람에서 1944년 5월 16일에 거행된 마하뿌자에 참석했고, 월말까지 머물렀다. 하루는 스리 바가반이 『라마 기타(*Rama Gita*)』에서 시구 하나를 인용하셨는데, 그것은 이런 의미였다.

"요술가는 어리석은 사람들을 속이지만 자신은 속지 않고 있네. 그러나 보라, 싯다(*siddha*)[마법적 능력 과시자]는 자신이 먼저 속고 남들을 속인다네."

스리 바가반은 싯디(*siddhis*)를 갈망하는 것이 진아 깨달음의 길에서 벗어나는 위험한 우회로라고 늘 말리셨고, 타밀어본 「데비깔롯따람(*Devikalottaram*)」에서 싯디에 대한 비난이 포함된 일부 연들을 번역하시기도 했다. 이제 당신은 위 시구를 텔루구어 시로 번역하셨다. 또 하루는 스리 바가반이 물의 공덕을 찬양하는 시구 하나를 다음과 같이 인용하셨다.

"소화불량일 때는 물이 약이 되고, 소화불량이 없을 때는 물이 보약이라네. 식사가 끝나고 마시는 물은 감로이나, 식사를 시작할 때 마시는 물은 독이라네."

스리 바가반 자신은 커피·차 등과 같은 자극성 음료를 싫어하고 늘

물을 선호하셨다. 물은 식사 끝에만 드셨고, 산책 후와 같이 이따금 피로함을 느낄 때는 늘 물을 마시곤 하셨다. 스리 바가반은 이 시구를 텔루구어 시로 번역하셨다.

또 하루는 스리 바가반이, 버터밀크를 높이 찬양하는 시구 하나를 이렇게 회상하셨다.

> "카다멈(cardamom) · 생강 · 레몬주스와 섞고 소금을 약간 친 버터밀크는 인드라[신들의 왕]에게조차도 드문 풍미 음식이라네."

당신은 위의 시구도 텔루구어 시로 번역하셨다. 스리 바가반이 이 시기에 지으신 그 세 수의 텔루구어 시들은 같은 운율로 되어 있었다.

어느 날 오후 스리 바가반이 회당에 다시 들어가실 때, 무더웠기 때문에 시자가 선풍기를 켰다. 몇 분 뒤에 스리 바가반은 그것을 멈추라고 고집하셨다. 당신이 말씀하셨다. "우리가 피로할 때는 호흡이 조금 힘들고 불규칙해집니다. 그럴 때는 팬(fan)이 호흡을 고르게 하는 데 도움이 됩니다. 팬의 목적은 그게 전부입니다. 그 뒤에도 계속 팬을 돌리는 것은 낭비지요." 스리 바가반은 물론 어떤 형태의 낭비에도 반대하셨다.

1944년 5월 26일, 스리 바가반은 오래 전에 스리 까비야깐타가 어느 편지에서 당신을 호칭하는 시구 하나를 회상하고 읊으셨는데, 거기서는 당시 스리 바가반과 친교하던 사람들에 대해 언급한다. 그것은 이러했다.

> "탄생의 족쇄를 벗어 버린 빨라니스와미(Palaniswami)가 찬양한 그분께, 감비람 세샤이야(Gambhiram Seshayya)의 연꽃심장 안에서 거니시는 벌님(Bee)께, 아둔한 크리슈나이야(Krishnayya)를 현상적 삶이라는 질병에서 치유해 주신 의사께, 야띠(Yati)[고행자]로 가장하여 나타나시는, 뱀으로 장식되신 하느님(시바)의 아들께, 엎드려 절합니다."

1944년 3월 31일, 스리 바가반은 주 크리슈나가 아르주나에게 『바가바드 기타』를 전수하는 그림에 대해 당신이 지으신 한 타밀어 시를 떠올리셨다. 그 의미는 이러했다.

"아르주나의 전차에 앉으시어 훌륭한 말씀으로
아르주나의 번뇌를 없애주신 저 은총의 화신이시여, 저희를 구하소서!"

스리 바가반의 제안으로 그것은 스리 바가반의 『바가바드 기타』 선집(즉, 「바가바드 기타 요지」)의 기원시로 사용되었다. 그것을 스리 바가반 자신이 말라얄람어로 번역하셨고, 스리 자가디스와라 사스뜨리가 산스크리트 시로, 내가 텔루구어로 번역한 바 있었다.[54]

다음날 나는 아쉬람 체류 일정을 단축하고 집으로 돌아가야 했다. 막내딸 알라감마가 장티푸스로 누워 있다는 연락을 받았기 때문이다. 그녀는 스리 바가반의 은총으로 3주 안에 회복되었다.

1944년 6월 9일에, 아쉬람은 편지로 나에게 『네네바다누(*Nenevadanu*)』[텔루구어판 『나는 누구인가?』]의 교정쇄 교정을 부탁하면서, 필요한 문법적 수정을 하고 '데함 나함 꼬함 소함'이라는 시구를 마지막 빈 페이지에 옮겨 쓰고, 그 단어 대 단어의 의미를 적고 그것을 풀어써서 그 책에 인쇄되게 해 달라고 했다. 그래서 그렇게 했다.

이 무렵 나는 아쉬람에 두 번 편지를 써서, 스리 바가반께 당신이 「우빠데사 사람」을 그렇게 하셨듯이 부디 「실재사십송」을 손수 텔루구어로 번역해 주시라고 간청했다.

1944년 6월 11일에 아쉬람은 다음과 같이 답장을 보냈다.

"당신이 한 귀중한 제안의 모든 측면을 고려했습니다. 그것은 우리가 '이

---

54) *T.* 이 기원시를 번역한 것은 1940년 6월의 일이었다. 97쪽을 보라.

렇게 해야 한다, 저렇게 하면 안 된다'라고 말할 수 없는 문제이며, 이루어질 일은 이루어질 것입니다. 아마 최선의 방안은 (바가반께서) 해야 할 일이 아무것도 남아 있지 않다고 생각하는 것이겠지요. 그도 그럴 것이, '마음이 죽고 진아 안에 안주하고 있는 저 지고의 요기가 해야 할 일은 아무것도 남아 있지 않다'[「우빠데사 사람」, 제15연]고 하지 않았습니까?"

『네네바다누』의 교정쇄를 교정보면서 나는 (아쉬람에) 그 제목을 "네네바루(*Nenevaru*)"로 바꾸는 것이 어떻겠느냐고 제안했다. 그것이 성별이 없고, 타밀 원어에 더 가까울 것이었다. 아쉬람에서는 1944년 6월 15일자 답장에서 내 제안을 좋게 평가했지만, 이렇게 결론지었다.

"그 제목의 남성성은 『기타』, xiii. 22의 '뿌루샤(*Purusha*)'에서의 그것처럼 보입니다. 『기타』 텍스트를 참조하고 나서 우리는 '네네바다누'가 아무 문제없다고 느낍니다."

그런 다음 아쉬람이 원하는 대로 『비짜라 상그라하무(*Vichara Sangrahamu*)』(텔루구어판 『자기탐구』)의 교정쇄도 교정을 보았다.

아쉬람에서는 '데함 나함 꼬함 소함'을 『네네바다누』에 포함시키는 것에 대해 언급하면서, (편지에) 이렇게 썼다.

"우리가 처음 그 4행시(*Eka Sloki*)[55]를 포함시키자는 제안을 했을 때는 망설였지요. 이제 우리는 그 제안이 실제로 적절하다고 느낍니다. 한 슬로까(*sloka*)가 그 책의 내용을 요약하고, 또한 앞 페이지들에 담겨 있는 것에 뭔가를 덧붙이지 않습니까?"

---

55) *T.* '슬로까(*sloka*)'는 16음절의 2행시 또는 8음절의 4행시이고, 이런 단 하나(*eka*)의 2행시 또는 4행시로 된 작품을 '*Eka Sloki*'라고 한다. 산스크리트어로 된 바가반의 **'데함 나함 꼬함 소함'** 4행시는 113쪽에서도 언급되었는데, 거기서 말하는 「우빠데사 사람」의 텔루구어판 말미에는 '데함', '나함', '꼬함', '소함'을 첫 머리 단어로 내세운 4행시가 덧붙여져 있다.

이어진 1944년 9월 마지막 주의 다사라 연휴 때, 나는 여느 때처럼 아쉬람을 방문했다. 어느 날 저녁 스리 바가반이 스리 까비야깐타(나야나)의 시 한 수를 회상하셨는데, 거기에서 그 시인은 모든 사람들에게 성자 라마나의 신성한 두 발 아래서 숭배하라고 권한다. 그 산스크리트어 시는 『띠루뿌갈(*Tiruppugazh*)』[56]의 타밀어 운율로 지어졌다. 나는 스리 바가반이 불러주시는 대로 그것을 내 공책에 받아 적었다.

이 무렵 나는 내 딸 랄리따의 신랑감을 얻기 위해 노심초사하고 있었다. 그와 관련해, 아쉬람에서 꼴라르(Kolar-까르나따까 주 남동부의 소도시)로 가봐야겠다는 생각이 들었다. 스리 바가반의 조언을 구하자, 당신은 그냥 이렇게 말씀하셨다. "걱정 말게. 일어나야 할 때는 그 일이 일어날 테니까." 어쩐지 나는 스리 바가반이 꼴라르 계획을 승인하지 않으신다는 인상을 받았고, 그것을 포기했다. 다음날 스리 바가반은 『띠루뿌갈』에서 「깔리야나빠뚜(*Kalyanapattu*)」['결혼식 노래']라는 제목의 시구 하나를 읊으시고, 그것의 텔루구어 번역을 다음과 같이 해 주셨다.

> "옛날에 힘(*Vel*)[샥띠]을 바다에 대해 겨냥하셨던 당신, 수라(Suura)의 가족 모두와 그의 전사戰士 일족에게 야마(죽음의 신)이셨던 당신, '내가 네 가지 베다의 핵심에 있는 실재다'라고 말씀하시며 당신의 가슴을 두드리신 당신이시여,
>
> 당신께서 구름처럼 푸른 공작을 타고 오실 때, 저의 자식이 당신의 광채를 보자 당신께 반해 버렸습니다. 부디 당신의 은총으로, 그녀에게 당신의 가슴을 장식하는 향기로운 꽃목걸이를 선사하소서."[57]

---

56) *T.* 타밀 성자 아루나기리나타르(Arunagirinathar, 15세기)의 주 무루간(Lord Murugan), 곧 주 수브라마니아에 대한 찬가집.

57) *T.* 주 수브라마니아는 천신들을 괴롭히던 악마 따라까, 수라 등을 죽이고 평화를 가져왔다. 이에 천신들의 왕 인드라가, 주 수브라마니아에게 반한 그의 딸 데바세나(Devasena)를 그와 결혼시켰다고 한다.

스리 바가반이 말씀하시기를, 만일 어떤 처녀의 어버이가 그 시구의 빠라야나[염송]를 하면 그녀의 결혼이 곧 이루어진다는 것이 사람들의 일반적 믿음이라고 하셨다. 나는 두 시구와 그 텔루구어 번역을 받아 적었고, 1944년 9월말까지 매일 그것의 빠라야나를 했다. 랄리따의 결혼은 1945년 2월에 치러졌다.

1944년 9월 28일에 아쉬람 사무실에서 나에게 부탁하기를, 동료 헌신자인 스리 V. 아난따짜리(Anantachari)에게 편지를 보내어 그가 약속한 시주금을 상기시켜 달라고 했다. 그의 답장에서는 이렇게 말했다.

"아쉬람에서 보낸 당신의 1944년 9월 28일자 편지 잘 받았습니다. 제가 바로 그날 우편환을 보낸 것은 텔레파시였을까요? 아마 당신이 거기서 그 편지를 쓰고 있을 때 저는 우편환 용지를 작성하고 있었나 봅니다."

이 사건은 아쉬람에서 일어나는 무수한 일들의 한 전형이었다. 그것을 뭐라고 부르든, 그것은 스리 바가반의 은총의 확실한 표지였다.

내 여건상, 이어진 1944년 12월 30일의 스리 바가반 자얀띠 경축에는 참석할 수 없었다. 스리 A. 데바라자 무달리아르는 내가 오지 않은 것을 부드럽게 책망하면서, 1945년 1월 1일에 이런 편지를 보냈다.

"자네가 여기 오지 않은 것에는 찬성할 수 없네. … 자네는 심장 속에서 바가반을 가질 수 있고, 우리들 중 어떤 사람들이 여기 당신 가까이 있으면서도 신체적 의미에서만 그러한 것보다 더 낫게 그러할 수 있으며, 그렇게 해서 자네가 원하는 모든 은총을 바가반에게서 받을 수 있어서, 나처럼 늘 여기 있지만 당신의 은총을 끌어내는 법을 아직 터득하지 못한 어떤 사람들보다 더 낫게 그러할 수 있다는 데 만족할 수도 있겠지. 그러나 우리는 자얀띠 같은 그런 모든 행사 때 자네가 여기 있기를 바라고, 나는 바가반께서도 당신의 자녀들인 우리가 가능하다면 자얀띠 날에는 당신 발 아래 모이기를 바라신다는 어리석은 관념을 가지고 있다네. 물론 그것은 우리의 이익을 위해서일 뿐이지만 말일세. 자네는 이런 관념을 비웃을지 모르나, 나는 겁나지 않네."

위 편지는 스리 바가반과 당신의 헌신자들 사이의 관계가 가진 인간적 측면을 반영한다.

1945년 1월 5일, 수리 나감마(Suri Nagamma)가 편지를 보내어 에짬마가 1944년 12월 27일 밤에 평화롭게, 홀연히 돌아가셨다고 알려주었다. 에짬마는 다른 헌신자들에게도 그랬듯이, 늘 모성애 이상으로 나를 대해 주었다. 그녀는 예전의 스리 바가반에 대한 무수한 일화들로 우리를 즐겁게 해주었다. 에짬마는 30년 동안 매일 어김없이 스리 바가반과 아쉬람의 헌신자들에게 점심밥의 일부를 읍내에서 가져와 배식했다. 그래서 그녀의 타계 소식은 충격이었고, 나를 슬프게 했다. 그녀가 죽었다는 말을 들으신 스리 바가반은 정감 있게 이렇게 말씀하셨다고 한다.

"저는 그녀에게 구태여 그런 수고를 하지 말라고 자주 말했지만, 그녀는 들으려 하지 않았지요. 자신의 바가반에게 음식을 배식하지 않으면 그녀는 절대 먹지 않으려 했습니다. 지금은 무달리아르 빠띠가 그 전통을 계속 잇고 있습니다. 그러니까 에짬마는 자신의 짐(육신)을 벗어 버렸지만, 저의 짐은 아직 남아 있는 거로군요."

1945년 1월 27일에는 다음 달에 있을 랄리따의 결혼에 대해 아쉬람에 편지를 보냈다. 랄리따가 스리 바가반께 드리는 편지가 동봉된 내 편지에서는 그 결혼에 대해 당신의 승인을 구하고, 그 행사 때 당신의 친존을 베풀어 달라고 간청했다. 이틀 뒤에 온 아쉬람의 답장은 다음과 같았다.

"당신의 27일자 편지가 랄리따의 수줍은 편지와 함께 스리 바가반 앞에 놓여졌습니다. 어린 나이에 그런 헌신은 분명 소수의 사람들만 소유할 수 있는 영적인 공덕의 보물로 성장할 것입니다. 랄리따의 결혼이 2월 24일에 있을 거라는 것을 들으니 기쁩니다. 동봉된 답장은 랄리따를 위한 것입니다. 스리 바가반의 은총으로 그 행사는 성공적으로 치러질 것입니다."

동봉된 답장은 스리 바가반의 권유로 수리 나감마가 텔루구어로 쓴 것이었다. 스리 바가반 자신이 결혼하는 커플에 대한 선물로 당신의 사진 하나를 고르셔서, 수리 나감마에게 그것을 랄리따에게 보내는 편지에 동봉하라고 하면서, 편지에 쓸 말을 그녀에게 하신 듯하다. 그 편지에서는 이렇게 말했다.

"스리 바가반께서 너의 결혼 소식을 들으시고 자애롭게 즐거워하시는구나. 당신은 이 동봉 편지에서 너에게 **당신 자신**을 선물하셔. 당신은 그 행사 때뿐만 아니라 늘 너와 함께 하실 거야."

물론 그 사진은 랄리따가 매일 숭배하는 신이 되었다. 그 결혼식이 끝난 뒤에 신랑과 내 어머니가 중병을 앓았다. 두 사람 모두 스리 바가반의 은총으로 곧 회복되었다.

나는 1945년 6월 4일에 아쉬람에서 경축된 **마하뿌자**에 참석했고, 약 2주간 머물렀다. 어느 날 오전에 스리 바가반은 마다바스와미의 공책에서 당신이 예전에 침묵(*mounam*)에 대해 말씀하신 내용을 낭독하시고, 이제 그것을 텔루구어로 번역하셨다. 나는 스리 바가반이 불러주시는 대로 그 타밀어와 텔루구어 버전을 내 공책에 받아 적었다. 그것은 다음과 같다.

"침묵(*Mounam*)은 한 단어로서 내면에서
일어나는 은총의 상태일 뿐이라네."

말씀 중에 스리 바가반은 작고한 소마순다라스와미가 몇 년 전에 어떻게 당신에게 새 공책을 한 권 가져와서 그 안에 '한 글자'를 써 달라고 졸랐는지를 들려주셨다. 그래서 스리 바가반은 (그 공책에) 타밀어 꾸랄(*Kural*)[2행시] 하나를 쓰셨는데, 그 의미는 이러했다.

> "한 '**악샤람**(*Aksharam*)'[글자] 그 자체가 **심장** 안에서 항상 빛나고 있네. 누가 그것을 적을 수 있으리오?"[58]

나중에 스리 바가반은 그 시를 산스크리트어 슬로까(*slokam*)와 텔루구어 2행시로 번역하셨다. 이제 스리 바가반은 자애롭게도 그 타밀시를 내 공책에 (텔루구어 문자로) 기꺼이 옮겨쓰기 해 주셨고, 나는 산트크리트어와 텔루구어 버전을 베껴 썼다.

다음날 스리 바가반은 1912년의 비나야까 짜뚜르티(Vinakaya Chaturthi) 날에 당신이 **비나야까 신**을 찬양하여 지으신 타밀어 벤바(*Venba*)[4행시]를 회상하셨다. 이제 당신은 그것을 텔루구어로 풀어서 말씀해 주셨다.

> "당신을 어린아이로 낳으신 분을 당신은 거지로 만드신 다음, 그저 당신의 주린 배를 채우기 위해 당신은 도처에서 어린아이로 사셨습니다. **저도 어린아이입니다**. 오, 벽감 속의 어린아이 신이시여, **당신 뒤에 태어난 자를 만나시고도** 당신의 마음은 무정하신지요? 저를 바라보아 주소서."[59]

또 하루는 스리 바가반이 **아루나찰라**와 당신의 고향 마을인 띠루쭐리(*Tiruchuli*)의 특별한 성스러움을 계속 말씀하셨다. 당신은 예전에 당신이 띠루쭐리의 신인 **스리 부미나데스와라**(Sri Bhuminadheswara)를 찬양하여 지으신 타밀어 찬가를 인용하셨다. '안부다이(*anbudai*)'라는 단어로 시작하는

---

58) *T.* 이 이야기는 52~3쪽에서도 한 번 나왔다.
59) *T.* 이 시는 『라마나 마하르쉬 저작 전집』, 217쪽 참조. 비나야까는 가네샤 신을 말한다.

마니까바짜가르의 유명한 노래 방식을 따른 이 시는 다음과 같다.

> "사랑하는 헌신자들의 심장 속에서 항상 지복스럽게 춤추시는, 아름다운 띠루쫄리에서 항상 분리 불가능하게 빛나시는 지고한 광휘이신 선하신 분[주님]이시여, 뼈를 녹이는 그런 사랑을 저에게 하사하시고, 제 심장 속에서 그렇게 빛나소서!"

마니까바짜가르와 스리 바가반에게 공통된 한 가지 관념은 '뼈를 녹이는 그런 사랑을 산출하는 주님의 지복스러운 춤'이다. 스리 바가반은 당신이 오래 전에 이스와라스와미(Iswaraswami)와 함께(즉, 그의 질문시에 대한 답변시 형식으로) 지으신 띠루쫄리에 관한 다른 두 편의 시도 인용하셨다.[60)]

주님의 지복스러운 춤과 뼈를 녹이는 사랑이라는 관념은 나에게 워낙 깊은 인상을 주어, 여러 날 동안 그것이 뇌리를 떠나지 않았다. 1945년 6월 14일, 나는 「라마나의 산보(*Ramana's Stroll*)」라는 제목의 텔루구어 시를 한 수 지었다. 그것은 이러했다.

> "자신의 사랑하는 자식이신 당신께서, 오 라마나시여, 느린 비틀걸음으로, 마치 두 발로 하늘을 재시듯 다가오시면, 당신을 마주한 아루나찰라께서는 심장의 감동으로 전율하고, 움직임 없이 춤추십니다."

당시 아쉬람에는 작고 병들고 다리를 저는 강아지 한 마리가 있었는데, 우리는 이 강아지가 언제 죽을지 모른다고 우려했다. 그러나 스리 바가반의 부단한 보살핌 아래서 건강을 회복했을 뿐 아니라, 매일 '이들리(idlis)'[쌀가루로 만든 떡]를 워낙 맛있게 먹기 시작해서 스리 바가반은 그에게 '이들리 스와미'라는 별명을 붙이셨다. 이 사건과 관련해 나는 1945년

---

60) *T.* 띠루쫄리에 관한 이상 세 수의 시는 위의 책, 218~9쪽 참조.

6월 15일에 텔루구어 시를 한 수 지었는데, 그 의미는 이러했다.

"오 스리 라마나시여, 당신께서는 (주 크리슈나로서) 한때 넘치는 은총으로 곱사등이 여자의 몸을 곧게 해 주고 아름답게 해 주셨습니다. 그러시더니 이제 이 작은 절름발이 강아지를 멋진 '이들리 스와미'로 키워내셨습니다. 얼마나 경이로운지요!"

이틀 뒤에는 「라마나의 은총」에 관한 다음 두 수의 텔루구어 시를 지었다.

"당신께서 공작, 다람쥐, 소, 개, 원숭이와 어린아이들을 그토록 자상한 은총으로 쓰다듬어 주시는 것을 보면, 누구나 뼈까지 녹을 수밖에 없습니다, 오 라마나시여!"

"당신을 찾아온 수많은 새와 짐승들이 해탈을 성취했습니다. 마찬가지로, 당신의 발아래 귀의한 이 인간 짐승도 은총으로 축복해 주십시오, 오 라마나시여!"

1945년 6월 19일에 나는 텔루구어 시(*stanza*)로 나의 '하직 기도'를 지었다. 거기서 시인은 스리 바가반을 '헌신자들의 고뇌를 몰아내기 위해 이 세계에 참스승(Sad-Guru)으로 태어나신 은총의 화신, 곧 지고의 실재'로 부르면서 당신을 축복해 드린다. 시인은 자신이 과거의 많은 번뇌로 인해 신경이 너무 여리고 민감해졌다고 하소연하면서, 아바얌(*abhayam*)[보증과 보호]을 간청한다. 그 시는 다음과 같은 기도로 마무리된다.

"어떤 고난에도 결코 위축되지 않는 용기
　명예와 수치를 동등하게 감당하기,
모두에 대한 똑같은 자비로움

남들의 선행에 대한 고마움,
당신이 곧 모든 것이라는 온전함의 느낌
당신의 연꽃 발에 대한 영원한 헌신,
모든 사건은 당신께서 하시는 일이라는 앎
일체가 최선을 위해 일어난다는 지혜,
'이 모든 생각들은 누구에게 일어나는가?' ('나에게')
'나는 누구인가?'라는 탐구,
그 결과로 일어나는 모든 생각의 가라앉음
그리고 진아 깨달음으로서 실재의 번뜩임을,
오, 아버지 라마나시여, 당신의 자식에게 하사하소서."

6월 20일에 나는 마드라스를 거쳐 집으로 돌아왔다. 다음날 나감마가 마드라스에서 아쉬람으로 갔다. 스리 바가반은 그녀를 보시자마자 마드라스에서 나를 보았는지 물으신 모양이다. 물론 우리는 만날 수 없었다. 이런 사실은 나감마가 6월 28일자 편지에서 나에게 귀뜸해 준 것이다. 이 일은 스리 바가반이 어떤 자애로운 보살핌으로 가장 비천한 헌신자들의 움직임조차도 따라가고 계신지를 잘 보여준다.

스리 바가반이 사고를 당하셨다는 보도에 대한 내 질문에 대한 반응으로, 아쉬람에서는 1945년 9월 9일에 이런 편지를 보냈다.

"스리 바가반의 건강은 이제 문제없습니다. 그것은 가볍게 삔 것이고, 스리니바사 라오(Srinivasa Rao)가 여기서 필요한 조치를 하고 있습니다!"

이 의사는 스리 오로빈도(Sri Aurobindo)의 골절도 치료한 사람이다.

이어진 다사라 연휴(나바라뜨리) 동안 나는 아쉬람을 방문했고, 스리 바가반이 그 삠 부상을 극복하신 것을 알고 안도했다. 그러나 당신은 이제 관절들에 류머티스성 통증이 있었고, 마사지와 전기치료를 받고 계셨다. 헌신자들 사이에서는 마사지를 서로 하려는 경쟁이 있었는데, 전문가인 의사들이 가장 큰 몫을 차지했다. 스리 바가반은 헌신자들이 공평하게 분담해 당신의 사지를 주무를 수 있게 하셨지만, 최소한의 마사지 이상은 허용하지 않으셨다. 어떤 때는 당신 자신이 직접 마사지하셨고, 그럴 때 한번은 유머러스하게 이렇게 말씀하셨다.

> "이 사람들은 그걸 하면 공덕(*punyam*)을 얻을 거라는 믿음에서 이것을 하고 있지요. 왜 저 자신도 그 공덕의 일부를 가지면 안 되나요!"

내 생일이었던 **마하나바미**(Mahanavami) 날에 나는 스리 R. 나라야나 아이어와 함께 **산의 오른돌이**(*Pradakshinam*)를 했다. 우리가 조금 늦게 돌아오자 스리 바가반이 산을 돈 이유를 물으셨다. 내 친구가 대답하기를, 이 날은 내 생일이었고, 오는 길에 내가 읍내에서 아침을 먹고 커피를 마시자고 고집해서 그랬다고 했다. 스리 바가반이 즉시 말씀하셨다.

> "그랬군! 숩바라마이야가 자네에게 호텔(남인도의 식당)에서 생일 파티를 해 주었고, 우리 모두를 초대하지는 않았다는 거지!"

다음날 스리 바가반은 **진아 깨달음**에 대해 이야기하셨다. 당신은 이렇게 말씀하셨다.

> "**진아 깨달음**이 무엇입니까? 하나의 어구일 뿐입니다. 사람들은 어떤 기적이 일어나기를, 하늘에서 순식간에 뭔가가 뚝 떨어지기를 기대합니다. 그것은 전혀 그런 것이 아닙니다. 여러분이 몸이라는 관념, 여러분이 이것이나 저것이라는 관념이 사라질 뿐이고, 그러면 **여러분은 있는 그대로 남습니다. 실로 깨달음은 진아의 다른 이름에 지나지 않습니다.**"

1945년 10월 21일에는 집으로 돌아왔다.

12월 초에 나는 스리 바가반의 예전 산 위 처소였던 스깐다쉬람이 수리되었고, 스리 바가반이 헌신자들과 함께 거기서 하루를 보내셨다는 것을 알게 되었다. 내 질문에 대해 아쉬람에서는 1945년 12월 10일에 이런 편지를 보냈다.

"스깐다쉬람에 대한 이야기는 뭐랄까 어떤 낭만적 꿈과 같습니다. 연합지구(United Provinces)[61]에서 온 어떤 라자(Rajah)가 스깐다쉬람에 자연스럽게 매료되어 그 수리 작업을 위해 넉넉하게 시주를 했지요. 그가 스깐다쉬람에서 기분 좋게 하루를 보내면서, 이곳이 오랫동안 사용되지 않았던 것을 발견하고 개수改修 비용을 대겠다고 한 것입니다. 그 작업이 끝나자 스리 바가반이 스깐다쉬람에서 기분 좋게 그날을 보내셨고, 약 5백 명의 헌신자들이 그곳에 갔습니다. 모든 사람을 위해 음식이 준비되었지요. 라자는 바로 앞전의 편지에서 스깐다쉬람에 전기 공급을 제안하는데, 그것은 근 1.6킬로미터 되는 산길 전체에 불을 밝히는 것을 의미합니다. 스깐다쉬람 작업과 길을 다시 놓는 작업에 착수하기 직전에 아쉬람 뒤편에 인접한 그 길의 시작 지점에 견고한 석재 배수로가 만들어졌고, 이 배수로 건축 비용은 … 우뚜꾸루(Utukuru-안드라 지역의 한 마을)의 스리 N. 발라라마 레디가 시주했습니다. 이번에 스깐다쉬람에서 일한 일꾼들조차도 예전에 그 아쉬람을 지었던 사람들의 자식들과 후손들입니다. 헌신이 헌신자들을 묶는다는 것은 하나의 뚜렷한 사실입니다. 부디 스리 바가반의 은총으로, 이 헌신이 계속 증장되고 확대되어 전 인류를 포용하기를!"

다음날, 스깐다쉬람에서 있었던 행사를 생생하게 묘사하는 나감마의 편지를 받았다. 그녀는 이렇게 썼다.

---

61) *T.* 인도의 행정구역(1937~1950). 현재의 우타르프라데시 주와 우타르칸드 주를 합친 지역.

"저는 운이 좋게도 스깐다쉬람에서의 행사에 참여했습니다. 당신이 안 계셔서 몹시 아쉬웠습니다. 나무 그늘 아래 소파에 앉으신 스리 바가반께서는 대관식에 오른 황제보다 더 장엄하게 보였습니다. 아루나찰라를 옥좌로 하고, 구름이 엷게 낀 하늘을 흰 일산日傘으로 하며, 부드러운 산들바람을 부쳐주는 나무들을 좌우에 두고, 산의 개천 물보라를 기름 삼아 이 요기들의 황제께서는 대관식 궁정에 계신 듯 앉아 계셨고, 자연이라는 시녀가 당신께 햇빛이라는 장뇌 불꽃을 올렸습니다. 그 장면을 제가 어떻게 묘사할 수 있겠습니까, 오라버님? 그것은 직접 보고 느껴야만 하는 것이었습니다. 스리 바가반의 그 독특하고 눈부신 찬연함은 브라마조차도 묘사하지 못할 것입니다. 그러니 제가 어떻게 그럴 수 있겠습니까?"

12월의 마지막 주에, 나는 펀자브 암리차르(Amritsar)의 센트럴칼사대학(Central Khalsa College)에서 수석 영어교수 자리를 제안한 것과 관련해 암리차르로 갔다. 처음에 나는 그 제안을 받아들일지 여부에 대해 스리 바가반의 조언을 구했다. 아쉬람에서는 1945년 12월 12일에 답장을 했고, 이렇게 말했다.

"당신의 텔루구어 편지에서 말한 그 문제는 심대한 결과들을 가져오게 될 것입니다. 누구든지 가호를 청할 수 있는 가장 강력한 힘인 스리 바가반의 은총만이 당신을 인도해야 합니다. 그렇게 되기를!"

여건상 나는 결국 그 제안을 거절할 수밖에 없었고, 그러다 보니 12월 21일에 아쉬람에서 경축된 스리 바가반의 자얀띠에 참석할 수 없었다. 스리 바가반의 은총으로 암리차르를 오고가는 내 여정은 하나의 순례가 되었다. 왜냐하면 도중에 신성한 사원들을 방문할 기회가 있었기 때문이다. 특히 암리차르의 황금사원(Golden Temple)과 뉴델리의 락슈미 나라야나 사원(Lakshmi Narayana Temple)에서는 스리 바가반의 지복스러운 친존에 있는 것처럼 느껴졌다. 또한 나중에 (1947년 인도와 파키스탄의) 분리 독립 후 암리차르에서 학살사건들이 일어났을 때, 나는 그 제안을 받아들이지 않았던 것이 스리 바가반의 가호였음을 깨달았다.

1946년 1월초에 나감마에게서, 스리 바가반이 스리 샹까라짜리야의 주 다끄쉬나무르띠(Lord Dakshinamurti)에 대한 찬가를 타밀어로 번역하신 것에 당신이 붙였던 타밀어 서문을 최근에 당신이 직접 텔루구어로 번역하신 것의 사본 하나를 받았다. 스리 바가반은 다음과 같이 쓰셨다.

> "우주의 창조주 브라마에게는 그의 마음에서 태어난 네 아들, 즉 사나까, 사난다나, 사나뜨꾸마라, 사나뜨수자따가 있었다. 그들은 자기 아버지에게서 그들이 우주의 창조 같은 일들을 도와주기를 바란다는 말을 들었으나, 그런 일은 싫었고 평안을 얻고 싶었다. 그래서 평안에 이르는 길을 보여줄 수 있는 사람을 찾아 나섰다. 그들은 가르침을 받을 수 있을 만큼 충분히 성숙되어 있었으므로, 저 위없는 은총의 화신인 지고의 주 자신이 다끄쉬나무르띠로서 찐무드라(*chinmudra*)[순수한 의식의 수인手印][62]를 하고 진아안주의 침묵 속에서 그들 앞에 나타났다. 그를 본 그들은 쇠가 자석에 끌리듯 끌렸고, 그의 친존에서 그와 같이 진아안주 속에 머물렀다.
>
> 그러나 진아안주의 침묵이라는 진리는 최상근기인最上根器人들도 인식하지 못하므로, 스리 샹까라짜리야는 이 시에서 진아의 보편성을, 즉 돌출적 우주와 그것을 '보는 자'와 시각적 빛으로 현현하는 샥띠(*Sakti*)[힘]는 진아에 다름 아니며, 따라서 모두 진아로 충만해 있다는 것을 간략하게 설명하였다."

1946년 1월 13일에 보낸 나감마의 편지는 개인적 심정을 담은 것이었다. 그녀는 이렇게 썼다.

---

62) *T.* 엄지와 검지를 서로 닿게 하고 나머지 세 손가락을 편 형태의 수인手印.

"저에게 어머니 같았던 에짬마께서 떠나셨습니다. 이제 여기서 저를 도와 주는 유일한 여성은 알라멜람마(Alamelamma) 숙모님[스리 바가반의 누이동생]입니다. 제가 어머니, 아버지, 스승이자 신으로 우러르는 스리 바가반 자신은 마치 새가 새끼를 까는 동안 자기 날개 밑에 알을 보존하듯이, 모든 면에서 저를 보호해 주고 계십니다. 오라버님, 저 마하트마의 은총에는 한이 없습니다. 그것이 전생의 어떤 공덕 때문이 아니라면, 왜 당신께서 이 비천한 존재에게 그런 은총을 쏟아주시겠습니까? 어떤 공양으로 제가 그 빚을 갚을 수 있습니까? 공양 올릴 무엇이 있습니까? 오, 저의 미친 증세(무지)가 이제 끝났으면!"63)

이어지는 여름방학 동안에는 아쉬람을 1946년 5월말에 방문할 계획이었다. 그러나 나감마가 1946년 4월 26일자 편지에서, 스리 벤까따라만의 첫째와 둘째 아들의 성사식이 5월 19일에 경축될 것이고, 마하뿌자는 아쉬람에서 5월 25일에 거행될 거라고 알려주면서, 나에게 때맞추어 아쉬람에 와서 이 행사들에 참석하라고 촉구했다. 뿐만 아니라, 자신의 편지를 스리 바가반이 승인하셨다고 했다. 그래서 나는 5월 13일에 내 자식들, 곧 랄리따, 라마나 쁘라사담, 알라감마와 함께 출발했다. 도중에 내가 우연히 방문한 벤까따기리(Venkatagiri)의 라자 사헵(Rajah Saheb)64)이 아쉬람에 시주해 달라면서 116루피의 수표를 나에게 맡겼는데, 나는 이것이 스리 바가반의 은총이 작용한 길상스러운 한 예라고 느꼈다.

스리 바가반은 알라감마가 당신 어머니의 이름을 딴 것을 자애롭게 즐거워하셨고, 늘 그녀를 암마(*Amma*)[어머니]라고 부르셨다. 알라감마는 아이답게 왜 스리 바가반께서는 지팡이를 가지고 다니시느냐고 여쭈었다. 스리 바가반은 그것이 노인들에게서 자라나는 세 번째 다리라고 농담조로

---

63) *T.* 무지, 곧 전도망상 속에서 사는 중생의 삶은 일종의 '미친 증세(madness)'에 불과하다.
64) *T.* Saheb은 '전하, 나리'의 의미인 경칭이다.

답변하셨고, 대체로 웃으시는 가운데 너는 왜 뿔이 두 개 났느냐고 반문하셨다. 그것은 그녀의 머리가 두 갈래로 땋아져 있는 것을 두고 하신 말씀이었다. 당신이 조용히 덧붙이시기를, 두 갈래로 땋는 패션은 우리 아이들의 아름다움을 돋보이게 하지 않는 것 같다고 하셨다. 그 뒤로 알라감마는 다시는 머리를 두 갈래로 땋지 않았다. 어느 날 오전에는 우리와 나감마, 그리고 그녀의 조카딸들인 비디야(Vidya)와 스와르나(Swarna)가 일행이 되어 산을 올라가 스깐다쉬람을 방문했다. 아이들은 특히 (스리 바가반이 발견하신) 연중 끊임없이 나오는 샘물에서 노는 것을 즐겼다. 우리가 돌아와서 스리 바가반께 다녀왔다고 말씀드리자, 당신은 즐거워하면서 스깐다쉬람과 관련된 많은 일화들을 자애롭게 들려주셨다. 스리 바가반은 스깐다쉬람이 그 아쉬람을 지은 석공(mason) 헌신자인 깐다스와미(Kandaswami)라는 사람의 이름을 따서 지어졌다고 말씀하셨다. 나는 그 이름이 '스깐다쉬람'인 것은 이중적 의미가 있다고, 왜냐하면 그것은 스깐다 신(God Skanda)의 화현으로 믿어지는 스리 바가반의 거주처이기 때문이라고 말씀드렸다. 스리 바가반은 단지 이렇게 말씀하셨다.

"이름과 형상들은 달라질 수 있어도, 실재는 똑같습니다."

또 어느 날 오전에는 꼬마 스와르나가 스리 바가반께 자기 고향으로 자신과 함께 가시지 않겠느냐고 했다. 그녀는 왜 스리 바가반이 당신의 헌신자들을 축복하러 나라를 두루 다니지 않으시는지 궁금해 했다. 스리 바가반이 답변하셨다.

"너는 왜 '내'가 너와 함께 가지 않을 거라고 생각하지? 너는 늘 네 심장 속에 '나'를 데리고 다니지 않아? 그런데 내가 이 몸으로 돌아다니는 것으로 말하면, 그 결과가 어떨지 아니? 온 아쉬람 사람들, 심지어 방문객들까지도 나와 함께 가겠다고 할 거야. 네가 우리 모두를 대접할 수 있겠어? 게다가 친견하러 여기 오는 수많은 사람들이 실망하고 돌아갈 거야. 내가 저번에 스깐다쉬람에 가서 몇 시간 머물렀을 때도 수많은 사람들이 그리로 옮겨갔어. 그러니 내가 여기 혼자 머물러 있는 것이 최선이겠지. 그러면 일과가 순조롭게 돌아갈 것이고, 모두가 여기 오면 내가 있다는 것을 확신할 수 있는 거지."

어느 날 밤 스리 바가반은 『바가바땀(*Bhagavatam*)』에서 시구 하나를 인용하시고, 당신이 지난 1월에 지으셨던 시를 텔루구어로 번역하셨다.

"술에 취해 앞을 못 보는 사람이 자신이 걸친 옷을 보지 않듯이, 진아를 깨달은 싯다(*Siddha*)는 필멸의 몸이 존재하는지 존재하지 않는지, 그것이 업력에 의해 자신에게서 떠났는지, 자신에게 왔는지 알지 못한다네."

스리 바가반의 이 말씀은 당신의 나빠지는 건강의 견지에서는 다소 불길하게 들렸다.

1946년 6월 25일 마하뿌자에 즈음하여, 나는 아쉬람 사원의 신인 마뜨루부떼스와라[어머니-신]를 찬양하는 '빤짜라뜨남(*Pancharatnam*)'[5연시]을 텔루구어로 지었다. 그 첫 두 연은 다음과 같다.

1. "당신께서는 한 여성 헌신자의 해산(분만)을 주관하실 때, 당신의 샥띠[신적 힘]로 어머니 지위를 취하셨습니다. 그러나 이제 당신 스스로 여자, 곧 보편적 어머니가 되시어, 세계적으로 유명하신 우리의 신적 스승[스리 바가반]을 낳으셨습니다. 그래서 저희가 헌신의 마음으로 당신을 우러릅니다, 오 어머니 신이시여!"

2. "그분의 지상에서의 삶이 모든 우파니샤드에 대한 하나의 새로운 독창적 주석인 분, 라마나, 그분의 전 생애가 모든 종교들의 본질적 종합인 분,

그분 안에서 더없이 어렵다고 정평이 난 브라만에 대한 지知가 분명하게 드러나는 분, 그분이 곧 진아안주의 당당한 영광을 드러내는 세간의 단 하나 살아 있는 깃발이신 분, 헌신자들에 대한 애정에서 몸을 받아 태어나신 지고의 주님이자 자비의 바다이신 분, 그분 라마나를 꾸마라[아들]로서 지상에 낳으신, 오 어머니 신이시여! 당신께 엎드려 절합니다."

그날 오전에 스리 바가반은 사당 앞에, 당신 주위에 난간 울타리를 두고 수많은 군중 가운데 앉아 계셨는데, 근처에 쪼그리고 앉아 있던 알라감마에게 난간 너머로 농담조로 속삭이셨다.

"봐요, 어머니, 그들이 당신 아들을 어떻게 속박해서 이곳 감옥에 집어넣었는지를!"

이 무렵 비부띠 스와미라는 별명을 가진 한 사람이 아쉬람과 좀 떨어진 곳에 캠프를 치고 만병통치약이라고 하면서 비부띠(*Vibhuti*)[성스러운 재]를 처방하고 있었고, 그래서 엄청난 군중이 모여들었다. 그들은 가는 길에 아쉬람에도 들어와서 스리 바가반을 친견하곤 했다. 어느 이른 아침, 스리 바가반이 그 군중을 보시고 미소를 띠며 나에게 말씀하셨다.

"내 건강이 나쁜 것은 겉보기와 달리 좋은 일이군. 그도 그럴 것이, 이렇게 나를 위해 마사지하는 것을 보면, 이 사람들이 '가여운 스와미! 본인이 아프군. 그가 우리를 위해 무엇을 해줄 수 있겠어?'라고 생각하고, 그래서 나를 가만히 내버려두지. 그러나 만약 나도 비부띠나 성수聖水(*Tirtham*)를 나눠주면, 군중에 치여서 질식했을 거야."

어느 날 오후에 스리 T. P. 라마짠드라 아이어, 스리 비스와무르띠, 나 자신과 여타 사람들이 일행이 되어 구루무르땀(Gurumurtam-바가반이 초기에 머무르던 작은 사원)에 갔다. 가는 길에 우리는 스리 나라야나 아이어[은퇴한 전보통신원]라는 한 헌신자가 내놓은 좋은 망고를 푸짐하게 대접받았다. 우리가 가보니 구루무르땀에서 스리 바가반이 앉으시곤 했던 구석은 이제 불쾌한 냄새를 발산하는 담뱃단들로 가득 차 있었다. 인근의 망고 숲에서는 스리 바가반이 몇 달씩 계속 **삼매**에 들어 앉아 있으면서 비바람에 노출되셨던, 그리고 헌신자들의 간청에 처음으로 눈을 떠 세상을 바라보며 당신이 묵언을 트셨던 곳을 보았다. 돌아오는 길에 우리는 스리 바가반이 **아루나찰라**에 도착하신 날 당신의 개인적 소유물을 모두 버린 아얀꿀람(Ayyankulam-저수지의 이름)을 가보았다. 우리는 그 둑에 있는 사원도 방문했는데, 아디 샹까라짜리야(Adi Sankaracharya) 예하께서 성지순례 중에 이곳에 묵음으로써 신성해졌다고 하는 곳이다. 우리는 아주 신이 나 있었기에, 스리 비스와무르띠의 선도 하에 **바잔**(*Bhajan*)[헌가 합창]도 불렀고, 아쉬람에 돌아올 때까지 계속 노래하고 춤을 추었다. 스리 바가반은 자애롭게 우리의 여행에 대해 물으셨고, 내가 당신께 일체를 보고 드렸다. 스리 바가반의 권유로 스리 비스와무르띠는 **비슈누 신**의 열 가지 화현을 묘사하는 그 텔루구어 노래를 다시 불렀다. 스리 바가반은 그 노래가 마음에 드신 듯했다. 다음날 구루무르땀의 관리인이 우연히 바가반을 친견하러 왔고, 스리 바가반은 우리가 그 담뱃단들에 대해 보고한 것에 대해 그에게 말씀하셨다. 그 사람은 유감을 표하면서, 그것을 즉시 치우고 그곳을 청결히 유지하여 방문객들에게 개방하겠다고 했다.

1946년 5월 28일에 애국자이자 친구인 스리 라마짠드루니 벤까땁빠(Sri Ramachandruni Venkatappa)가 나에게 신기한 편지를 보내 왔다. 그는 나에게 자신의 아이를 위해 스리 바가반의 쁘라사드를 구해 달라고 부탁했었다. 위 날짜에 그는 자신이 나에게 부탁한 일을 상기시키기 위해 편지를 쓸 생각을 하고 있었다. 바로 그때, 전날 밤 아쉬람에서 돌아온 그의 처남 스리 빠이디빠띠 뿔라이야가 와서 자진해 그에게 그 쁘라사드를 주었다. 그는 자신이 그에 대해 편지를 쓰기도 전에 쁘라사드를 받게 만든 스리 바가반의 힘과 은총에 놀라, 즉시 나에게 편지를 썼다고 했다. 그래서 이제 자신은 스리 바가반의 보호를 두 배로 보증 받음을 느꼈다는 것이었다. 그는 칼리다사(Kalidasa)의 이런 말도 인용했다.

"신적 은총의 표지들은 그것이 나타나기 이전에 벌써 이익을 낳는다."

나는 스리 바가반이 자애롭게 살펴보시도록 그 편지를 제출했다.

이틀 뒤에는 그때 다른 아이들과 함께 마드라스에 있던 랄리따의 편지를 받았다. 그녀는 자기들이 모두 최근에 아쉬람에서 머무름으로써 워낙 깊은 영향을 받아 이제는 그들이 스리 바가반 자신의 안에서 '살고, 움직이고, 그들의 전 존재를 갖는다'고 썼다. 스리 바가반의 시들은 그들의 암호 문구가 되었다. 예컨대 그들이 식사를 하면서 기(ghee)를 원할 때는 "아지야 다라야(*Ajya dharaya*)"["기의 흐름처럼"—「우빠데사 사람」]라고 하고, 만약 물을 원하면 "스우따사 사맘(*Svootasa Samam*)"["물줄기와 동등하게"—「우빠데사 사람」]이라고 외치는 것이었다. 스리 바가반은 자애롭게 이 편지를 살펴보시고, 즐거이 이렇게 말씀하셨다. "랄리따가 글을 잘 쓰네."

6월의 어느 날 오전에 스리 바가반이 산을 올라가시던 도중 나에게, 1946년 9월 1일에 경축하자는 제안이 나온 당신의 '아루나찰라 도래到來 50주년(Golden Jubilee of His advent at Arunachalam)'에 대해 농담조로 이야기하셨다. 당신이 말씀하셨다. "벤까따짤람 쩨띠(Venkatachalam Chetty)가 묘안을 냈지. 그런 경축의 아이디어는 처음 그에게 떠올랐고, 그가 그 제안을 한 뒤로 그것이 모든 사람의 마음을 사로잡은 것 같아." 이 소식에 기쁨으로 전율한 나는, 바로 그날 다음과 같은 소네트를 지었다.

"아루나찰라에서, 오 보라!
놀랍고 놀라운 일이로다! 이 반세기
초월적인 진리-자각-황홀경(Truth-Awareness-Ecstasy)
그 자체가 살아 있는 사람으로서 전개되고,
당신의 친존이 온통 평안과 지복 안에서 전개되며,
당신의 한 마디 말이나 한 번의 시선에 모든 의심이 달아나니,
순수한 신성神性으로 빛나시는 당신은
구원하여 올바르게 빚어낼 영혼들을 찾으신다네.
그분이 바로 세상에 유명한 라마나 마하르쉬이시니
신인神人이자 자아의 진아이며, 화현하신 사랑이자 진리이시라네.
모두 짙은 무지 속에 속박된 그대 범부들이여,
와서 당신의 은총을 구하고, 진리의 빛을 보라.
무슨 일이 있어도 이 더없이 희유한 기회를 놓치지 말고,
너무 늦기 전에 진아의 지복을 맛보시라."

스리 바가반의 권유로 내가 그것을 회당에서 낭독했다. 나중에 나는 그것을 텔루구어 시로 번역했다.

나는 꽤 오랫동안 스리 바가반과 함께 머무른 뒤에 6월 19일에 다시 돌아가자니 견딜 수 없이 괴로워서, 그것을 마드라스에서 쓴 한 편지에 포함시킨 텔루구어 시 한 수로 표현했다.

"한 달이 1분처럼 지나갔네!
'안녕'이라는 말도 할 수 없었고
내 사랑하는 아버지를 떠나며 발을 움직일 수도 없었네!
업業의 쓴 열매인 이 귀양살이가 얼마나 힘든지!"

나감마는 1946년 7월 14일자 편지에서, 열흘 전에 스리 바가반의 헌

신적 시자였던 마다바스와미가 꿈바꼬남(Kumbhakonam)의 한 사원(mutt)에서 세상을 떠났고, 꾼주 스와미(Kunju Swami)가 가서 삼매식(장례식)을 거행했다는 슬픈 소식을 내게 전해주었다.

50주년 기념식에 대한 내 문의에, 아쉬람에서는 다음날 다음과 같이 답장을 보냈다.

> "50주년 기념식을 위한 어떤 특별한 프로그램도 없습니다. 물론 모든 헌신자들은 행사에 참여할 것이 기대되고, 아직 스리 바가반과 당신의 가르침에 대해 글을 쓸 기회를 갖지 못했던 헌신자들이 쓴 기고문들이 들어있는 기념집(Souvenir)이 출간될 것입니다. 종이 부족으로 인해 우리는 (책의) 면수를 제한할 수밖에 없었습니다."

나감마의 부탁으로 나는 내 공책에서 침묵(*Mounam*)에 대한 스리 바가반의 정의를 당신이 텔루구어로 번역하신 것을 베껴서 그녀에게 보내는 편지에 넣었다. 그녀는 그것을 잘 받았다면서 9월 30일에 이렇게 썼다.

> "이 문제를 제가 스리 바가반께 격식 없이 말씀드렸더니, 당신께서 확인을 위해 저에게서 오라버니의 편지를 가져가 처음부터 끝까지 그것을 낭독하셨습니다. 그때 T. P. 라마짠드라 아이어가 있었습니다. 스리 바가반이 그에게 농담조로, 그 편지에서 안부 인사를 전하는 사람들 중에 그의 이름이 없다고 말씀하셨습니다. 오라버니의 필사본은 스리 바가반이 손수 라마짠드라 아이어의 공책에 적어주셨던 침묵의 텔루구어 정의와 일치했습니다. 거기서는 이렇게 덧붙이고 있습니다.
>
> '침묵은 내면에서 한 단어로서 일어나는 샥띠[은총의 힘]의 상태이다.'"

1946년 8월 7일에 아쉬람에서 나에게 「우빠데사 사람」 한 부를 보내면서, 그 후속판을 준비하여 다시 보내달라고 했다. 그들은 이렇게 썼다.

"여기 보내드리는 사본에 당신이 하는 교정은 그 책을 인쇄에 넘길 때 교정쇄에 그대로 반영될 것입니다."

나는 그렇게 해주었다.

이 무렵, 히말라야의 한 스승 밑에서 요가를 닦았던 동東 고다바리(East Godavary)의 요기인 스리 오루간띠 나라싱하(Sri Oruganti Narasimha)가 스리 바가반을 친견하기 위해 아쉬람을 방문하고 싶다는 바람을 피력했다. 그의 요가 도반 한 사람이 스리 스와미 비베카난다(Sri Swami Vivekananda), 스리 오로빈도(Sri Aurobindo) 같은 위대한 인물 몇 사람의 미세신微細身을 관상觀想하여 가늠해 보았던 모양이다. 그러나 스리 바가반은 그가 가늠할 수가 없었다. 당신의 미세신은 그 요기의 인식범위를 넘어 뻗어 있었기 때문이다. 내가 나감마에게 이런 정보를 전달했더니, 그녀는 다음과 같이 답변했다.

"나라싱하 요기가 여기 오겠다는 것은 아주 좋은 일입니다. 스리 바가반은 회당에서 당신의 편지를 꼬박 다 읽으시고 이렇게 말씀하셨습니다. '나라싱하 요기에 대해서는 이미 이야기 들은 적이 있지요. 우리의 미세신의 크기를 그토록 많이 판정했다고 주장하는 그의 친구에게 먼저 그 자신의 (미세한) 진아를 가늠해 보라고 하지요."

매우 애석하게도 나는 50주년 기념식에 참석하지 못했는데, 그것은 주로 교통편 문제 때문이었다. 내 불운을 안타까워하는 나의 편지에는 이런 텔루구어 시 한 수가 담겼다.

"스리 라마나는 당신의 은총으로 이 지상에 화현하신 꾸마라(Kumara)[시바 신의 아들]이십니다. 시바 신 자신은 아루나찰라로서 저 너머에 서 계십니다. 그분들의 첫 만남에 대한 50주년 경축이 멋지게 성공하기를!"

1946년 9월 6일자 아쉬람의 답장은 다음과 같았다.

"헌신으로 가득한 당신의 이달 1일자 편지를 잘 받았고, 스리 바가반께서 살펴보셨습니다. … 그 시가 훌륭한데, 그것이 스리 바가반 앞에서 낭독되었습니다.

사랑하는 가슴에게 거리가 문제가 됩니까? 스리 바가반은 도처에 계시지 않습니까? 스리 바가반은 인간으로 화현하신 자비(*Karuna*)이시고, 당신의 진지한 헌신자들의 기도를 듣고 그것을 들어주십니다.

50주년 경축식은 성대한 성공작입니다. 교통난에도 불구하고 원근각지의 여러 헌신자들이 이 행사를 위해 여기 왔습니다. 행사 절차는 늘 하는 베다 빠라야나(*Veda Parayanam*)로 시작되었는데, 그날은 그것이 오전 4시에 시작했습니다. 그날 종일 스리 바가반은 이 행사를 위해 세운 널찍한 빤달(*pandal*) 안에 앉아 계셨고, 오전 시간은 이 행사를 위해 헌신자들이 지은 시와 노래들을 읽는 것으로 다 지나갔습니다. 그 작품들은 여러 언어로 되어 있었습니다.

오후 절차는 정확히 오후 2시 30분에 시작되었습니다. 리끄(*Riks*)[65]와 스리 바가반께 올리는 경례시들(Salutation Slokas)을 음송하는 브라민들이 뿌르나꿈바(*Purnakumbham*)[66]를 가지고 스와스띠바짜깜(*Swastivachakam*)[67]을 하는 것으로 저녁 행사가 시작되었지요. (그 행사는) 판사 꾸뿌스와미 아이어(Kuppuswami Iyer)가 주재했습니다. 영어, 텔루구어, 타밀어, 말라얄람어로 스리 바가반과 당신의 가르침을 찬양하는 연설들이 있었습니다. 스리 무시리 수브라마니아 아이어(Sri Musiri Subramania Iyer)와 그의 악단이 연주한 음악이 일품이었고, 베다 빠라야나로 그날의 절차가 마무리되었지요. 일체가 프로그램에 따라 탁월하게 진행되었습니다."

---

65) *T.* 『리그베다』에 있는 만트라들.
66) *T.* 물을 채운 항아리 위에 망고 잎들을 장식적으로 깔고 그 위에 코코넛을 세운 것.
67) *T.* 번영과 행복을 기원하는 만트라들. 큰 행사 때 브라민들이 흔히 이것을 창송한다.

1946년 9월 26일에 한 친구가 나에게, 현지의 한 극장에서 50주년 경축행사를 뉴스영화로 보여주고 있다면서 나를 데려가서 보게 했다. 그것은 아주 생생하고 사람을 전율시키는 인상적인 것이었다. 알고 보니 그것은 마지막 상영일이었고, 나는 제때에 그 정보를 준 친구와 나의 행운에 감사했다. 다음날 오전에 나는 그 영화에 대해서 아쉬람에 편지를 썼다. 아쉬람은 1946년 9월 29일자 답장에서 이렇게 말했다.

"우리는 마드라스와 봄베이 헌신자들에게서도 그 영화가 동시에 상영되고 있다는 말을 들었습니다."

이어진 **다사라** 연휴에 아쉬람을 방문했을 때는 많은 동료 헌신자들에게서 그 영화를 본 데 대해 축하를 받았고, 나는 그 영화를 묘사해 주었다. 스리 바가반은 그 영화에 대해 처음 알려준 사람이 나라고 말씀하셨다. 당신은 자애롭게 즐거워하시며 이렇게 덧붙이셨다.

"그러니까 자네는 이곳의 행사에 참석하지 못한 것을 안타까워할 필요가 없군. 실로 자네는 그 행사에 참석한 많은 사람들보다 그것을 더 잘, 더 폭넓게 본 거지. 창문으로 어떤 행렬을 보는 사람이 그 행렬에 참가한 사람들 자신보다 더 잘 본다고 하지 않던가?"

나에게 이번 시즌의 사건은 나의 존경하는 옛 스승인 D. S. 사르마 교수가 아쉬람을 방문한 것이었다. 스리 바가반은 특별한 은총과 남다른 존경심으로 그를 대우하셨다. 어느 날 오전에, 사르마 교수가 우리 몇 사람과 함께 스깐다쉬람을 방문하기 위해 산을 올라가고 있었는데, 스리 바가반이 도중에 우리를 만나서 인사를 건네셨다. 당신이 시자에게 이렇게 말씀하시는 것이 들렸다.

"저기 큰 '선생님' 가시는 것 보이지. 그는 우리 숩바라마이야의 스승이야. 그래서 그는 교수님의 교수님인 거지!"

내 생일이기도 했던 1946년 10월 4일 **마하나바미**(*Mahanavami*) 날 새벽에는 친구 스리 R. 나라야나 아이어와 함께 **산 오른돌이**(*Giri pradakshina*)를 했다. 돌아오는 길에 우리는 **아루나찰레스와르** 사원에서 예배를 했다. 우리는 도중에 **신상**神像의 행렬을 보고, 얼마간의 거리를 그 행렬과 동행하기도 했다. 이것은 매우 상서롭게 느껴졌다. 그날 나는 텔루구어 시로 다음과 같이 나의 생일 기도문을 지어 스리 바가반께 제출했다.

"생일이 무슨 잔치입니까! 태어난 '나'는 누구인가? 그렇게 물으면서 우리가 그 근원을 추구하면, 태어난 '나'는 사라지고, 보십시오! 불생不生의 **진아**가 번뜩입니다. 부디 저에게 저 불생일不生日(*unborn* day)의 잔치를 하사해 주십시오!"

오후에 D.S. 사르마(Sarma) 교수가 질문을 하나 했고, 스리 바가반은 자세히 답변하셨다. 그 질문과 답변의 전체 텍스트를 나중에 교수 자신이 나에게 건네주었는데, 그것은 아래와 같다.

질문: 서양 신비가들의 생애에서 우리는 정죄淨罪, 깨침, 합일이라는 뚜렷이 구분되는 세 단계가 있는 이른바 신비적 길에 대한 묘사들을 발견합니다. 정죄 단계는 우리가 말하는 **수행**(*Sadhana*) 시기에 상응합니다. 스리 바가반의 삶 속에서도 그런 어떤 기간이 있었습니까?

답변: 저는 그런 어떤 기간도 알지 못합니다. 저는 어떤 **조식**(*pranayama*)이나 **염송**(*Japa*)도 전혀 닦지 않았습니다. 저는 어떤 만트라도 알지 못했습니다. 어떤 명상이나 내관의 규칙도 없었습니다. 나중에 그런 것들에 대해 듣게 되었을 때도 그런 것에 결코 끌리지 않았습니다. 바로 지금도 제

마음은 그런 것들에 주의를 기울이지 않습니다. 수행은 얻어야 할 어떤 대상과 그것을 얻는 수단이라는 의미를 내포합니다. 우리가 이미 소유하고 있지 않은, 얻어야 할 무엇이 있습니까? 명상 · 집중 · 내관에서 우리가 해야 할 일은, 무엇을 생각하는 것이 아니라 고요히 있는 것뿐입니다. 그럴 때 우리는 우리의 본래적 상태에 있을 것입니다. 이 본래적 상태에 해탈 · 진지 · 진아 등의 많은 이름이 붙는데, 이것(이런 개념들)이 많은 논란을 야기합니다. 제가 눈을 감고 있던 때가 있었지요. 그렇다고 해서 제가 그때 어떤 수행을 닦고 있었던 것은 아닙니다. 지금도 저는 가끔 눈을 감고 있습니다. 그런 순간에 사람들이 제가 어떤 수행을 하고 있다고 말한다면, 그러라고 하지요. 저에게는 그것이 어떤 차이도 가져오지 않습니다. 사람들은 자신들이 어떤 정교한 수행을 하면, 언젠가 진아가 아주 크고 엄청나게 찬란한 어떤 것으로서 그들에게 내려올 것이고, 그러면 소위 사끄샤뜨까람(*Sakshatkaram*-깨달음)을 갖게 될 거라고 생각하는 것 같습니다. 진아가 사끄샤뜨(*Sakshat*)인 것은 맞지만, 그것에게는 어떤 까람(*karam*)이나 끼르땀(*kirtam*)도 없습니다. '까람(*karam*)'이라는 단어는 우리가 무엇을 한다는 것을 뜻합니다.[68] 그러나 진아는 우리가 무엇을 해서 깨달아지는 것이 아니라, 무엇을 하지 않고 고요히 있음으로써, 자신이 실제 있는 그대로 단순히 있음으로써 깨달아집니다.

이 대담과 관련하여 사르마 교수는 얼마 후인 10월 7일에 나에게 이런 편지를 보냈다.

"여기에 이 위대한 남인도의 신비가에 대한 어떤 영구적인 기록에 들어가

68) *T.* 이 문답과 거의 비슷한 다른 버전에서 바가반은, '사끄샤뜨'는 '언제 어디서나 존재하는 것', '까람'은 '원인'이라고 설명하고, "그래서 '사끄샤뜨까람'은 참된 것, 영구적인 것, 일체의 원인인 것은 우리 자신의 진아임을 아는 것을 의미한다"고 하였다(『라마나스라맘에서 보낸 편지』, 제1권 68장 참조). '*Sakshatkara*'는 문자적으로 '자기 눈앞에 두기', '직접 보기'라는 뜻이며, 그래서 진아를 직접 보는 것, 곧 '깨달음'의 의미로 사용된다.

야 할 말들이 들어 있다고 생각하지 않는가?"

내 교수님의 그 욕망이 여기서 실현되었다. 이 교수님은 같은 편지에서 이런 말도 덧붙였다.

"지금까지 나온 마하르쉬님에 대한 모든 이야기들을 한데 모으고 매 단계에서 그 전기 주인공의 승인을 얻어 그것을 확장하려는 자네의 아이디어는 탁월하네. … 그것이 빨리 되면 될수록 좋지. 그것은 자네나 스와미나탄(Swaminathan) 같은 사람들에 의해서만 만족스럽게 이루어질 수 있네. 그 전기는 어떤 장황한 서술이나 미사여구나 과장 없이 절대적으로 객관적이고, 간결하고, 정확해야 할 것이네."

오호라! 우리가 최대한 노력했음에도 불구하고 위의 제안은 실현될 수 없었는데, 그것은 주로 스리 바가반의 건강이 나빠지고 있었기 때문이다.

집에 돌아온 뒤 하룻밤에 스리 바가반의 꿈 두 개를 꾸었다. 첫 번째 꿈에서는 스리 바가반이 미끄러운 땅 위를 걷고 계셨다. 당신이 넘어지실까 두려웠던 나는 당신의 몸을 지켜드릴 요량으로 당신께 다가갔다. 그러나 스리 바가반은 오히려 내 손을 꽉 붙들고 그 땅 건너편으로 나를 안전하게 이끌어 주셨다. 두 번째 꿈에서는 스리 바가반이 나에게 어떤 비누를 건네주면서 그것이 외적인 몸은 물론이고 내적인 존재도 깨끗이 해줄 거라고 말씀하셨다. 위 꿈들을 서술한 내 편지에 대한 답장으로 아쉬람에서는 10월 20일에 이렇게 썼다.

"우리에게 스리 라마나의 형상으로 나타나시는 스리 마헤스와르(시바)께서 항상 우리를 인도하고, 액운을 막아주고 계십니다. 그분에 대한 우리의 신뢰와 믿음이 점점 더 증장되게 하십시오. 당신의 꿈들은 이 목적에만 이바지하게 될 것입니다."

그달의 마지막 주에는 세 번의 비극적 사별로 인한 심적 우울을 극복하기 위해 스리 바가반의 「실재사십송」과 「보유」를 텔루구어 시사말리까(*Sisamalikas*) 시들로 번역하는 데 몰두했다. 내가 좋아서 한 이 일이 저하되어 있던 내 사기를 위무해 준 방식은 스리 바가반의 은총의 또 한 가지 표지였다.

1946년 11월 26일에 나감마가 편지로, 스리 바가반이 우기로 인해 감기와 기침으로 몸이 불편하시다고 알려주었다.

1946년 12월 5일, 마술리빠땀(Masulipatam)의 스리 베무리 빠르타사르티 라오(Sri Vemuri Parthasarthi Rao)가 50주년 기념식 경축일에 스리 바가반께 헌정한 잠언箴言들 모음인 자신의 담화록談話錄(*Nivedana*)을 내가 살펴보도록 보내 왔다. 첨부 편지에서 그는 이렇게 썼다.

"우리가 서로 생소하기는 하나, 그것은 이제 우리의 영원한 우애를 드러내시는 스리 바가반의 정신이라고 저는 느낍니다. … 그렇지요! 언어로 표현하지 못할 때는 더 큰 자유와 기쁨으로 심장들이 심장들에게 이야기합니다. 그것들의 연결은 사랑일 뿐입니다."

1946년 크리스마스 연휴 동안 아쉬람을 방문했다. 나는 텔루구어로 시사말리까 시로 옮긴 「실재사십송」을 스리 바가반의 발아래 놓았다. 나의 간청에 당신은 자애롭게도 그것을 즐거이 살펴보시고, 그 원고를 수정해 주셨다. 「실재사십송」 제7연에서 나는 이렇게 썼었다.

"세계와 의식의 탄생과 해체의 근원이자 탄생과 해체 없이 빛나는 완전함이 곧 저 실재라네."

스리 바가반은 '실재' 앞의 '저'를 없애면서 실재는 한정될 수 없다고 말씀하셨다. 제20연에서, 내 버전은 이러했다. "만일 신이 없다면, 진아가 존재할 수 있겠는가?" 스리 바가반은 그것을 이렇게 바꾸셨다. "진아는 '신'에 다름 아니므로." 제32연에서, 나는 이렇게 썼다. "'내가 그것이다', '나는 이것이 아니다'라고 생각하는 것은 순전히 마음의 힘이 부족함을 보여준다네." 스리 바가반은 '순전히'를 없애면서, 내가 그 단어를 쓴 것은 진실을 과도하게 표현한 거라고 말씀하셨다. 제12연에서는 스리 바가반이 "지知와 무지가 없는 것이 참된 지知라네"라는 문장을 읽으시다가, 나야나[스리 까비야깐타]는 처음에 이 말에 이의를 제기했다고 말씀하셨다. 당시에 스리 바가반은 그에게 「우빠데사 사람」의 제27연의 "지知와 무지가 없는 것이 참된 지知라네. 달리 알아야 할 무엇이 있는가?"를 가리켜 보이면서, 나야나 자신이 그 작품에 대한 자신의 주석에서 그것을 설명한 적이 있다고 하신 듯하다. 그러자 나야나가 납득한 것 같다. 이 이야기를 들려주면서 스리 바가반이 말씀하셨다.

"마야의 힘이 그와 같아서, 때로는 그것이 가장 학식 있는 사람의 마음조차도 흔들어 놓지요."[69)]

하루는 스리 바가반이 말씀 도중, 스리 까비야깐타가 띠루쭐리를 주재하는 여신인 사하야발리(*Sahayavalli*)에 대해 산스크리트어로 지은 기원시를 다시 읊으셨고, 나는 그것을 이렇게 받아 적었다.

"우리의 스승이신 바가반 스리 라마나 마하르쉬를 신성하게 하여 그분이 진아를 깨닫게 만들었던, 사하야발리의 자애로운 시선이 윤회(*Samsara*)[현상적 삶]로 고통 받는 사람들에게 사하얌(*Sahayam*)[구원]을 베푸어 주시기를!"

1946년 12월 26일, 스리 바가반은 회당에서 냐네스와르(Jnaneswar)[70)]

69) *T.* 이 이야기와 바가반의 말씀은 88쪽에서도 한 번 나왔다.
70) *T.* 마하라슈트라 지방의 성자(1275~1296). 『기타』 주석서인 『냐네스와리』를 저술했다.

의 이야기를 들려주시고, 『마하박따 비자얌(*Mahabhakta Vijayam*)』에서 냐네스와르와 그의 아버지 간의 대화[71]를 낭독하셨다. 스리 바가반의 권유로 내가 그것을 다음과 같이 한 문장으로 번역했다.

"회초리의 움직임에 따라 춤추는 원숭이 같은 마음은, 확고한 지知를 가진 자나까(Janaka)에 의해 정복되었지, 집착을 떨치기 위하여 피난처를 찾아 숲속으로 달아난 수까(Suka)에 의해서가 아니다."

그날 밤, 스리 바가반이 식당에 앉아서 잡담을 하고 계실 때, 시자 크리슈나스와미가 당신을 모셔가기 위해 지팡이를 가져왔다. 스리 바가반은 즉시 일어서면서 농담조로 말씀하셨다. "그러니까 조련사가 회초리를 가지고 오면 그것의 움직임에 따라 여기(당신 자신을 가리키며) 원숭이가 춤추는 거지!"

다음날 나는 집으로 돌아왔다. 그 직후 나는 아쉬람의 조언에 따라 「스와탄트라(*Swatantra*)」 지誌 편집주간에게 편지를 써서, 서평을 위해 그에게 『50주년 기념집』 한 부를 보내드린 것을 상기시켰다. 1947년 1월 7일에 그가 이런 답장을 보냈다.

"저는 그 책을, R. 바이디야나다스와미 박사(이학박사, 철학박사)에게 주었는데, 제 생각에는 그가 그것을 검토하기에 가장 유능한 분입니다. 그는 토요일에 서평을 보내주겠다고 약속했습니다. 그것이 제때에 오면, 다음 주 「스와탄트라」에 실릴 것입니다."

내가 1947년 1월 4일자로 아쉬람에 보낸 편지에서, 나는 우리 헌신자들을 위해 스리 바가반께서 건강을 되찾아 최소한 10주년을 더 사시기를

---

71) *T.* 이 대화는 소책자 *Dialogue Between Dnyaneswar and His Father Vithoba*(스리 라마나스라맘, 2006)로 간행되었다. The Maharshi, Jul/Aug 2004에서도 볼 수 있다.

바란다는 기도문을 썼다. 그에 대해 아쉬람은 11일에 이렇게 답장했다.

"우리는 당신의 기도문에 특별히 주목했고, 그것은 모든 헌신자들의 기도이기도 합니다. 그분의 은총이 지배할 것입니다."

나중에 보니, 스리 바가반은 당신의 칠순 잔치 때(만 70세)까지 사셨다.

1월 20일에 나감마가 아쉬람에서 편지를 보내어, 스리 바가반과 오래 친교한 (헌신자) 스리 라마나타 브라마짜리(Sri Ramanatha Brahmachari)가 2주일 전에 마드라스에 갔다가 거기서 죽었다는 슬픈 소식을 전해주었다. 스리 바가반이 곧잘 바디야르(*Vadhyar*)[교장 선생]라고 부르시곤 하던 이 브라마짜리는 겸손함 그 자체였다. 나는 그에게 조의를 표하는 편지를 나감마에게 쓰면서, 그를 추모하는 가장 좋은 방식은 그가 지은 헌가獻歌인 「라마나라누브후띠(*Ramanaranubhuti*)」를 스리 바가반 앞에서 부르는 것일 거라고 했다. 1947년 1월 30일에 그녀가 답장하기를, 자신이 내 편지를 스리 바가반 앞에서 낭독했고, 「라마나라누브후띠」는 브라마짜리가 타계했다는 소식을 듣자마자 꾸달로르(Cuddalore-타밀나두 동부 해안의 읍) 헌신자들이 회당에서 이미 창송唱誦했다고 했다. 그녀는 스리 바가반이 많이 수척해지셨다는 당혹스러운 소식도 전해주었다.

『50주년 기념집』에 대한 「스와탄트라」 지誌의 서평이 1947년 2월 15일에 나왔다. 다음날 아쉬람은 나에게 편지를 보내어, 그에 대해 다음과 같이 논평했다.

"편집주간이 그렇게 긴, 의심할 바 없이 식견 있는 서평을 위한 지면을 할애했다는 것은 좋습니다. 그러나 글쓴이는 절대자를 평가하는 상대적인 기준을 채택한 것으로 보입니다. 그것은 워낙 공리주의적이어서, 최고의 깨달음을 사회 각계각층에서 성취되는 성과들로써 판단하려고 합니다. 이

기준의 타당성을 인정한다 하더라도, 그것은 '상태-자아(State-self)'—(만약 그런 개념이 우파니샤드에 어떤 근거를 가지고 있다고 여겨진다면)—의 기능들에 관심이 있어서 진아지(*Atma-Vidya*)의 말없는 주창자와 어떤 '접촉'을 하려고 애쓰는 사람들에게 해당될 뿐, 그런 어떤 '접촉'이 실현되도록 애쓰는 모든 상대성을 초월한 스승에게는 해당되지 않습니다. 그 이유는 단순합니다. 스승은 영원불변인 것과 관계되는 반면, 세상 사람들은 세간적 성취와 직접 관계되고 그에 관심을 갖습니다."

위의 논지에 따라 내가 쓴 다음의 편지가 그 저널의 다음 호에 이렇게 실렸다.

"「스와탄트라」가 그 식견 있고 뛰어난 서평을 실어준 데 대해 따뜻한 찬사를 드려야 할 것이다. 스리 라마나 마하르쉬를 '철두철미 전사戰士'라고 묘사한 것과, 그분의 「실재사십송(*Ulladu Narpadu*)」을 '다분히 결정적 한 방을 계획하고 있는 전술적 달인의 간결한 군사적 평가서와 같다'고 읽은 것은 적절할 뿐만 아니라 참되다. ··· 또한 마하르쉬의 이상理想을 ··· '청각적 혹은 시각적 요소라고는 자취도 없는, 저 축적되고 거둬들여진 (의식의) 전前창조적(pre-creative)이고 원原창조적(proto-creative) 수준인 ··· 전적인 침묵'이라고 서술한 것도 뛰어나며, 더 보탤 말이 없다. 이 서평은 우리의 마음에 두 가지 근본적 문제를 제기한다. (1) 절대자를 상대적인 기준으로 평가할 수 있는가? (2) '상태-자아'가 진아지의 말없는 주창자와 어떤 '접촉'을 얻으려고 애쓰는 것—그 반대로가 아니라—은 후자가 영원불변인 것과 관계되는 반면, 전자는 일시적이고 물질적인 성취를 겨냥한다는 명백한 이유에서 그것(상태-자아)과 밀접히 관련되는 이해관계 아닌가? (사실 『라마나 기타』, 제10장에서는 그런 종류의 어떤 '접촉'에 대해 마하르쉬의 반응을 끌어낸다.)

참된 자아를 찾아 가출하여, 모든 부침에도 불구하고 꾸준히 자신의 목표를 추구하는 소년의 이야기는 그다지 정확하지 않다. 사실 마하르쉬는 아직 마두라의 집에 있을 때이던 열일곱 살 때 참된 자아를 깨달았고, 나중에 그의 신적 아버지 아루나찰라의 부름을 받고서야 집을 떠났던 것이다. 그 이후로 그가 한 모든 따빠스(*tapas*)는 어떤 공식적·전통적 유형의 것이 아니라 그냥 '진아에 안주함'이었다. 스리 라마나는 상당히 어린 나이에 어떤 스승이나 영적인 지식의 도움도 받지 않고 거의 우발적으로 진아 깨달음을 성취한 독특한 사례이며, 어떤 질문에 대해서든 그의 접근법은 절대적 독창성과 직접성을 보여준다. 따라서 그의 사례는 엄격한 합리주의자들과 심리학 연구자들에게조차도 더없는 관심사가 될 수밖에 없다."

1947년 2월 19일에 든 시바라뜨리(*Sivaratri*) 축제에 즈음하여, 나는 「스리 라마나 꼴루부(*Sri Ramana Koluvu*)」라는 제목의 텔루구어 시 5연을 지어 아쉬람에 보내는 편지에 동봉했다. 이 시인은 '꼴루부(*Koluvu*)'의 세 가지 의미, 즉 (1) 봉사 혹은 숭배, (2) 알현실(Durbar-hall), (3) 척도라는 의미를 가지고 유희한다. 그 찬가는 다음과 같다.

1. 이날은 하리(*Hari*-비슈누)와 여타 신들이 (아루나찰라로서) 떠오르던 시바를 숭배한 날이라네. 우리가 이제 모든 필멸적·불멸적 창조계를 신성하게 하시는 분, 아버지[아루나찰라]의 무릎 위 알현실에 앉아 계신 꾸마라(*Kumara*)[아들-신]이신 라마나 마하르쉬를 숭배하는 것은 적절하지 않은가?

2. 한때 당신은 사악한 악마 따라까(Taraka)를 죽이고, 끄라운차(Krouncha) 산을 쪼개셨고,[72] 그렇게 해서 천상(천신들의 세계)에 봉사하셨다네. 마찬가지로, 이제 당신은 지상(인간계)에 봉사하고 계시네. 우리가 라마나 마하르쉬

---

72) *T.* 인도 까르나따까 주 동부에 있는 이 산은 옛날에 악마(아수라)들과 전쟁을 벌이던 까르띠께야(=꾸마라, 수브라마니아)가 산 속에 숨은 악마들을 죽이기 위해 창을 내질러 산을 갈랐다는 전설이 있으며, 지금도 산 한가운데로 길게 패인 고갯길이 있다.

를 숭배하는 것은 적절하지 않은가?

3. '봉사'하거나 '숭배'한다는 것은, 시간과 공간에 속박되어 있는 필멸적 지성(mortal intellects)으로 **라마나**를 가늠하려 하는 것이 아니라네. 평범한 저울이 **주요 산맥들**(Cardinal Mountains)을 어찌 가늠할 수 있겠는가?

4. 감히 **라마나**를 가늠해 보려는 하찮은 마음의 소유자들에게는, **아루나찰라**를 가늠해 보려다가 **브라마**와 **비슈누**가 당한 것과 같은 치욕이 분명히 떨어질 것이네.

5. '봉사하거나 숭배하는 자는 누구인가?' 이 생각의 용광로 속에 우리의 에고를 던져 넣어 재로 만들자. 그것이 **시바라뜨라** 날에 **지고의 진아**이신 **구루 라마나**에 대한 참된 봉사 혹은 숭배가 될 것이네.

아쉬람에서는 내 편지를 잘 받았다면서 22일자 편지에서 이렇게 썼다. "그 시들에 주목했습니다. · · · 「스와딴뜨라」 편집주간에게 보낸 그 편지는 그 목적에 잘 이바지하게 될 것입니다."

1947년 3월 마지막 주에 비마바람(Bhimavaram)의 변호사인 스리 라야삼 나라싱하무르띠(Sri Rayasam Narasimhamurti)가 나에게 약간의 시주금을 보내면서, 그것을 스리 바가반께 봉사하는 데 써주기 바란다고 했다. 이 말을 들은 아쉬람에서는 나에게 그것을 이용해 「실재사십송」과 「보유」의 시사말리까 시들을 인쇄해도 좋다고 허가했다. 그 금액은 종이를 구입하기에 충분했고, 비샤인쇄소(*Vysya Press*)에서는 그들다운 헌신으로 인쇄를 무료로 해주었다. 그 책이 출간되게 된 방식은 실로 스리 바가반의 은총의 또 다른 표지였다.

1947년 5월 중순경에 아쉬람을 방문했다. 이 시즌의 큰 사건은 스리 바가반이 텔루구어로 「진아 5연시(*Ekatma Panchakam*)」를 타밀어 운율인 벤바(*Venba*)로 지으신 것이었다. 이전에 스리 바가반은 생일에 관한 당신

자신의 벤바 시들을 벤바 운韻의 텔루구어 시로 번역하신 적이 있었다. 그러나 이번은 스리 바가반이 벤바 운으로 오리지널 텔루구어 시를 지으신 것이었다. 나중에 당신은 그 다섯 연을 타밀어 벤바로 번역하셨다. 그런 다음 스리 무루가나르가 벤바로 기원시를 지었고, 그것을 스리 바가반 자신이 텔루구어 벤바로 번역하셔야 했다. 스리 바가반은 언젠가 서로 다른 언어의 운율들이 호환 가능하며, 사실 나야나는 몇 수의 (산스크리트어) 슬로까(*slokas*)를 벤바 운으로 지은 적이 있고, 띠루뿌갈(*Tiruppugazh*) 운으로도 지었다고 말씀하신 적이 있었다. 텔루구어에서 이 새 운율의 혁신은 고대 리쉬들(Rishis)의 전통과 잘 부합하는 것이었다. 「진아 5연시」는 운율이 벤바인 만트라이기도 한데, 그 리쉬는 곧 **스리 라마나**이고 그 신(Devata)은 **에까뜨마**(*Ekatma*)[하나인 진아]인 것이다. 이 시는 실로 간결함과 고상한 위트의 한 걸작이다. 그것은 **다끄쉬나무르띠**를 찬양하는 **스리 샹까라짜리야**의 유명한 슬로까(*sloka*-「진아 5연시(*Atma Panchakam*)」)와 흡사한데, 그 슬로까의 마지막 연에서는 **다끄쉬나무르띠**를 분명하게 언급하고 있다. (샹까라의) 그 시에서 **'보편적 진아**(*Sarvatma*)'를 설하듯이, 이 시에서는 **'하나인 진아**(*Ekatma*)'를 설한다. 제1연에서는 자아가 그 자신과 자신의 소재를 술 취한 사람처럼 꿈꾼다. 제2연에서는 자아가 그 자신과 자신의 소재를 술 취한 사람처럼 묻는다. 제3연에서는 자기 자신을 몸 안에 있다고 여기는 자아가 (스크린 상의) 화면 속에서 스크린을 보는 것만큼이나 우스운 실수를 범한다. 제4연에서는 자아가 금金인 그 자신을 장신구인 몸으로 착각한다. 마지막 연에서는 항상 존재하는 **진아**가 **스승 다끄쉬나무르띠**의 방식처럼 **'말해지지 않는 말'**[침묵]로 설해진다. 이 저작의 인쇄는 한 가지 문제를 야기했다. 보통 텔루구어 시에서 띄어쓰기는 의미에 따르지만, 스리 바가반은 이 시구들을 띄워서 써야 한다고 주장하셨다. 왜냐하면 단어들이 각운脚韻의 구분에 따라 읽혀야 하고, 특히 이 운율이 텔루구어에서 새로운 것이기 때문이라는 것이었다. 나는 그 시구들을 의미와 운율 둘 다에 따라서 띄어쓰기 하되, 후자는 작은 수직선들로 구분하자는 타협적 제안을 했고, 스리 바가반은 적절한 고려 끝에 그것을 받아들이셨다. 나중에 스리 바가반 자신이 연과 연 사이에 연결어를 덧붙여 그 시를 깔리벤바(*Kalivenba*)로 다시 쓰셨다. 이것은 당신이 벤바 운으로 지으신 다른 타밀어 시들에서 으레 하시던 것이었다.

스리 바가반의 모범에서 영감을 받고 당신에게 크게 격려 받은 소수의 우리 안드라 헌신자들은 벤바 운으로 시를 짓기 시작했다. 띠루쭐리의 스리 구루스와미 아이어가 나에게 그 규칙을 가르쳐 주었다. 1947년 5월 27일에 나는 「아루나찰라 5보송(*Arunachala Pancharatnam*)」을 텔루구어 벤바 시로 번역했다. 스리 바가반은 아주 즐거워하시며 그 작품을 면밀히 살펴보고 수정하셨다. 당신은 내가 벤바로 시를 짓는 데 소질이 있다고 선언하기도 하셨다.

구자라트(Gujarat)의 은퇴한 사법관인 스리 데사이(Sri Desai)와 그의 부인은 아쉬람에 늘 오는 방문객이다. 하루는 스리 바가반이 나에게, 스리 데사이는 늘 어떤 개인적 봉사를 하게 해 달라고 간청한다고 말씀하셨다. 스리 바가반은 노신사의 이런 요청에 많이 감동하셨고, 그를 모범적 헌신자라고 칭찬해 말씀하셨다.

1947년 5월 30일, 베다 빠라야나 도중에 나는 베다에서 하느님을 "도둑들의 주님"으로 묘사하는 것에 놀랐고, 그래서 스리 바가반을 최고의 도둑으로 묘사하는 텔루구어 시 다섯 연을 다음과 같이 지었다.

1. 보십시오! 당신께서는 반개半開한 시선만 던지셔도 모든 사람의 죄악의 무더기를 훔쳐 가십니다. 오 라마나, 최고의 도둑(Master-Thief)이신 당신께 엎드려 절합니다!

2. 세계 전반에 걸쳐 당신께서는 당신 자신을 '나, 나'로서 직접 드러내시지만, 모두의 눈에 보이지 않으십니다. 오 라마나, 최고의 도둑이신 당신께 엎드려 절합니다!
3. 능숙한 도둑은 큰 집들만 침입해 장신구들을 훔치지만, 당신께서는 저희 자신들 안에 들어와서 저희들의 심장을 훔치십니다. 오 라마나, 최고의 도둑이신 당신께 엎드려 절합니다!
4. 도둑은 우리의 소유물들만 솜씨 좋게 훔칩니다. 그러나 당신께서는 저희들의 에고를 때려눕히고 저희들 자신을 훔치십니다. 오 라마나, 최고의 도둑이신 당신께 엎드려 절합니다!
5. 저희 존재들은 모두가 도둑입니다. 왜냐하면 지고아(Supreme Self)의 재물을 훔쳤기 때문입니다. 그래서 오 라마나, 최고의 도둑이신 당신께 엎드려 절합니다!

스리 바가반은 이 시들을 듣고 자애롭게 즐거워하시는 모습이었다.

1947년 6월 둘째 주에 스리 쭌두루 벤까따 레디(Sri Chunduru Venkata Reddy)와 그 일행이 스리 바가반을 친견하러 베즈와다(Bezwada)에서 왔다. 스리 벤까따 레디는 너무 감정이 북받쳐, 시자들이 그러지 말라고 함에도 불구하고 스리 바가반의 두 발 위에 머리를 놓고 눈물로 그 발들을 흠뻑 적셨다. 저녁에 스리 바가반이 우사牛舍에서 돌아오실 때, 스리 벤까따 레디가 도중에 당신을 마중하여 단체사진을 한 장 찍자고 했다. 객실에 인접한 문 근처에서 자리 배치가 급히 이루어졌다. 그때 나는 아쉬람 병원에서 아픈 눈을 치료받고 돌아오던 중이었다. 스리 찐나스와미(Sri Chinnaswami)[도감]가 나를 발견하자 나와 스리 P.T. 무뚜스와미도 같이 찍어야 한다고 소리쳤다. 내가 앉을 자리가 없다고 부드럽게 항의하자, 스와미는 내 말을 무시하면서 이 단체에는 '우리 사람들(*Nammal*)'이 들어가야 한다고 말했다. 내가 뒤로 돌아가니 스리 바가반이 말씀하셨다.

"더 가까이 와서 찐나스와미 곁에 서게." 나는 스리 바가반의 은총으로 특별 호의를 얻었다는 느낌에 압도되어 그 말씀에 따랐다(254쪽 사진 참조).

1947년 6월 13일에 마하뿌자, 즉 스리 바가반의 어머니의 대삼매일이 아쉬람에서 경축되었다. 그 일에 즈음해 나는 텔루구어로 「마뜨루 빤짜깜(*Matru Panchakam*)」['어머니 5보송五寶頌']이라는 제목의 벤바(*Venba*) 시 5연을 지어 (스리 바가반께) 제출했다.

1. 어머니는 신이요, 어머니는 여신이요,
   어머니는 아버지요, 어머니는 자손이시며,
   어머니는 모두이시고, 어머니는 진아이시니,
   어머니께서 늘 우리를 보호해 주시기를!
2. 어머니는 평안이요, 어머니는 힘이요,
   어머니는 만물의 창조주요 보호자이시고,
   어머니는 사랑이요, 어머니는 요감바(Yogamba)[73)]이시며,
   실로 마뜨루부떼스와라(Mathrubhuteswara)이시라네!
3. 어머니의 은총이 라마나 리쉬로 현현하였고,
   어머니께서 당신의 아들[꾸마라]을 저희에게 주셨고,
   어머니의 의지가 아쉬람을 창설하였으니,
   어머니가 그 영혼 자체이시라네!
4. 어머니 됨(Motherhood)은 탄생이 없는 상태라네.
   탄생의 사원은 모든 어머니(All Mother)이고,
   어머니 됨과 아버지 됨의 아름다움은
   자기를 자각하는 의식의 지복이라네.
5. 어머니는 이제 진실로 따유마나바르(Thayumanavar)이시니

73) *T.* '요기니들의 어머니' 혹은 '최초의 요기니'라는 뜻이며, 시바의 반려자인 빠르바띠의 별칭.

한 헌신자의 해산(분만)을 주관하셨던 분이라네.
어머니 정신을 깨닫는 것은 실로 큰 우러름이니
저희가 어머니를 영원히 우러릅니다.

한낮에 스리 T.P. 라마짠드라 아이어, 공중보건국장인 스리 수브라마니얌, 그리고 나는 스깐다쉬람에 올라갔다가 돌아왔다. 우리가 떠날 때 하직인사를 드리자, 스리 바가반은 당신도 우리와 함께 갈 수 있으면 좋겠다고 말씀하셨다. 우리가 돌아왔을 때 당신은 미소를 지으며, 당신은 자리에서 움직이지도 않은 채, 당신도 영靈으로 산을 올라갔다가 내려왔다고 하셨다. 당신이 덧붙이셨다. "실로, 진아 오른돌이(*Atmapradakshina*)가 세계 오른돌이(*Bhupradakshina*)임을 잘 관찰했지."

이 무렵, 바로다(Baroda-구자라트 지역의 작은 토후국)의 마하라니가 증정한 새로 온 흰 공작이 스리 바가반의 총아가 되었다. 이 공작은 바로다에서 여기까지 한 명의 시종과 함께 세단 승용차를 타고 왔다. 아주 어리기는 했지만 놀라울 정도로 활기차고 영리했다. 그의 새장은 바로 스리 바가반의 침상 옆에 있어서, 당신이 밤낮으로 그를 지켜보셨다. 공작은 스리 바가반의 서가書架에 올라가 마치 책을 읽고 싶다는 듯 부리로 책들을 부드럽게 쪼곤 했다. 아쉬람에서 진행 중이던 사원 건축 공사장을 매일 찾아가기도 했다. 그래서 스리 바가반은 그를 '건축감독'이라고 부르셨다. 이 공작은 가끔 식당에 들어가 앉아서 식사하는 사람들의 줄 사이를 걷기도 했고, 그래서 스리 바가반에게서 '부副도감'이라는 직함을 얻었다!

어느 날 한낮에 스리 숩바락슈맘마가, 스리 바가반에게 그토록 귀여움을 많이 받는 이 흰 공작은 스리 바가반의 타계한 시자인 마다바스와미(Madhavaswami)인지도 모른다고 말했다. 조금 뒤에 내가 회당에 들어가자 스리 바가반이 말씀하시기를, 어떤 사람들은 이 흰 공작이 마다바스와미의 환생이라고 믿는다고 하셨다. 그 뒤로 스리 바가반은 그를 '마다바'라고 부르시곤 했다.

1947년 6월 20일, 나는 흰 공작에 관해 마유라 브리땀(*Mayura Vrittam*)[공작 운율]으로 8연의 텔루구어 시를 지어, 50주년 빤달(Jubilee pandal) 안에 계시던 스리 바가반께 제출했다. 당신은 그것을 굉장히 기뻐하시는 것 같았고, 그것을 스리마띠 랄리따 벤까따라만(Srimati Lalita Venkataraman)에게 건네주면서 그녀의 비나(*vina*)로 그것을 노래해 보면 어떠냐고 하셨다. 그녀는 30분 안에 (곡을 만들고) 비나를 가져와 노래할 준비를 마쳤다. 바로 그때 흰 공작은 자리에 없었다. 스리 바가반이 말씀하셨다. "그런데 주인공이 있어야 자기를 찬양하는 노래를 듣지! 너 어디 있니, 마다바? 와라." 그러자 웬일! 즉시 흰 공작이 빤달의 지붕에서 훌쩍 뛰어내려왔다. 그리고 랄리따 벤까따라만이 노래하는 동안, 공작은 꼬리 깃털을 활짝 펴서 스리 바가반이 웃음 띤 눈으로 지켜보시는 가운데 춤을 추었다. 노래가 끝나자 공작은 비나로 걸어가서 부리로 비나의 현들을 톡톡 쪼았다. 그러자 스리 바가반이 노래한 사람에게 말씀하셨다. "마다바는 자네가 노래를 한 번 더 해주기 바라는군." 그래서 그녀는 다시 한 번 노래를 불렀고, 공작은 다시 춤을 추었다. 그것은 신들이 구경할 만한 광경이었다.

나는 딸리야르칸 여사(Mrs. Talyarkhan)의 바람에 따라 그 시들을 다음과 같이 번역했다.

1. 흰 공작아, 빨리 이야기해 보아라, 너는 "무슨 일이 있어도 저는 당신을 결코 떠나지 않을 것입니다"라면서, 자신의 스승을 섬기기 위해 지상에서 이 (공작의) 형상을 취한 아이야스와미(Ayyaswami)인가?
2. (아니면) 흰 공작아, 말해 보아라, 너는 스리 라마나의 두 발을 섬기는 지복을 즐기던 중 둔한 운명(죽음)에 낚아 채였다가, 이 지상에서 이렇

게 스리 라마나께 돌아온, 아주 상냥한 성품의 마다반(Madhavan)인가?

3. 새로 왔어도 너는 아무 소심함이나 주저함 없이, 아쉬람 도처에서 쾌활하게 감독을 하는구나. 너는 또 책들도 바로잡아 놓지. 말해 보아라, 흰 공작아, 너는 어떻게 해서 이런 헌신을 얻었느냐?

4. 너의 광채, 너의 아름다움, 너의 우아한 걸음걸이, 너의 진동하는 몸짓, 너의 번뜩이고 반짝이는 빛깔을 보노라면, 흰 공작아, 마치 천상이 지상으로 춤추러 내려온 듯 우리의 눈은 전율한다.

5. 바가반은 은총, 사랑, 큰 자비로 넘치는 당신의 시선을 부단히 너에게 보내시고, 굉장한 열의로 늘 너에 대해 이야기하시니, 너는 진실로 스리 라마나쉬람의 여신 락슈미로구나, 공작아!

6. 비나(*vina*) 음악을 듣고 그토록 멋지고 경이롭게 춤추려고, 빨리 달려와 아루나찰라의 스리 라마나의 순수한 마음에 그토록 아로새겨지니, 너는 혹시 여신 사라스와띠의 화신인지도 모르겠구나, 공작아!

7. 어쩌면 사뜨와구나(*Satvaguna*)[순수성과 빛]의 광채가 이와 같이 형상으로 현현했는지도 모르겠구나. 어쩌면 "그대가 그것이다(*That Thou art*)"라는 베다 말씀, 바가반만이 가지고 계신 온전한 완전함은 너뿐인지도 모른다, 흰 공작아!

8. 이 아루나찰라가 어디냐! 바로다(Baroda)가 어디냐! 거기서 태어났는데, 여기서 이렇게 마하르쉬와 함께하고 있으니, 스깐다 신(God Skanda)의 공작이냐, 달 같은 몸을 가진 너는? 오 바가반의 사랑하는 아들인 너를 환영하노라!

어느 날 한낮에 나는 스리 바가반이 영양분이 거의 들어 있지 않은 아주 희석된 버터밀크를 드시는 것에 대해 그러지 마시라고 했다. 그러자 스리 바가반이 웃으면서 대답하셨다.

"그러니까 자네는 내가 진한 버터밀크나 응유(curd)를 먹기 바라는데, 그게 더 나을 거라는 거지. 그렇지 않나? 나도 그 이점이야 알지. 그러면 나는 글 쓰는 탁자(writing table) 하나를 공짜로 얻게 될 걸!"

나는 그 말씀이 무슨 의미인지 모르겠다고 말씀드렸다. 당신은 이렇게 설명하셨다.

"나는 진한 버터밀크나 응유를 먹어서 이미 배가 불룩 나왔는데, 그러면 그게 더 불룩해져서 하나의 책상 모양이나 크기가 될 테니 그 위에서 편안히 글을 쓸 수 있게 될 거라는 거지!"

그래서 당신은 당신의 식사를 개선하기 위한 어떤 조언에 대해서도 늘 그러셨듯이, 내 제안을 귓등으로 들으셨다.

어느 날 저녁, 한 젊은 프랑스인 커플이 50주년 반달에 계신 스리 바가반을 방문했다. 젊은 남자가 질문을 하나 했다. "어느 책이 **진리**에 이르는 가장 좋은 안내서입니까?"

스리 바가반이 답변하셨다.

"모든 경전은 **진리**가 그대 자신 **안**에 있다고, 사실은 그대가 **그것**이라고 선언합니다. 그렇다면 그대 자신의 **바깥**에 있는 책들에서 어떻게 **진리**를 발견할 수 있겠습니까? 그대가 책에서 **진리**를 찾는 것은 빛이 그림자 안에서 그 자신을 찾는 것과 같습니다."

그 젊은이가 다시 여쭈었다. "『바가바드 기타』는 우리가 우리 자신의 내면으로 뛰어들어 **진리**에 도달하는 데 도움이 됩니까?"

스리 바가반: "물론이지요."

마지막으로 그 젊은이는 『바가바드 기타』에서 스리 바가반이 좋아하시는 구절을 말씀해 달라고 청했다. 스리 바가반은 처음에는 그 질문을 못 들은 척하려 하셨지만, 그 젊은이가 진지하게 간청하며 조르자, 제10장에 있는 "나는 진아다, 구다께사여(*Ahamatma Gudakesa*)" 등의 구절이라고 답변하셨다. 그것은 다음과 같이 번역된다.

> "나는 일체의 심장 안에 거주하는 진아다, 오 구다께사(아르주나의 별칭)여. 나는 모든 존재들의 시작이고, 중간이며, 또한 끝이다."

1947년 6월 25일, 나는 다시 집으로 출발해야 했다. 그날 아침 일찍 스리 바가반은 회당에서, 당시 까뜨빠디(Katpadi)와 빌루뿌람(Villupuram) 사이의 모든 열차 운행이 중단되었는데 어떻게 가려고 하느냐고 물으셨다. 나는 버스로 갈 거라고 대답했다. 그러자 스리 바가반이 말씀하셨다. "좌석을 미리 예매하고 버스스탠드에 일찍 가야 해. 승객들이 엄청 몰려들 테니까." 스리 바가반이 목욕을 하러 가신 직후에, 스리 바가반의 마두라(Madura) 집[지금의 '라마나 만디르']을 아쉬람을 위해 구입하겠다는 제안을 가져온 사람으로서 그때 회당 안에 있었던 와나빠르띠(Wanaparti-텔랑가나 주 남서부의 읍)의 라자 사헵(Raja Saheb)이 객실로 와서, 그의 비서 라자 라오(Raja Rao)와 그의 친구 M. 맥도어를 통해 나에게 자신을 소개하고, 친절하게도 나를 자신의 자동차로 마드라스까지 태워 주겠다고 자청했다. 그날 자신도 그의 비서와 친구를 대동하고 거기 간다는 것이었다. 나는 그 제안에 감사하면서, 그러나 그에 대해 스리 바가반의 승인을 얻으셔야 한다고 고집했다. 스리 바가반이 회당에 돌아오셨을 때, 라자 사헵이 당신께 자신이 내게 한 제안을 말씀드렸다. 스리 바가반은 즉시 나를 돌아보고 미소를 지으며 말씀하셨다. "그러니까 자네는 버스 여행의 모든 번거로움을 면하고 이제 안락하게 여행할 수 있군—복도 많지!" 그에 따라 나는 라자 사헵과 함께 그의 차를 타고 마드라스까지 갔는데, 가는 길에 깐찌뿌람(Kanchipuram)에서 잠시 멈추어 그곳의 사원을 방문하는 가외의 행운을 누렸다. 이것은 나에게 스리 바가반의 은총의 또 하나 경이로움으로 느껴졌다.

1947년 7월 1일에, 열렬한 헌신자인 스리 J.C. 나나바띠(Nanavati)가 봄베이에서 나에게 이런 편지를 보냈다. "비록 제가 몸은 여기 있고 몇 달간은 더 여기 있을 것으로 예상되기는 하나, 제 마음은 스리 바가반의 성스러운 친존에 다시 가 있기를 열망합니다."

같은 날, 원로 헌신자로서 아쉬람에서 정력적인 인물이었고, (아쉬람의) 정원을 그의 특별 프로젝트로 가꾸던 스리 A.R. 도라이스와미 아이어(Doraiswami Iyer)가 세상을 떠나는 슬픈 일이 일어났다. 내가 아쉬람에 보낸 4일자 편지에서는, 이 작고한 헌신자의 지칠 줄 모르던 봉사를 추모하고 다음과 같은 기도문을 담은 텔루구어 시 두 수를 지어 보냈다.

> "도라이스와미 아이어의 주의 깊고 살뜰한 보살핌 아래 자라난 아쉬람 정원의 덩굴식물과 초목들이 그를 애틋하게 추모하며 늘 향기를 발하기를."

스리 R. 나라야나 아이어는 12일자 편지에서 다음과 같은 주목할 만한 말을 했다.

> "나는 나의 삶 자체가 우리의 아버지이신 바가반께 올리는 오랜 오체투지라고 여기네. 그 점을 생각하면, 내가 당신의 친존에 온 날 이후로 당신이 내 생각에서 떨어져 계셨던 어떤 의식하는 순간이 있을까? … 나는 종달새처럼 가볍게, 오늘 왔네. … 제 내 가슴에는 어떤 걱정도, 어떤 부담도 없다네. '무슨 일이 일어났나?'라고 자네는 묻겠지. 오늘 오전에 바가반의 친존에 한 시간 있은 것 외에 아무것도 없네. 나는 전혀 명상을 하지 않네. 하는 법도 모르고, 설사 해보려 한다 해도 정반대로 되고 마네. 방대

한 관념들이 꼬리를 물고, 지구의 도처에서 나온 사진들이 떠오르네. 그래서 나는 그냥 앉을 뿐이네. 하지만 뭔가가 일어난다네. 내 안의 뭔가가 바가반에게서 오는 뭔가와 접촉되는데, 나는 그게 뭔지도 모른다네. 그러나 그게 그렇다는 것을 나는 확신하네."

1947년 8월 21일에, 그리고 다시 9월 30일에 나감마가 나에게 편지를 보내어, 스리 바가반이 뚜렷한 불건강의 원인도 없이 점점 약해지고 야위어지신다고 했다. 이 소식은 당연히 내 마음을 걱정으로 가득하게 만들었다.

1947년 9월 8일이던 **스리 크리슈나 자얀띠** 날에 나는 스리 바가반에 대한 텔루구어 시 두 연을 지었는데, 다음과 같다.

1. 저 날에 **당신**은 『기타』를 말씀하셨는데, 바로 지금도 **당신**은 자애롭게도 『기타』의 핵심을 말씀해 주셨네. 저 날에 **스리 나타**(*Sri Natha*)[비슈누 신]는 **스리 크리슈나**셨고, 오늘날 당신은 **구루 라마나**시라네. 그 **진리**를 알라.
2. 실로 **스승**이 **브라마**요 **비슈누**요 **시바**이며, 진실로 **지고의 브라만**이라네. 그래서 나는 **구루 라마나**의 연꽃 발들을 우러른다네.

이 무렵 유명한 『탐구의 바다(*Vichara Sagara*)』의 타밀어판 요약본인 『탐구보주화만(*Vichara Manimala*)』의 새로운 판이 하나 나왔는데, 이것은 스리 바가반이 스리 아루나찰라 무달리아르(Sri Arunachala Mudaliar)의 공책에 써 주셨던 것을 1909년에 그 헌신자가 간행했던 것이다. 이제 몇 명의 안드라 헌신자들의 요청으로, 스리 바가반이 자애롭게 그것을 텔루구어로 번역하셨고, 그것이 같은 제목으로 간행된 것이다. 그 중의 한 문장은 이렇다. "손가락 등의 사소한 장애물이 제거되자마자, 찬란한 햇빛이 스스로 드러난다. 그와 마찬가지로, 무지의 약간 남은 자취가 마음에서 제거되자마자 브라만이 '자기광명(Self-Illumination)'과 함께 자동적으로 빛난다." 나는 위 구절의 비유에서 '손가락'이 무엇을 말하는지 알 수 없었고, 스리 바가반은 나감마의 30일자 편지를 통해서 그것이 우리가 해를 볼 때 섬광을 피하기 위해 흔히 눈앞에 손가락을 가져다 대는 것을 가리킨다고 자애롭게 설명해 주셨다. 손가락을 내리면 해가 온통 찬란하게 보인다.

나는 10월 14일에 다시 아쉬람을 방문했고, 다사라 연휴 동안 그곳에 머물렀다. 사원 건축은 최종단계에 접어들고 있었다. 우리는 매일 1천 명호名號 등으로 특별 예공을 드렸고, 여신 요감바(Goddess Yogamba)는 그녀의 화현 모습들 중의 하나로 (매일) 화려하게 장식되었다.[74] 역시 스리 바가반을 방문 중인 넬로르의 스리 T. 라미 레디가 모든 아쉬람 일꾼들에게 새 옷을 증정했다. 깐찌 까마꼬띠 삐땀(Kanchi Kamakoti Pitham)의 자가드구루 스리 샹까라짜리야가 이제 띠루반나말라이 인근에 캠프를 차리고 있었다. 어떤 사람이 샹까라짜리야 예하隸下와 스리 바가반이 만나신 적이 있느냐고 여쭈었다. 스리 바가반이 답변하셨다.

"우리가 언제 분리되어 있었기에 이제 만나야 합니까? 우리는 늘 함께 있습니다."

오후에 스리 바가반은 당신의 지팡이를 기대고 객실 근처에 서서 가난해 보이는 한 어린 소녀와 한 소년에게 이야기를 하고 계셨다. 내가 그쪽으로 지나가고 있을 때 스리 바가반이 나를 부르시더니, 그들을 가리키며 한숨을 쉬고 말씀하셨다. "이 아이들도 엄마 없는 자식들이야." 그렇게 말씀하실 때 당신의 눈에 눈물 한 방울이 빛났다.

또 하루는 스리 바가반이 나에게 오래 전에 스리 순다라난다 스와미가

---

74) *T.* 어머니 사원에 모셔진 여신 요감바는 9가지 화현의 모습을 갖는다. 9일에 걸친 나바라뜨리 축제 때, 아쉬람에서는 이 여신을 매일 다른 옷과 화만 등으로 장식하고 숭배한다.

지은 어떤 산스크리트 시구들을 보여주셨다. 그 중의 한 연에는 다음과 같은 대화가 들어 있었다.

"'이보세요, 비구(*Bhikshu*)[출가수행자(*Sannyasi*)], 어디서 오시는 길입니까?'

'아루나찰라 쪽에서 옵니다.'

'거기에는 뭔가 특별한 게 있습니까?'

'예, 거기에는 라마나라는 어떤 싯다(*siddha*)[진인]가 그의 은총으로 덕 있는 이들에게 북띠(*bhukti*)[음식]와 묵띠(*Mukti*)[해탈]를 나누어 줍니다.'

'그분은 어떻게 그런 힘을 얻었습니까?'

'그분 자신의 힘든 고행에 의한 신 깨달음을 통해서지요.'

'놀랍군요. 그분을 뵈러 서둘러 그곳에 가봐야겠습니다.'"

이때 스리 바가반은 심한 감기에 걸리셨다. 당신은 음식 섭취를 대폭 줄이신 상태였지만, 결코 그렇다고 인정하지 않으시고 오히려 너무 많이 먹고 있다고 말씀하시곤 했다. 나는 1947년 10월 26일에, 스리 바가반의 건강 때문에 큰 걱정을 안고 아쉬람을 떠났다.

1947년 11월 1일에 나감마가 보내온 편지에서는, 스리 바가반이 이제 건강히 좋아졌고, 당신의 감기도 가라앉았으며, 음식을 더 들고 계시다고 해서 크게 안도했다. 3일자 아쉬람 편지도 이것을 확인해 주었다. 나아가 작고한 까비야깐타의 아들로서 당시 아쉬람을 방문 중이던 스리 A. 마하데바 사스뜨리의 17일자 편지도 그것을 뒷받침했다. 다시 26일에 나감마가 편지를 보내어, 똑같이 안심시키는 소식을 되풀이해 전했다. 마치 스리 바가반이 당신의 은총으로 수많은 목소리를 통해 내 걱정을 덜어주고 계신 것처럼 느껴졌다.

나는 1947년 12월 22일에 아쉬람에 가서, 29일에 열린 스리 바가반의 자얀띠 경축에 참여했다. 그에 즈음하여 다섯 연의 텔루구어 시를 지었는데, 그것은 다음과 같이 요약될 수 있을 것이다.

1. 오늘은 스리 라마나 마하르쉬께서 지구상에 화현하신 가장 상서로운 날이네. 그대 헌신자들이여, 모여서 스리 라마나의 연꽃 발을 우러르라.
2. 당신을 어머니, 아버지, 스승, 신으로 여기는 이 모든 영혼들을 구제하기 위하여 지고아가 진실로 지구상에 스리 라마나로서 이름과 형상을 취하셨네. 그대 무수한 헌신자들이여, 저 은총이라는 무한한 보물을 약탈하라. 왜 많은 말을 하겠는가!
3. 브라마빠담(*Brahmapadam*)[브라만이라는 단어]도 공부하신 적 없이, 당신께서는 브라마빠담(*brahmapadam*)[브라만의 지위]을 성취하셨습니다.

   스승이 해주는 입문을 받지 않으셔도, 당신께서는 스승[아버지 시바]의 일을 시작하실 줄 아셨습니다.

   소년 시절에 세상을 버리셨지만, 당신께서는 전 세계를 당신의 가족으로 소유하십니다.

   침묵의 삼매에 잠겨 계시지만, 당신께서는 실재라는 목표를 선언하셨습니다.

   힘과 평안, 진리와 세련됨, 힘든 무욕과 부드러운 자비가 당신 안에 독특하게 혼합되어 있습니다. 당신을 어떻게 묘사할 수 있을까요, 오 라마나시여!
4. 가장 사악한 세상에서, 가장 저급한 타락의 이 시대에, 저희가 예전에 쌓은 덕이 저희의 스승이신 당신을 저희에게 모셔 왔습니다. 그러니 이제 오 바가반, 당신의 넘치는 은총으로 저희 모두를 완성시키고 구원하시는 것은 당신께 달렸습니다.
5. 오, 인간 세상의 이상으로서 현현한 모든 덕德들을 함께 거느리신 당신이시여, 당신께 축복을!

   오, 이 은총의 형상을 취하신 삿찌다난드(*Satchitanand*)이신 당신이시여,

당신께 승리를!

오, 캄캄한 무지의 세계라는 악마를 죽이시는 아루나찰라의 아들이신 당신이시여, 당신께 행복을!

오, 소년 시절에 기적같이 진아 깨달음을 성취하신 복 받은 분이신, 당신께 축복을!

오, 헌신자들의 마음을 사로잡으려고 몸을 받아 오신 신이신 당신이시여, 당신께 사랑을!

오, 세계라는 배를 위험에서 벗어나게 운전하시는 우주적 선장이신 당신이시여, 당신께서 오래오래 사시기를!

아쉬람에서 맞은 1948년 새해를 나는 중병과 함께 시작했다. 스깐다쉬람을 방문하던 도중 갑작스럽게 설사가 시작되었고, 그 때문에 이틀 동안 객실에 몸져누워 있었다. 나는 대부분의 시간을 회당에서 보내곤 했기 때문에, 스리 바가반은 바로 첫날 내가 없는 것을 발견하시고, 내가 즉시 약을 먹어야 하며, 대증요법 의사들이 통상 처방하는 과즙을 피해야 한다는 말씀을 전해주셨다. 세 번째 날 이른 아침에, 누군가가 객실 창문 밖에서 내 이름을 부르는 소리가 들렸다. 내가 보니 웬걸, 바로 스리 바가반이셨다! 당신이 물으셨다. "좀 어떤가?" 내가 대답했다. "약간 나아졌습니다." 나는 스리 바가반께서 자애롭게 몸소 와주신 데 전율하고 압도되었다. 그날 오전에 스리 찐나스와미갈(Sri Chinnaswamigal)[도감]이 나를 불러, 자신이 좀 가지고 있던 아야신두람(*Ayassinduram*-남인도 전통의학의 약제)을 한 번 먹을 만큼 주었다. 그는 또 내가 밥을 조금 먹어야 한다고 고집했다. 그 뒤로 나는 급속히 회복되었다. 그러나 그날 밤 저녁식사 때 스리 바가반은 구토를 하시고 병이 나셨는데, 마치 당신이 내 병을 당신 자신에게 가져가신 것 같았다. 그래서 나는 스리 바가반의 건강을 크게 걱정하면서 1948년 1월 4일에 아쉬람에서 집으로 돌아왔다.

1948년 1월 9일에 스리 발라라마 레디가 아쉬람에서 편지를 보내어 이렇게 말했다. "당신의 감기는 사라졌고, 당신은 정상적으로 보입니다." 그러나 나는 스리 바가반의 건강이 나빠지고 있다는 이야기를 계속 듣고 있었고, (아쉬람에 있는 사람들에게) 걱정스러운 질문들을 했다. 23일에 아쉬람의 스리 R. 나라야나 아이어와 나감마에게서 편지를 받았는데, 모두 스리 바가반이 회복되셨다고 나를 안심시켜 주었다. 스리 나라야나 아이어는 이렇게 썼다.

"자네 엽서를 스리 바가반께 보여 드렸네. 당신은 그것을 읽으시면서 이렇게 말씀하셨지. '그때는 내가 잘 먹지 못했지. 이제 나는 대식가처럼 먹고 있어. 이제는 내가 얼마나 많이 좋아졌다고 해야 할까!' 여기서 자네 나름대로 추론해 볼 수 있겠지. 당신의 건강은 근 1년간 좋지 않았네. 손과 발도 야위었네. … 바가반을 1년 남짓 보지 못했던 사람들은 저러다 큰일 나겠다는 인상을 받고 그들의 부정적인 생각을 퍼뜨린다네. 이것은 바람직하지 않네."

나감마의 편지에서도 위에 인용된 스리 바가반의 말씀을 되풀이하면서 스리 바가반의 건강에 대해 전해 듣는 이야기들을 믿지 말라고 경고했다.

18일에 나감마가 편지를 보내어, 구 회당은 계속 늘어나는 수많은 방문객들을 수용하기에 공간이 부족해졌기 때문에, 스리 바가반은 당신의 자리를 사방이 열려 있는 50주년 기념당(Jubilee *Mantap*)으로 옮기셨고, 이제는 거기서 밤낮으로 친견(*darshan*)을 베푸신다고 썼다. 아몬드 나무와 망고 나무들이 서로 얽혀 자연적 기둥들처럼 보이고, 뒤쪽의 멋진 새장과 흰 공작을 위한 앞쪽의 작은 목욕장이 그 안에서 놀고 있는 참새들과 함께 아름다운 장면을 만들어낸다고 했다. 나감마는 또한 자신이 한 번은 흰 공작과 무지개 색깔의 공작이 좌우에서 구루 라마나를 모시고 있는 광경을 어떻게 즐겼는지를 한 연의 텔루구어 시로 묘사하기도 했다. 그 모습은 그녀의 마음의 스크린에 새겨졌다. 그녀는 자신이 그 천상적 광경을 제대로 묘사하는 위대한 시인이나 화가였으면 했다.

21일에 아쉬람에서, 당시 내가 서기로 있던 넬로르 소[牛]보호협회의 연례 경축행사가 성공하기를 기원하는 자애로운 메시지를 보냈다.

그 메시지에서 이렇게 덧붙였다.

"그 협회가 스리 바가반의 축복으로 오랫동안 유용한 봉사를 계속하기를!"

5월 6일에 나는 장남 순다라 라잔(Sundara Rajan)과 함께 아쉬람을 방문했다. 다음날 우리는 내 아들과 두 처녀의 천궁도(horoscopes)에 관해 스리 라주 사스뜨리(스리 바가반 앞에서 베다 빠라야나를 이끄는 저명한 점성학자)에게 문의했다. 그가 말하기를, 아들과 두 처녀 중 한 명의 사이에서는 (궁합의) 완벽한 일치가 있다고 말했다. 그리고 덧붙이기를, '구루 발람(Guru Balam)'[스승의 힘]이 워낙 커서 그들의 결혼식은 이달 21일에 치러야 한다고 했다. 그는 저녁 빠라야나가 끝난 뒤 그것을 스리 바가반께도 말씀드렸다. 당신이 나에게 물어보시기에, 나는 그때 행사를 치르는 것은 생각해 보지 않았다고 대답했다. 스리 바가반이 말씀하셨다.

"자네가 의도하든 않든, 운명 지워진 일은 일어날 수밖에 없지."

나는 스리 바가반의 말씀을 그 혼사를 추진해야 한다는 암시로 받아들였다. 그래서 그 처녀의 아버지에게 전보를 보내어, 사흘 뒤 그를 아쉬람으로 오게 했다. 스리 라주 사스뜨리가 라그나 빠뜨리까(Lagna Patrika)[75]의 초안을 만들었다. 스리 바가반이 그것을 수정하고 승인하셨다. 그런

75) *T.* 인도의 전통 결혼식에서, 양가 부모가 자식들의 결혼 날짜를 합의하고 길시吉時를 표시한 문서. 이에 기초하여 청첩장을 만들게 된다.

다음 스리 바가반은 신부 아버지와 나에게 이렇게 말씀하셨다.

"이제 두 분은 가서 혼사를 치르고 신랑신부와 함께 돌아와도 됩니다."

준비 기간이 매우 짧았지만, '구루 발람'이 워낙 강해서 결혼식은 아주 잘 치러졌다. 18일에 스리 J. C. 나나바띠(Nanavati)가 봄베이에서 편지를 보냈다.

"순다라 라잔과 그의 신부가 스리 바가반께 헌신하면서 오래도록 행복하고, 번영하고, 조화로운 삶을 살기 바랍니다."

다음날 나감마가 그 부부에게 스리 바가반의 사진 하나를 선물로 보내면서, 그것은 스리 바가반 자신이 건네주신 것이라고 썼다. 그 이후 그 사진은 우리가 매일 숭배하는 대상이 되었다. 같은 날 R. 나라야나 아이어가 이런 편지를 보냈다.

"스리 바가반께서 당신의 가장 견실한 헌신자에게 축복을 쏟아주시기를! 세샴마(Seshamma-며느리의 이름)가 가정의 등불을 다시 켜서 기쁨과 행복을 방사하기를. 순다라라잔과 그의 처가 그들의 헌신에서 서로 경쟁하기를!"

결혼일인 21일에 아쉬람에서는 이런 편지를 보냈다.

"(당신이 공양한) 대중공양(Bhiksha)이 오늘 베풀어졌고, 여기 쁘라사드를 동봉합니다. 스리 바가반께서 그 혼사가 잘 치러지게 축복해 주시고, 그 부부가 행복하고 조화로운 삶을 영위하기를 바랍니다."

6월 10일에 신혼부부와 나를 포함한 일행이 아쉬람을 방문하여 스리 바가반을 친견했다. 아주 어린 신부를 보신 스리 바가반은 그녀를 '옛 시대의 신부'라고 부르셨다. 그리고 스리 바가반은 자애롭게, 내 딸 알라감마가 산스크리트와 텔루구어로 「우빠데사 사람」을 창송하는 것을 즐거이 들으셨다. 바로 그때 스리 바가반은 어머니 사원을 위한 관수식 빠뜨리까(Kumbhabhishekam Patrika)의 초안을 수정하고 계셨다. 당신은 알라감마를 당신께로 부르시더니 말씀하셨다. "어머니, 이건 당신 일이에요." 당신은 그 빠뜨리까를 그녀에게 건네주셨다.

일행이 떠난 뒤에 나는 아쉬람에 남았다. 1948년 6월 18일은 아쉬람의 연보에서 기억할 만한 날이다. 암소 락슈미(Cow Lakshmi)가 해탈한 성스러운 날이었기 때문이다. 그날, 아침 일찍 스리 자가디스와라 사스뜨리가 스리 바가반께 락슈미가 중병이 들었다고 알려드렸다. 스리 바가반은 조반을 마치신 뒤 우사로 가서, 그녀가 배를 깔고 엎드려 숨을 힘들게 쉬고 있는 것을 보셨다. 스리 바가반은 락슈미 곁에 앉아 그녀의 머리를 당신의 팔에 안고, 그녀의 목을 부드럽게 쓰다듬으셨다. 그리고 당신의 자애로운 시선을 그녀의 눈에 고정하셨다. 즉시 락슈미의 호흡이 안정되었고 조화로워졌다. 그들의 눈이 만나자, 두 분의 눈에서 눈물이 방울방울 떨어졌다. 가까이 서 있던 우리들도 감정을 억제할 수 없었다. 이렇게 근 반시간이 지나갔다. 그것은 실로 신들이 볼 만한 광경이었다. 마침내 스리 바가반은 그녀에게 더없이 부드러운 목소리로 말씀하셨다.

> "암마[어머니], 락슈미, 뭘 원해? 나 이제 회당에 가봐야 해. 거기 있는 사람들이 나를 찾을 거거든. 그러나 내가 어디 있든, 결코 너를 떠나지 않겠어. 늘 너와 함께할 거야. 너는 아무 문제없어."

락슈미는 오전 11시 45분에 평화롭게 숨을 거두었다. 그날 오후 스리 바가반은 타밀어 벤바로 이런 시를 지으셨다.

"사르바다리(Sarvadhari) 해의 세 번째 달 밝은 반월기半月期(bright half)[76] 열 이튿날—비사카(Visaakha) 별의 금요일—이날을 암소 락슈미가 해탈(*Vimukti*)을 성취한 때로 선언하라."

스리 바가반 자신이 위 시를 텔루구어와 말라얄람어 벤바로 번역하셨다. 그것은 이 암소에게 독보적인 명예였다. 스리 바가반은 당신의 어머니가 세상을 떠날 때도 이와 같이 노래하지는 않았다고 말씀하셨다.

그날 저녁 락슈미의 시신을 아쉬람의 새들과 동물들 삼매지 곁 후문 입구 근처에 판 구덩이까지 운구했다. 베다 찬송과 함께 정교한 예배식을 거행한 뒤 시신을 구덩이 속에 안장하고, 소금·장뇌·백단향 가루를 넣어 주었다. 많은 군중이 모였다. 스리 바가반은 내내 구덩이 근처의 한 의자에 앉아 일체를 감독하셨다. 당신은 비부띠-쁘라사드(Vibhuti-Prasad) 한 줌을 손수 그 시신 위에 던지셨고, 모든 사람이 따라했다. 그런 다음 흙으로 구덩이를 덮었다. 우리는 50주년 빤달에 스리 바가반과 함께 다시 모였고, 모두에게 뽀리(*pori*)[쌀 튀밥]가 분배되었다. 나중에 스리 바가반의 타밀어 벤바는 락슈미의 삼매지 위에 세워진 그 암소의 실물 같은 석상에 새겨졌다.

락슈미는 아쉬람에서 독특한 지위를 차지했다. 그녀는 송아지 때부터 아쉬람에서 자랐고, 많은 송아지를 주로 스리 바가반의 탄신일에 낳았다. 그녀는 다른 모든 사람들의 존재를 무시하고 스리 바가반께 당당하게 걸어갔고, 때로는 당신의 몸을 혀로 핥기도 했다. 그러면 스리 바가반은 그녀에게 산 바나나(hill-plantains), 이들리 여타 음식을 당신의 손으로 그녀에게 먹여주셔야 했다. 그녀에 대한 스리 바가반의 자애로움은 놀라웠다. 어느 날 저녁에는 그렇게 암소를 먹이고 계시던 중 당신이 나에게 말씀

---

76) *T.* 그믐에서 보름까지 달이 차오르는 반달의 기간.

하시기를, 그녀는 비록 동물의 형상을 하고 있지만 우리가 하는 모든 말을 다 알아들을 수 있다고 하셨다. 이제는 당신이 그녀가 구원을 성취했다고 글로 써서 분명하게 선언하신 것이다.

나도 몇 명의 다른 헌신자들과 함께 여섯 연의 텔루구어 시로 이 암소를 추모하며 경의를 표했는데, 그 시에서는 자신이 동물들보다 우월한 지위에 있다고 오만하게 자처하는 무지한 인류는 암소 락슈미의 이런 **신적인** 영광 앞에서 겸허함을 느끼는 것이 좋을 거라고 했다.

6월 27일에 나감마가 보낸 편지에서는 암소 락슈미가 세상을 떠난 뒤 열흘째 날에 있었던 의식儀式에 대해 설명했다. 그녀는 이렇게 썼다.

> "어제 스리 바가반은 당신 편지의 내용을 우리에게 즐거이 들려주셨습니다. 당신이 떠나고 하루 이틀 뒤에 스리 바가반은 **락슈미**에 대해 말라얄람어로 벤바 시를 하나 지으셨지요. … 오늘은 **락슈미**가 세상을 떠난 지 열흘째 날입니다. 그녀의 삼매지 근처에서 오전 10시 30분까지 **뿌자**(*Pooja*)가 거행되었습니다. 스리 비스와나타 스와미(Sri Viswanatha Swami)가 스리 바가반의 세 가지 벤바와 그 자신의 산스크리트 시 한 수를 낭독했습니다. 스리 G. 숩바 라오는 당신의 시와 그 자신의 텔루구어 벤바를 창송했지요. … **락슈미**에 관한 사이에드 박사의 기고문이 실린 신문도 오늘 도착했고, 사이에드 박사 자신이 그것을 낭독했습니다. **뿌자**는 잘 진행되었습니다. … 당신이 떠난 뒤, 우리는 여기서 **락슈미**를 어미 소와 함께 아쉬람에 처음 데려온 아루나짤람 삘라이의 손자를 만났습니다. 그에게서 우리는 락슈미가 1926년에 처음 이곳에 왔다는 것을 알았습니다. 그들의 고향 마을은 꾸마라망갈람입니다. 읍내에서 **락슈미**를 돌보았던 사람은 빠수빠띠 아이어라고 하는 깐나다 사람(Canarese)[77]이었지요. 스리 바가반은 이런 사실들을 당신에게 편지로 써 보내라고 하셨습니다."

---

77) *T.* 깐나다어를 쓰는 까르나따까(Karnataka) 지역 출신자.

6월 29일에 나감마가 다시 다음과 같은 편지를 보냈다.

"저는 암소 락슈미의 이야기를 64연의 드위빠다(*dwipadas*)[2행시]로 지었습니다. 스리 바가반은 스리 샹까라짜리야의 「진아각지송(*Atmabodha*)」 68개 연을 타밀어 벤바로 번역하셨습니다. 그 작업은 열흘이 걸렸고, 27일에 끝났습니다. 이것은 아쉬람에서 중요한 사건입니다."

나중에 알고 보니 한 무슬림 시인이 「진아각지송」에 대한 그의 타밀어 번역문을 스리 바가반께 제출했고, 그것이 스리 바가반이 그 번역을 하시게 된 계기가 되었다.

8월 23일에 나감마가 편지로, 스리 바가반이 치통을 앓고 계시다고 알려주었다.

스리 오루간띠 나라싱하 요기가 1948년 9월 3일에 가족과 함께 스리 바가반을 방문하여 아쉬람에 사흘간 머물렀다.

9월 5일에 나감마가 편지로 말하기를, 스리 바가반의 치통은 가라앉았지만, 이제 당신의 예전 질환인 습진이 다시 나타났다고 했다. 그녀는 통렬하게 이렇게 덧붙였다.

"오라버님이 말씀하신대로, 당신의 몸을 괴롭히고 있는 것은 우리의 발현업(*Prarabdha*)일 뿐입니다."

10월의 다사라 연휴 때 평소와 같이 아쉬람에 갔다. 도착한 직후 오후 7시 15분경에 친견을 하러 갔더니, 스리 바가반은 50주년 빤달 안의 당신 침상에 눈을 감고 앉아 계셨고, 헌신자들은 텔루구어 「우빠데사 사람」을 막 창송하기 시작한 참이었다. 나는 조용히 엎드려 절을 한 뒤에 앉았다. 빠라야나가 끝났을 때, 스리 바가반이 눈을 뜨셨고, 나를 보시더니 언제 왔느냐고 물으셨다. 내 대답을 들으신 스리 바가반이 말씀하셨다.

"거참 희한하군. 그들이 텔루구어 「우빠데사 사람」을 시작할 때 자네가 뇌리에 떠올랐지. 지금 눈을 뜨니 자네가 있어. 그런데 자네는 이 텔루구어 빠라야나가 시작되었을 때 들어왔다고 말하는군."

다음날 아침 일찍, 그들이 「스리 라마나 짜뜨와림사뜨(*Sri Ramana Chatvarimsat*)」에서 '지복의 파도를 늘 가지고 다니시네(*Laharim Pramadasya Sada Vahata*)"라는 구절(제8연 제3행)을 창송하고 있을 때 스리 바가반이 나에게 말씀하시기를, 네팔의 스리 나렌드라 께사리 사르마(Sri Narendra Kesari Sarma)가 「스리 라마나 라하리(*Sri Ramana Lahari*)」라는 제목으로 스리 바가반을 찬양하는 52연의 산스크리트 시를 시카리니(*Sikharini*) 운율로 지어, 스리 바가반을 처음 친견할 때 제출한 적이 있다고 하셨다. (시자인) 스리 T. P. 라마짠드라 아이어가 즉시 그 원고를 가져와서 나에게 보여주었다. 바로 그날 스리 나렌드라 께사리 사르마에게서 온 편지를 받았는데, 그 편지는 이런 의미를 가진 시(*sloka*)로 마무리되었다.

"비록 아루나찰라에 거주하시지만,
바가반 라마나는 심장의 연꽃에게 해이며,
은총의 바다에게 달이시라네.
당신께서 우리를 구원해 주시기를!"

스리 바가반이 그것을 나에게 보여주셨기에, 나는 그 시구를 내 공책에 베껴 썼다. 10월 15일에 스리 바가반이 격식 없이 이런 의미를 가진 시 한 수를 인용하셨다. "개아(*Jiva*)를 알면 두려움에 사로잡히고, 브라만을 알면 두려움이 없어진다네."

당신은 「진아각지송」에서 유명한 시구 하나도 인용하셨는데, 그것은 다음과 같이 '아뜨마라마'라는 단어에 대한 언어유희(*pun*)와, 라마의 직업과 요기의 직업을 암묵적으로 비교하는 내용이 들어 있다.

"미혹(*Moha*)의 바다를 건넜고
정욕과 증오라는 악마들을 죽여 버린
요기는 평안과 재합일하여
아뜨마라마(*Atmarama*)[진아 안에서 즐거워하는 자]로서 빛난다네."

나는 그것을 텔루구어 벤바로 번역하여 스리 바가반께 제출했다. 당신은 그것을 수정하시고, 누가 보기에도 즐거워하시면서 그 저작 전체가 이렇게 텔루구어로 번역될 수 있다면 얼마나 좋겠느냐고 말씀하셨다.

스리 바가반은 타밀어 『아루나찰라 마하뜨미얌(*Arunachala Mahatmyam*)』에서, 텔루구어 버전에서는 생략된 중요한 연 하나도 지적하셨다. 다음날 나는 그것을 텔루구어 시사 빠디얌(*Sisa Padyam*)으로 번역하여 스리 바가반께 제출했다. 당신은 기뻐하시는 모습이었고, 그것을 베껴 써서 그 텔루구어 저작의 적절한 위치에 붙이셨다. 그 시는 이와 같다.

"이곳의 모든 바위들은 링가(*Lingas*)이니, 여기는 시바의 영역이라네.
이곳의 나무들은 천상의 식물이고,
이곳의 물은 시바의 땋은 머리에서 흐르는 갠지스 강이며,
이곳의 모든 음식은 감로甘露일 뿐이라네.
이곳에서 한 걸음 걷는 것은 온 세상을 한 바퀴 도는 것이고,
이곳에서 하는 어떤 말도 베다의 말이며,
이곳에서 자는 어떤 잠도 삼매라네.
다른 어떤 곳이 이 신성한 아루나찰라와 비견될 수 있겠는가?"

이틀 뒤에 내가 저녁에 집으로 돌아오려고 나설 때, 스리 바가반이 말씀하셨다.

"이것도 참 희한하네. 한 바퀴 완전히 돌아왔군. 지금은 오후 7시 15분인데, 다시 한 번 그들이 텔루구어 「우빠데사 사람」을 창송하기 시작했어. 그러니까 자네를 환영했던 그 시가 이제 자네에게 하직인사를 하고 있군."

스리 바가반의 이 자애로운 축복에 말씀에 나는 압도되었다.

12월 말에 다시 아쉬람을 방문했고, 2주일간 머물렀다. 이번에는 오전에 도착했다. 스리 바가반은 막 건강을 위한 산책을 하러 일어서신 참이었다. 당신은 나감마에게 나를 가리키면서 웃으며 말씀하셨다. "그래, 그가 왔어." 나감마는 아침에 스리 바가반이 나에 대해 물으시자 자신이 '까마귀의 메시지'를 들었기 때문에 내가 올 것을 확신한다고 대답했다는 것이었다. 나중에 스리 바가반은 나에게, 스리 G. 삼바시바 라오가 곧 아쉬람에서 자신의 회갑(*Shashti-purti*)을 경축할 거라고 알려주셨다.

1949년 1월 9일이었다. 이날은 나에게 이중으로 상서로웠다. 스리 G. 삼바시바 라오의 회갑이자 내 아내의 기제사 날이었기 때문이다. 바로 그날 아침에 스리 G. 삼바시바 라오가 도착했다. 스리 바가반이 식당으로 가시던 중 나에게 물으셨다. "신랑을 보았나?" 내가 대답했다. "아니요." 그러자 스리 바가반은 뒤로 돌아서 스리 삼바시바 라오를 가리키면서 웃으며 말씀하셨다. "저기 그가 있네." 그날 온 우편물에 넬로르의 스리 M. 라마크리슈나이야가 스리 삼바시바 라오에게 헌정하는 시가 하나 있었다. 스리 바가반은 그 시들을 나에게 살펴보라고 주시고, 내가 이 행사에 즈음하여 혹시 지은 시가 있느냐고 물으셨다. 나는 그것을 하나의 지시로 받아들여, 나의 존경하는 벗에 대해 몇 연의 시를 지었고, 그런 다음 그 기분으로 아내에 대해서도 다섯 연의 시를 지었다. 점심을 먹고 난 직후에 식당 뒤에 앉아 있던 나는 스리 바가반이 산을 내려오시는 것을 보자 기뻤다. 스리 바가반이 건강상 이유로 산을 올라가는 것을 그만두신 지가 오래였다. 그래서 산비탈에서 스리 바가반을 친견하는 이 드문 기회는 마치 시바 신이 카일라사(Kailasa)에서 내려오는 것을 보는 것 같아서, 내 가슴이 황홀함으로 가득 찼다. 한낮에 우리는 뿌리 자간나트(Puri Jagannath)의 스리 샹까라짜리야 예하가 아쉬람에 도착했고, 오후 3시에 스리 바가반을 만날 거라는 것을 알게 되었다. 나는 오후 2시 30분에, 그때 50주년 빤달에 혼자 계신 스리 바가반께 갔다. 당신은 나를 보시자마자 이렇게 말씀하셨다. "이제 우리의 소년이 삔담(*pindam*)[공양물]을 비슈누빠담(Vishnupadam)[78]에 둘 거야." 나는 이 말씀에 깜짝 놀랐다. 왜냐하면 실은 내 아들 순다라라잔이 그날 가야(Gaya)에서 자기 어머니의 제사를 지내고 있었기 때문이다. 스리 바가반은 또한 내가 아내에 대해 지은 시를 자애롭게 살펴보시고, 나에게 오래 자비의 시선을 보내주셨다. 그 마지막 연은 이러했다.

"길이 어둠에 덮였던 내 삶 속의 오늘밤에
보라, 두 가닥 신성한 빛이 우울을 꿰뚫고 있네.
하나는 아루나찰라의 빛이신 스리 라마나이시고,
다른 하나는 당신에 대한 추억의 빛이라오, 오 사랑하는 이여."

스리 바가반은 이제 나에게 스리 삼바시바 라오를 부르라고 하시더니 농담조로 이렇게 말씀하셨다. "신랑의 행사는 산야시(*Sannyasi*)의 행사 이전에 마무리해야지."[79] 스리 삼바시바 라오가 오자, 스리 바가반은 나에게 스리 M. 라마크리슈나이야와 내가 지은 시들을 낭독해 달라고 하셨

78) *T.* 비하르 주 가야에 있는 비슈누빠다 만디르라는 힌두 사원에는 돌에 새겨진 비슈누의 발자국(비슈누빠담)이 있는데, 이 비슈누빠담에 예공을 올리면 영가靈駕(죽은 영혼)가 쉽게 천도된다고 해서 죽은 가족이 있는 많은 사람들이 이곳을 찾아 제사를 지낸다.

79) *T.* 회갑연은 부부의 두 번째 결혼으로 여겨져 삼바시바 라오를 '신랑'으로 부른 듯하다. '산야시'는 이때 아쉬람을 방문한 뿌리 자간나트의 샹까라짜리야를 가리킨다.

다. 내 시의 마지막 연에서, 신랑에게는 7년 전에 이 세상을 떠난 신부 외에는 아무것도 필요한 것이 없다고 했다. 이것을 들으신 스리 바가반은 이의를 제기하며 이렇게 말씀하셨다. "그녀가 어디로 갔어? 자네는 삼바시바 라오(Sambasiva Rao)라는 이름을 잊었군. 그는 '사(*sa*)'+'암바(*amba*)' 시바, 즉 어머니 여신과 함께하는 시바야. 암바(*Amba*)라는 것은 늘 시바의 불가결한 부분이지."

이 말씀과 함께 스리 바가반은 나에게서 그 시들을 받아 당신의 침묵의 축복과 함께 스리 삼바시바 라오에게 그것을 자애롭게 건네주셨다.

이제 빤달은 헌신자들로 가득 차 있었다. 스리 바가반은 갑자기 연화좌로 똑바로 앉으셨다. 스리 샹까라짜리야 예하가 황색 승복을 입고, 단담(*dandam*)[지팡이]을 든 채 들어오셨다. 그는 예법에 맞는 방식으로 스리 바가반께 인사를 하고 당신의 두 발 근처에 앉았다. 스리 바가반은 은총을 방사하면서 스와미에게 오랜 시간 응시를 보내셨다. 모두가 침묵에 휩싸였고, 그 지복스러운 친존에 전율했다. 스리 바가반은 이제 침묵 속에서 지고아의 진리를 선언하는 다끄쉬나무르띠의 살아 있는 대표자로 빛나셨다. 그것은 실로 신들이 볼 만한 광경이었다.

1949년 1월 10일에 아들이 나에게 이런 편지를 보냈다.

> "어제 오전에 가야에 가서 어머니 제사를 지냈습니다. … 정오에 여섯 가지 '삔담'을 비슈누빠드(*Vishnu-pad*)에 놓았습니다. 또 오후에는 부다가야를 방문하여 기도를 올렸습니다. … 저는 마치 바가반께서 실제로 거기 계시면서 내내 저를 인도하고 계신 것같이 느꼈습니다."

아쉬람은 이제 어머니 사원의 관수식灌水式(*Kumbhabhishekam*-준공식) 준비로 몹시 분주했다. 관수식은 1949년 3월 셋째 주로 예정되어 있었다. 그 행사를 위한 예산은 5만 루피로 추산되었다. 열렬한 헌신자인 스리 O. P.

라마스와미 레디아르는 당시 마드라스의 총리였다. 그가 이때 아쉬람을 방문 중이었고, (우리와의) 사적인 만남에서 (띠루반나말라이가 속한) 북北아르코트(North Arcot) 지역은 만성적 기근 지역이어서 (관수식 행사 때의) 대규모 급식을 위해 쌀을 조달하는 것이 가장 큰 어려움이라고 말했다. 그는 스리 삼바시바 라오와 나에게 '남인도의 곡창'으로 유명한 우리의 넬로르 군에서 벼 20칸디(candies)[80]를 모아 달라고 했다. 쌀 운송을 위한 모든 편의는 정부에서 준비하겠다고 그가 약속했다.

넬로르에서 우리의 벼 모으기 노력은 우리의 기대를 훨씬 상회하여 성공했고, 실로 스리 바가반의 은총이 눈에 띄게 작용한 결과였다. 우선 우리는 확고한 헌신자인 스리 A. 벤까따 레디를 통해 그의 형제인 시의회 의장 스리 A.C. 숩바 레디를 찾아갔다. 스리 숩바 레디는 우리가 모으는 벼의 부족분을 모두 채워서 목표량인 20칸디가 되게 할 것이고, 모든 벼를 무료로 도정搗精하여 그 쌀을 협동조합 가게 트럭으로 아쉬람까지 운송해 주겠다고 선뜻 약속했다. 남인도철도가 파업을 하겠다고 위협하는 상황을 고려할 때, 마지막 약속은 더없이 귀중했다. 스리 N. 발라라마 레디는 자신과 친족들 명의로 5칸디를 시주했다. 스리 T. 라미 레디는 자신의 시주 외에도 우리가 몇 명의 시주자들을 찾아갈 때 동행해 주었다. 알려진 헌신자들뿐만 아니라 정치인들까지도 기꺼이 반응했다. 몇 사람은 벼 공양에다 돈까지 얹어 주었다. 내 사돈(*sambandhi*)인 스리 A. 수브라마니얌은 벼 외에 호마(*Homam*)[기 공양]에 쓸 소 기(cow-ghee)도 주었다. 그래도 근 4칸디가 부족했는데, 그것은 스리 A.C. 숩바 레디의 관대함으로 메꾸어졌다.

이것은 실로 스리 삼바시바 라오와 나에게 경이로운 경험이었다. 한

80) *T.* '칸디'는 인도의 무게 단위이다. 남인도에서 1칸디는 약 227kg이었다. 따라서 20칸디는 약 4,540kg이다.

사건이 그 한 예가 될 것이다. 마하시바라뜨리(*Mahasivaratri*) 날이었다. 아침에 우리 둘 다 버스로 출발하여 알루르(Allur)라는 마을로 갔다. 스리 삼바시바 라오는 도중에 있는 모뿌르(Mopur)에서 아침을 먹을 수 있도록 준비했다. 우리의 모뿌르 후원자과 함께 오후에 알루르를 방문할 작정이었다. 그러나 우리는 대화에 몰입하여 모뿌르에서 내리는 것을 깜박했고, 실수를 깨달았을 때는 너무 늦었다. 그래서 알루르로 직행했다. 거기서 우리는 어떻게 할지 아무 생각도 없이 종점에서 내렸다. 그때 나는 현지 고등학교 교장인 스리 M. 나라싱하짜리(Narasimhachary)가 과거에 내 학생(제자)이었다는 것을 기억했다. 그래서 우리 둘 다 그의 집으로 곧장 갔다. 스리 M. 나라싱하짜리는 우리를 보자 반가워했다. 그는 우리를 진심으로 맞아주었을 뿐 아니라, 우리가 자신과 점심을 같이 먹어야 한다고 고집했다. 식사를 하고 나서 그는 우리와 동행하여 알루르에서 시주를 할 만한 사람들을 모두 찾아갔고, 도처에서 마음에서 우러난 환대를 받았다. 그는 더 나아가 그 마을에서 벼를 모아 넬로르로 보내줄 책임까지 떠맡았다. 그는 스리 바가반을 한 번도 뵌 적이 없음에도 우리를 그토록 많이 도와주었다. 또한 우리에게 성찬으로 저녁식사를 대접했고, 저녁에 우리를 전송했다. 그래서 시바라뜨리 날에 우리 스마르따들(*Smartas*)[81]은 우리의 아쉬람에서처럼 대접 받았고, 이 성스러운 임무에서 한 비슈누파 헌신자의 큰 도움을 받은 것이다. 우리는 그것을 스리 바가반의 무소부재한 정신(universal spirit)이 잘 드러난 것이라고 느꼈다.

그 20칸디의 벼가 도정되어 운송 준비가 되었다. 정부에서는 그 벼를 모으고 도정하는 데 대해 내 이름으로 허가를 내주었고, 그것을 트럭으로 넬로르에서 띠루반나말라이까지 운송하는 데 대해서는 스리 A.C. 숩

81) *T.* 힌두교에서 '스마르따 파(*Smartas*)'는 비이원적 베단타의 입장에서 시바·비슈누 등 여러 신을 평등하게 숭배하며, 시바파·비슈누파·샤이바 싯단타 등 어느 한쪽에 치우치지 않는다.

바 레디에게 특별허가를 내주었다. 막판에 지체 현상이 발생했다. 벨로르의 지역운송담당관(Regional Transport Officer)은 스리 A.C. 숩바 레디에게 발부된 운송허가장에 만족하지 못하고, 상급 당국자에게서 특별명령을 받지 못하면 휘발유 쿠폰(차량연료 쿠폰)을 발급해 줄 수 없다고 했다. 그래서 1949년 3월 13일에, 필요한 쿠폰을 얻기 위해 정부에 내는 스리 레디의 신청서를 가지고 내가 마드라스로 갔다. 관수식 행사는 다음날 시작될 참이었다. 내 짐을 중앙역 수하물보관소에 남겨두고 급히 주州 총리인 스리 O. P. 라마스와미 레디아르를 만나러 갔다. 그는 놀라면서 즉시 지역운송담당관에게 전화를 걸어, 이것은 속담에서 이르듯 '신이 내린 것인데도 사제가 베푸는 은택을 거절하는 것'과 같다고 말했다. 그때 주 총리와 함께 있던 다른 헌신자 스리 D. S. 사스뜨리(나감마의 오빠)가 자신의 자동차로 나를 데려가서 역시 헌신자인 지방운송담당관(Provincial Transport Officer) 스리 M. 하누만따 라오에게 소개했는데, 일요일 오후여서 우리는 밤늦게까지도 어떤 지역담당관과도 접촉할 수 없었다. 밤 10시 30분에야 쿠폰을 얻어 역으로 돌아와 보니, 수하물보관소와 매점들이 모두 문을 닫은 상태였다. 그래서 허기진 배를 안고 맨바닥에 누워서 잠을 잤다. 나는 고행(*tapasya*)을 하고 있는 느낌이었지만, 동시에 내 임무에 성공하여 저 높이 천상계에 올라간 듯 행복했다. 다음날 아침 나는 급히 벨로르로 달려갔고, 거기서 쌀자루들을 싣고 처음 떠나는 우리의 트럭에 동승했다. 내가 아쉬람에 들어서자 스리 바가반은 수많은 군중 속에서 사원에 인접한 특별한 빤달 안에 앉아 계셨다. 내가 입구에 나타나자마자 스리 바가반은 마치 나를 찾고 계셨던 것처럼 나를 발견하셨다. 당신은 즉시 스리 삼바시바 라오에게 이렇게 말씀하셨다.

"저기 봐! 숩바라마이야가 왔군. 자네는 그가 내일까지 못 올 거라 했지."

그렇게 당신은 자애로운 표정과 다정한 미소로써 나를 맞아주셨다.

넬로르가 그렇게 훌륭하게 반응한 것은 더없이 만족스러운 일이었다. 무료로 자진하여 베푼 넬로르의 선물은 벼가 칸디당 400루피 넘는 가격에 팔리던 엄격한 배급제 시절에 이루어진 일이었다. 많은 시주자들이 그들의 가족과 함께 이 행사에 참석했고, 스리 바가반의 연꽃 발에 경건한 존경을 바쳤다.

아쉬람은 창송唱誦(chantings)·호마(*Homams*) 등을 위한 특별한 빤달들로 가득했고, 축제 분위기를 띠었다. 무지개 색깔의 전등 장식을 대규모로 해 놓으니 밤에는 동화의 나라같이 보였다. 음악, 창송, 호마가 밤낮으로 계속되었다. 이 행사를 위해 몰려온 무수한 방문객들에게 숙소를 잘 제공했고, 지칠 새 없이 일하는 아쉬람 사람들이 그들을 성찬으로 대접했다. 그것은 효율적인 조직과 마음에서 우러난 협력이 빚어낸 놀라운 결과였고, 스리 바가반의 은총을 더없이 인상적으로 보여준 행사였다.

전체 행사는 3월 14일부터 17일까지 나흘이 걸렸다. 나흘 동안 내내 아쉬람은 밤낮으로 다양한 의식儀式, 단체창송, 행렬, 관악管樂(pipe-music), 엄청난 군중의 소란함으로 떠나갈 듯했다. 주된 행사인 대관수식大灌水式(*Mahakumbhabhishekam*)은 사원의 탑 꼭대기에서 1949년 3월 17일 오전 11시부터 오후 12시 30분까지 거행되었고,[82] 수십만 명의 사람들이 땅에서, 테라스에서, 나무 위에서, 그리고 산 위에서 그것을 지켜보았다. 또한 이 행사는 뿌리 자난나트의 스리 샹까라짜리야 예하께서 자리를 빛내 주었다. 그날 밤 사원 안에서도 밤 11시까지 대관수大灌水(*Mahabhishekam*)와 스리 짜끄라 뿌자(*Sri Chakra Puja*)[83]가 있었다. 사원의 회당은 (궁정의)

---

82) *T.* 어머니 사원의 준공·개원식. 힌두 사원을 개원할 때는 지붕에 있는 탑의 꼭대기에 항아리(*kumbha*)에 담아 올라간 성수를 부어 사원을 신성하게 하는 의식을 거행한다.

83) *T.* 어머니 사원의 내전에는 이날 스리 바가반이 안치한 스리 짜끄라라는 기하학적 모양의 성물이 있다. 이 스리 짜끄라에 올리는 예공이 '스리 짜끄라 뿌자'이다.

알현실처럼 장식되었고, 그 안에 돌침상 하나가 놓이고 그 위에 쿠션들과 금실로 짠 주홍색 천 하나, 호랑이 가죽 하나가 펴져 있었다. 스리 바가반은 그 위에, 마치 바이꾼타(*Vaikuntham*-비슈누의 천상계)의 마하 비슈누나 까일라사(*Kailasam*-카일라스 산)의 시바처럼 앉아 계셨다. 회당 안에서는 관악기 연주자들이 내내 훌륭한 음악을 연주하고 있었다. 헌신자들이 계속 쏟아져 들어와 스리 바가반 앞에서 절을 했다. 그럼에도 아쉬람의 일정은 지켜졌고, 평소와 같이 오후 8시에 저녁식사가 제공되었다. 그러나 스리 바가반은 전체 예공(*puja*)이 마무리될 때까지 당신의 자리에서 일어나지 않으셨다. 다른 사람들이 물러가자 내가 스리 바가반 근처에서 당신을 호위하면서, 절을 하고 앞을 지나가는 군중을 통제했다. 스리 바가반이 나를 힐끗 보시고 물으셨다. "왜 식사 하러 안 갔나?" 내가 대답했다. "바가반과 함께 가겠습니다." 스리 바가반은 자애롭게 고개를 끄덕이셨다. 그것은 실로 내 삶에서 더없이 영광스럽고 기억할 만한 순간이었다.

내가 집에 돌아온 뒤, 내 편지에 대한 답장으로 아쉬람에서는 3월 28일에 이런 편지를 보냈다.

> "신성함의 극치인 어머니 사원이 영원히 평안과 지知를 방사하기를 바라는 당신의 신성한 바람은 다른 헌신자들의 바람이기도 하며, 스리 바가반께서는 우리의 바람을 들어주시어 우리를 축복해 주실 것입니다."

관수식이 마무리되면서 우리의 행복도 끝난 것 같았고, 우울과 근심의 새로운 장이 열렸다. 행사 며칠 전에 스리 바가반의 왼쪽 팔에 난 작은 혹을 아쉬람 의사가 외과적으로 제거했다. 나 자신을 포함한 우리들 대다수는 당시에 그것을 몰랐다. 경축 행사가 끝나고 얼마 되지 않아 새로운 종양이 같은 부위에서 나타나 급속히 자랐다. 그것도 27일에 수술로 제거하고, 그 자리를 라듐으로 치료했다. 그 이야기를 듣기는 했으나, 나는 가서 스리 바가반을 뵐 수 없었다. 내 딸 알라감마가 이중 장티푸스로 위중한 상태였기 때문이다. 5월 9일에 스리 R. 나라야나 아이어가 아쉬람에서 다음과 같은 편지를 보냈다.

"스리 바가반은 괜찮으시고 호전되는 중이시라네. 당신은 의사들을 당혹케 하고 그들을 무색하게 하셨지.

뭐랄까, 다들 상당히 놀라서 겁을 먹고 있다네. 그들은 그 팔을 절단해야 한다더군. 왜냐하면 그 종양이 다시 자라거나 안쪽 어디선가 자랄 거라고 말일세. 생각조차 할 수 없지!

우리가 어떻게 할 수 있겠나? 내면에서 끓어오르는 감정들을 말로 표현할 수 없는 우리는 눈물을 참고 있지만, 어떤 사람들은 감정을 드러냈다네. 무루가나르는 바가반의 발아래 시를 몇 수 올렸네.

그래서 그 기도들을 들으셔서 그 종양이 줄어들었다고들 하네. 나는 자네의 어린 딸이 장티푸스에 걸렸다고 말씀드렸지. 당신께서 즉시 말씀하셨네. '그래, 안 그랬으면 그가 여기 와 있을 텐데.'"

내가 공책에 위의 시(무루가나르의 시) 첫째 글자들 'A-d-i'를 막 베껴 쓰고 있을 때, 방금 집에 돌아온 아들 순다라라잔이 나에게 은으로 된 발 하나를 건네주면서 말했다. "이게 제가 가야에서 가져온 비슈누빠담[비슈누의 발]입니다."84) 이 놀라운 우연의 일치는 스리 라마나가 다름 아닌 스리 비슈누라는 것을 내가 확신하는 데 기여했다. 나는 즉시 공책의 'A-d-i'라는 단어 옆에 그것을 끼워 넣었고, 그 이후로 그것은 계속 거기 있다.

바로 그날 나감마도 편지를 보내어 (바가반의 건강에 대한) 같은 소식을 전해주었다. 그녀의 편지에는 자신이 텔루구어로 쓴 이런 기도시가 있었다.

---

84) *T.* 가야의 사원에 있는 비슈누빠담(각주 78)을 본떠서 발바닥 모양으로 만든 구리·은 등의 금속판에 비슈누를 상징하는 여러 가지 그림과 문양을 새긴 것도 비슈누빠담이라고 한다.

"어떤 질병이 탄생이라는 병을 치유하시는 큰 의사를 괴롭힐 수 있습니까? 그것은 저희들의 잘못임이 틀림없습니다. 이 시험은 이제 충분합니다. 마음을 누그러뜨리시고 회복하소서, 오 라마나시여!"

다시 19일에 스리 나라야나 아이어가 편지를 보냈다.

"바가반께서 자네가 딸이 아프지만 않았으면 달려왔을 거라고 말씀하셨네. … 그러니 자네는 온 마음으로 사실상 여기 와 있고, 엄마 없는 소녀에게 어버이 된 도리로 어떤 행위를 하기 위해 몸만 거기 두고 있는 셈이지. 우리의 바가반은 자네의 딸에게만 아버지이자 어머니가 아니라 우리 모두에게 그러하시고, 당신은 틀림없이 우리의 이익과 복지를 보호해 주신다네. 바가반의 수술 상처는 아물고 있다 하고, 그 종양은 줄어들고 있다지만, 의사들은 아직 어떤 것도 분명하게 말하지 못하고 있네."

같은 날 아쉬람에서도 편지를 보냈다.

"스리 바가반의 팔의 상처는 아물고 있습니다."

31일에는 스리 삼바시바 라오가 안심시키는 편지를 보냈다.

"당신의 건강은 괜찮고, 상처는 거의 아물었습니다. 그것이 완전히 아무는 데는 5, 6일이 걸릴 것입니다. 아무 걱정도 할 필요가 없습니다."

6월 둘째 주에 알라감마가 회복되기 시작하자마자 나는 서둘러 아쉬람으로 갔다. 도착해 보니 스리 바가반은 아침을 드시려고 식당에 앉아 계셨다. 당신의 왼팔에 붕대가 감겨져 있었다. 나를 보신 순간 당신이 자애롭게 물으셨다. "알라감마는 어떤가?" 나는 그녀가 나아지고 있다고 대답했다. 아침식사 후 울타리로 에워싸인 우사까지 스리 바가반과 동행하는 것이 허락되었다. 거기서 오랜 헌신자이자 아유르베다 의원인 랑가라오(Rangarao)가 붕대를 갈아 드렸다. 종양은 핏빛으로 붉었고, 크기와 모양이 작은 콜리플라워만 했다. 그 모습은 아찔한 것이었지만, 바가반은 우리의 주의를 딴 데로 돌리고 우리의 기운을 북돋우기 위해 내내 웃으며 농담을 하셨다. 스리 바가반은 이제 사원의 회당으로 옮기셨고, 평소처럼 당신의 일과를 소화하셨다. 방문객들의 질문에 답하면서 나를 통역자로 쓰셨다. 그러나 상처에서 빈번히 피가 스며 나오고 있어서 붕대를 갈아 드릴 필요가 있었고, 스리 바가반은 눈에 띄게 약해지고 계셨다.

어느 날 오후에 나는 스리 바가반께 살펴보시라고, 환자의 의지력이 충분히 강하면 어떤 병도 치유하는 데 더없이 효과적일 거라고 말하는 한 저널의 글귀를 제출했다. 스리 바가반은 그것을 살펴보시더니 미소를 짓고, 아무 논평 없이 그것을 돌려주셨다. 그러나 그날 밤 식사가 끝난 뒤에 객실에서 우연히 스리 바가반이 스리 T. P. 라마짠드라 아이어와 시자들에게 이렇게 말씀하시는 것을 듣게 되었다.

> "숩바라마이야는 내가 의지력으로 나 자신을 치유하기를 바라는군. 그는 오늘 한 기고문을 나에게 보여주었는데, 거의 그렇게 말한 셈이었지. 그러나 **진인**에게는 그 자신의 어떤 의지도 없어. 그에게는 몸도 없고, 그 몸의 상속자인 질병도 없어."

다음날 오후에 스리 바가반은 여성 헌신자인 로깜말(Lokammal)에게 타밀어로 **스리 크리슈나**에 대한 자장가를 하나 불러달라고 하셨고, 그것을 간략하게 텔루구어로 번역하시고, 그 노래가 불릴 때 매 연을 연기하셨다. 오른팔로 하시는 당신의 우아한 연기는 매우 감동적이었다. 그날 저녁 당신은 내가 「진아각지송」을 텔루구어 벤바로 번역한 것에 대해 물어보셨다. 당신은 몇 연을 듣고 수정하셨다. 전체 저작을 훑어보고 싶어 하셨지만, 당신에게 무리가 되지 않게 하려면 내가 그것을 스리 무루가나르가 수정하게 해도 될 거라는 우리의 제안에 당신은 마지못해 따르셨다.

다음날 오후에 나는 사원 회당(신회당) 안의 한 기둥에 기대어 스리 바가반 가까이 앉아 있었다. 스리 바가반은 헌신자인 스리 보세(Sri Bose)가 들어오는 것을 보시고, 나에게 보세는 심장 질환으로 몸이 아주 약하다고 하면서 내가 조금 움직여 그에게 내 자리를 좀 내주라고 하셨다. 이 자비로운 배려는 스리 바가반다운 것이었다.

6월 25일에 나는 '헌신자들의 괴로운 울음'이라는 제목의 텔루구어 시 여덟 연을 지어 스리 바가반께 제출했다. 그 시들은 스리 바가반에게서 유일한 피난처를 발견하는, 그리고 당신의 자애로운 바라보심 없이는 한 순간도 살아갈 수 없는 헌신자들을 위하여, 당신께서 당신 자신을 치유해 달라는 헌신자들의 기도를 표현했다. 그 시는 진인의 몸이 병에 걸릴 수 있다는 것을 부인했다. 어떻게 사원이 오염될 수 있겠는가? 스리 바가반을 이처럼 괴롭히는 것은 모두 헌신자들의 죄업이고, 당신만이 우리의 죄를 용서하고 당신 자신을 치유하실 수 있다. 이것은 당신의 현존만으로도 모든 세계들을 창조하고, 유지하고, 해소하는 지고아에게는 아이들 장난이다. (이런 내용과 함께) 그 시들은 헌신자들의 임무를 다음과 같이 선언하면서 마무리되었다.

"당신의 가르침을 부단히 마음속에 지닐 것,
당신의 행동거지를 주의 깊게 지켜보고 거기서 교훈을 배울 것,
에고의 미망을 몰아내고 당신처럼 진아 안에 확고히 안주할 것,
그것이 모든 헌신자들이 그들의 참스승인 당신께 해야 할 봉사입니다, 오 라마나시여!"

6월말에 나는 형제 헌신자인 스리 N. 라마짠드라 라오에게서 스리 바

가반의 건강에 대해 자주 소식을 전해주겠다는 약속을 받은 뒤, 걱정이 뒤섞인 희망을 안고 집으로 돌아왔다. 그에 따라 나는 그와 나감마에게서 빈번히 편지를 받고 있었다. 그들에게서, 7월 3일에 몇 명의 마드라스 의사들이 스리 바가반을 검진한 뒤, '그들은 더 이상 치료할 가망이 없어서' 돌아갔다는 것을 알았다. 5일에는 이전에 스리 바가반의 골절을 치료한 적이 있는 한 시골 노인이 새로이 약초 치료를 시작했다. 궤양과 종양들의 치료를 다루는 『요가라뜨나까람(*Yogaratnakaram*)』 두 권을 내가 아쉬람에 보냈는데, 스리 바가반은 그것을 살펴보시고 아쉬람 장서에 넣어두신 듯하다. 15일에는 스리 바가반이 우사에서 돌아오시다가 비틀거렸고 거의 기절하셨으나 이내 의식이 회복되고 나아지셨다고 했다. 바로 그날 내 둘째아들 라마나 쁘라사담이 고열에 시달렸고 그것이 열흘을 갔다. 그러는 동안 스리 N. 라마짠드라 라오가 아쉬람에서 방갈로르로 돌아가서 낙담하는 편지를 보냈는데, 약초 치료는 성공하지 못했고, 헌신자들은 근심걱정 하고 있다고 했다. 그래서 나는 아들의 열이 내리자마자 27일에 아쉬람으로 달려갔다. 종양에서 빈번하게 출혈이 있기 때문에 스리 바가반은 무척 쇠약해진 상태였다. 그 궤양이 패혈증 증세를 보이면서 고열에 시달리셨다. 그 종양이 어떻게 사라지겠는지를 여쭈니, 스리 바가반은 그냥 이렇게 답변하셨다.

"그것은 왔을 때처럼 그렇게 갈 거야."

M. 구루스와미 무달리아르 박사가 의사들의 한 팀과 함께 마드라스에서 도착하여 스리 바가반을 검진했다. 그들은 협의를 하고 나서 투열透熱수술(diathermic operation)을 조언했는데, 그렇게 하면 그 종양이 제거될 뿐 아니라 환부 조직들이 전기적으로 지져질 거라고 했다. 그러나 스리 바가반은 치료를 바꾸려면 약초 전문가의 허락을 먼저 얻어야 한다고 고집하

셨다. 그래서 그를 불러와서 동의하도록 설득하기에 이르렀다. 30일에 어머니가 집에서 나에게 편지를 보내어, 라마나 쁘라사담이 내가 떠난 날 열이 재발했다면서 나에게 즉시 집으로 돌아와 달라고 했다. 다음날 오전에 그 편지가 나에게 도착했을 때, 스리 바가반은 갑자기 그 종양이 떨어져 나오면서 많은 피를 흘리셨다. 드레싱(붕대 싸매는 일)과 치료를 해드려야 했기에, 모든 방문객을 회당 밖에 나가 있게 해야 했다. 그날 정오에 식당에 계신 스리 바가반께 하직인사를 하러 간 나는 엎친 데 덮친 고통으로 오열했다. 스리 바가반이 자애롭게 나를 위로하며 말씀하셨다.

"걱정 마. 마음 놓아. 모든 일이 잘 될 테니까. 존재하는 것이 우리의 성품이지, 오고 가는 것은 (우리의 성품이) 아니야. 그러나 만약 자네가 오고 감의 견지에서 생각한다면, 자네는 아쉬람으로 오지 아쉬람에서 가지는 않는다고 생각하게. 그것(오고 감)은 모두 마음의 장난이야."

내가 집에 가 보니 아들이 고열에 시달리면서 섬망譫妄(정신착란) 증세를 보였다. 나를 알아보지도 못했다. 그 열은 장티푸스로 진단되었고, 최신 특효약인 클로로마이세틴을 썼음에도 불구하고 그 병은 두 달, 즉 9월 중순까지 갔다. 그때서야 아들은 스리 바가반의 은총으로 회복되었다.

그러는 동안 나는 스리 바가반의 건강에 대해 빈번하게 편지를 받고 있었다. 8월 3일에는 스리 N. 발라라마 레디가 이런 편지를 보냈다.

"더 이상은 종양이 떨어져 나오지 않고 있습니다. 어제는 고열도 없었고, 당신께서는 괜찮아 보입니다. 오늘은 약간 고열이 있습니다. 현재의 전반적 상태로는 걱정할 이유가 없습니다."

그 수술은 7일에 이루어졌다. 다음날 스리 발라라마 레디가 이런 편지를 보냈다.

"바가반께서 어제 그 수술을 받으셨습니다. 구루스와미 무달리아르 박사는, 그 병의 뿌리가 제거되었고, 재발하기 않기를 바란다고 말했습니다. … 바가반께서는 막 병원에서 회당으로 옮겨 오셨습니다. 수술을 할 때는 여기에 열 두어 명의 의사가 있었지요. 바가반은 7시를 칠 때 병원에 들어가셨습니다. 11시에 의사들이 나왔는데, 수술은 성공이었고, 팔에 석고를 붙였다고 말했습니다. 오늘 11시 반에 석고를 떼어냈고, 바가반은 괜찮아 보입니다."

13일에 아쉬람에서 이런 편지를 보냈다.

"스리 바가반의 건강이 만족스럽게 호전되고 있습니다."

다시 31일에 아쉬람에서 이렇게 알려주었다.

"그 팔의 국부적 상태는 의사의 말에 따르면 상당히 만족스럽습니다. 전혀 어떤 열도 없습니다. 여전히 몸은 좀 약합니다."

9월, 10월, 11월에 스리 바가반의 건강 호전 상태가 워낙 잘 유지되어 아쉬람에서는 자신감을 되찾아 스리 바가반의 저작들을 출간하면서, 나에게 몇 번 편지를 보내어 비샤인쇄소에서 「자기탐구(*Vichara Sangaham*)」와 「분별정보(*Vivekachudamani*)」를 다시 찍는 것을 감독하라고 했다.

그러나 오호라! 우리의 희망은 얼마 가지 못했다. 12월 첫째 주에 먼저 종양의 상처 조금 위쪽에서 또 하나의 종양이 나타나 급속히 자랐다. 그래서 12월 19일에 네 번째 수술이 이루어져 그것이 제거되었다. 대증요법 의사들이 자신들은 드레싱 하는 것 외에는 아무것도 할 수 없다고 선언했기에, 유명한 동종요법 전문가이던 마야바람(Mayabaram)에 거주하는 은퇴한 인도 회계국장 스리 T. S. 아이어를 모셔오게 하여, 그가 24일에 도착했다. 나는 다음날 오전에 아쉬람에 당도했다. 스리 바가반은 아직 아쉬람 병원에 계시고, 헌신자들은 오전과 오후에 30분씩만 한 줄로 서서 당신을 지나가는 것이 허용된다고 했다. 그러나 고맙게도 나는 도착한 뒤 즉시 친견을 가질 수 있는 특별 허락을 받았다. 스리 바가반께는 아무 이야기도 하지 말고, 다른 어떤 방식으로도 당신을 번거롭게 해드리지 말라고 했다. 스리 바가반을 뵈었을 때, 나는 당신의 외모가 달라진 데 깜짝 놀랐다. 당신은 침대 위에 반듯이 누워 계셨다. 당신의 몸은 종잇장처럼 창백했다. 그러나 당신의 얼굴과 눈은, 몸이 수척한 것만큼이나 한층 더 밝게 빛났다. 당신은 아무 말씀도 하지 않으셨지만, 말없는 시선으로 당신의 은총을 한층 더 많이 내게 쏟아주셨다.

27일에 어머니가 집에서 편지를 보내어, 스리 바가반이 어떠신지, 어떤 음식을 드시는지, 그리고 확고한 어조로 말씀을 하실 수 있는지 걱정스럽게 물었다. 바로 그날 오전에 내가 줄에 서서 잠시 당신 앞에 섰을 때, 스리 바가반은 마치 내 어머니의 기도에 응답하시듯 처음으로 나에게 말씀을 하셨다. 힘겹게, 약한 목소리로 말씀하셨다. 당신은 비샤인쇄소에서 아쉬람 책들의 재인쇄가 끝났는지 물으셨다. 나는 「자기탐구」가 재인쇄 되었고, 그 책들을 곧 받게 될 거라고 덧붙였다.

동종요법 치료가 효험을 보고 있다고 했다. 스리 바가반의 상처가 서서히 아물고 있었고, 당신의 전반적 상태가 호전되고 있었다. 병원에서 당신께 드렸던 밥을 다시 드시기 시작했다. 한 주 내내 나는 스리 바가반의 건강에 대해서, 이때 마드라스에 있던 스리 T. P. 라마짠드라 아이어와 매일 편지를 주고받았다. 넬로르의 스리 쭌디 비스와나담이 가족과 함께 아쉬람을 방문하고 돌아가서 29일에 이런 편지를 보냈다.

"아쉬람에서 스리 바가반의 영감을 주시는 친존에서, 그리고 당신의 친견

속에서, 저는 그 체류 기간 동안 어떤 안식을 경험했습니다."

그날과 그 다음날 나는 아쉬람 사원과 읍내의 큰 사원에서 스리 바가반의 건강을 위해 특별예공을 올렸다. 또한 산을 돌면서 내내 스리 바가반의 빠른 회복을 위해 기도했다.

30일에 나는 과감히 스리 바가반께 당신의 건강에 대해 여쭈었다. 당신은 그냥 나에게 스리 T. S. 아이어를 가리켜 보이셨다. 그래서 정오에 그의 방에서 그를 만났다. 그는 친절하게도 스리 바가반의 현재 상태에 대해 모든 이야기를 해주었는데, 아주 힘이 나고 안심이 되었다. 그는 우연히 내 왼발에 습진이 있는 곳을 발견했다. 그것은 8년째 사라지지 않고 있던 것으로, 어떤 치료도 소용이 없었다. 그것이 심하게 가려워서 완화제로 늘 연고를 바르고 있었다. 스리 T. S. 아이어는 그에 대해 질문하고 나의 대답을 들은 뒤 어떤 내복약을 주었다. 처음 한 번 먹었는데도 그것은 놀라운 효험이 있었다. 가려움이 즉시 그쳤고, 이후로 다시는 그 연고를 바르지 않았다.

엄격한 식사 조절 하에 한두 달 치료를 하자 습진은 완전히 사라졌고, 다시는 재발하지 않았다. 내가 스리 바가반께 그에 대해 말씀드리자, 당신은 몹시 즐거워하셨다. 그것은 분명히 스리 바가반의 은총 덕분이었다.

31일에 내 아들 순다라라잔이 파트나(Patna)에서 편지를 보내어, 29일에 베나레스에서 자기 어머니의 기제사를 지냈다고 알리면서, "스리 바가반께서 더 이상 (우리가 두 번이나 목격한 것과 같은) 어떤 장애도 없이, 우리에게 당신의 자애로운 축복을 쏟아주시기를" 기도한다고 했다.

1950년 새해 첫날, 스리 바가반이 오후 9시에 병원에서 **사원 회당** 맞은편의 작은 방으로 조용히 옮겨가셔서 모두가 놀랐다. 많은 사람들은 친견하러 갔다가 사원의 북쪽 베란다로 가라는 말을 들을 때까지 그것을 몰랐다. 스리 바가반은 밖으로 나와 방 앞의 좁은 통로에 놓은 소파에 앉아 계셨다. 이것은 헌신자들이 아주 감사해 한 큰 발전이었다. 왜냐하면 당신이 바깥에 앉아 계셨기에 그들이 언제든지 앉아서 스리 바가반을 친견할 수 있었기 때문이다. 그러나 군중이 너무 많아지자 여자들 그룹은 그 방을 바라보는 코코넛 숲에 웅크려 앉아 친견을 했다.

다음날 제본된 「자기탐구」 책 한 부를 비샤인쇄소에서 미리 보냈는데, 스리 바가반이 살펴보신 뒤 오전 모임 때 나에게 건네졌다. 오후에 던컨 그린레이스 씨가 스리 바가반을 친견하러 왔다. 그를 보시자 스리 바가반은 즉시 나에게, 그의 친구가 그의 현재 주소를 묻는 전보를 보내온 게 있으니 그것을 사무실에서 가져와 그에게 전달해 달라고 하셨다. 이것은 스리 바가반이 위중한 가운데서도 헌신자들의 사소한 일에까지 계속해서 얼마나 세심한 관심을 보이시는지를 잘 보여준다. 당신의 은총에게는 그 무엇도 결코 하찮아 보이는 것이 없었다.

1950년 1월 3일에 스리 R. 빠따비라마 레디(Pattabhirama Reddy)가 세상을 떠났다는 더없이 슬픈 소식이 전보로 왔다. 나는 즉시 그것을 스리 바가반께 드려서 살펴보시게 했고, 타계한 영혼이 평안 속에서 안식하기를 기원했다. 그것이 내 가장 친한 친구이자 동료 헌신자이던 이에게 할 수 있는 나의 마지막 봉사였다.

5일에는 스리 바가반의 자얀띠[70회 탄신일]를 경축했다. 그날 스리 바가반은 평소보다 두 시간이나 더 오래 친견을 베푸셨다. 사원에서는 정교한 예공이 행해졌고, 아라띠(*arati*-예공 때 신상 앞에 올린 불꽃)를 스리 바가반께 먼저 드린 다음 헌신자들 사이에서 돌렸다. 멀리서 온 헌신자와 방문객들이 대단히 많이 모였다. 그날 정오에 내가 친구 레디를 잃은 것을 슬퍼하며 객실에 엎드려 있을 때 시자 한 사람이 와서 말하기를, 스리 바가반께서 내가 오후 3시에 회중 앞에서 나의 마지막 텔루구어 시들을 낭독해 주기 바라신다고 했다. 그것이 내 마음을 슬픔에서 벗어나게 했는데, 이는 실의의 상태에서 나를 일으켜 주기 위해 스리 바가반의 은총이 어떻게 작용하는지를 보여주었다. 스리 바가반 앞에서 「헌신자들의 울음」을 다시 읽을 때, 나는 목이 메었고 몇 번이나 울음을 터뜨렸다. 그때 바가반을 본 친구들이 나에게 말하기를, 당신은 누가 보기에도 감동 받으셨고 눈물을 흘리셨다고 했다.

스리 T. S. 아이어의 동종요법 치료로 스리 바가반의 상처가 점차 아물고, 정상 체온이 유지되며, 식욕이 돌아오고, 당신의 전반적 상태가 꾸준히 나아지자 우리는 차분하게 낙관적 전망을 가질 여유가 생겼다. 아침 저녁으로 말없이 모여 있는 회중에게는 스리 바가반의 지복스러운 친존에서 방사되는 것으로 보이는 점점 더 깊은 평안과 달콤한 평온의 정신이 스며들었다.

14일 정오에 나는 도감의 특별허락을 받아 스리 바가반께 하직인사를 하러 가서, 엉엉 울고 말았다. 스리 바가반은 나를 당신 가까이로 부르시더니 나에게 그 아픈 팔에 손을 대보라고 하셨다. 그리고 자애롭게 나를 위로하며 말씀하셨다.

> "걱정 마. 사라질 거야. 그것은 왔을 때처럼, 그렇게 갈 거야. 몸 자체가 하나의 병인데, 그것을 스툴라얌(*Sthoulayam*)[거칢]이라고 해도 되겠지. 미세한 영이 몸이라고 하는 이 살덩어리의 방해를 받아. 몸은 그 사람이 살아 있는 동안에도 죽어 있어. 왜냐하면 그것은 지각력 없는 물질일 뿐이니까. 영이 그것에게 살아 있고 활동하는 겉모습을 부여할 뿐이지. …
>
> 자네들은 종양을 이야기하고 그것을 육종암(*Sarcoma Cancer*)이라고 이름붙이지. 그러나 내가 보는 바로는 어떤 종양도 없고 어떤 육종암도 전혀 없다고 말할 때, 내 말을 믿게."

내가 돌아온 뒤 약 한 달간 나는 아쉬람으로부터 기운 나게 하고 안심이 되는 건강 알림들을 받았다. 19일에는 스리 T. P. 라마짠드라 아이어가 이런 편지를 보냈다.

"지난 일요일에 온 마드라스 의사들이 경과에 만족했고, 상처는 잘 아물고 있다고 합니다. 그들은 피부이식과 페니실린 사용을 제안했지만, 현재로서는 이런 제안들이 채택되지 않고 있습니다."

다음날 스리 R. 나라야나 아이어가 이런 편지를 보냈다.

"합병증이 없다는 의미에서 스리 바가반의 상태는 만족스럽다고 하는군. 이전의 상처는 완전히 아물었고, 나중 것은 점차 아물고 있네. 피부이식은 허용되지 않았지. 식사 제한은 변비를 가져왔네. … **당신**의 전반적 상태는 물론 아주 약하시다네. 통증도 좀 있을 것이 분명한데, **당신**은 내색하지 않으시네. 우리는 평소처럼 **당신** 앞에 앉고 있고, **당신**은 평소의 방식대로 **당신**의 친존에 들어오는 모든 사람들 속을 꿰뚫어 보신다네."

같은 날 스리 J. 나나바띠도 같은 취지의 편지에서 이렇게 덧붙였다.

"봄베이의 스리 쭈닐랄 메타가 지금 여기 와 있는데, 저는 어제 오후 3시에 그와 함께 스리 바가반의 친존에 들어갈 기회가 있었습니다. 그것은 말로 표현할 수 없는 가장 달콤한 경험이었지요. **당신**의 은총이 넘쳐흐르고 있습니다. 제가 부단히 하는 기도는 **당신**이 우리를 **당신**의 가치 있는 도구로 만들어 주십사 하는 것입니다."

다음날 아쉬람에서 이런 편지를 보냈다.

"정상적인 건강의 회복을 향한 좋은 진보가 이루어지고 있습니다."

25일에 스리 T. P. 라마짠드라 아이어가 다시 편지를 보냈다.

"스리 바가반은 계속 좋아지고 계십니다."

1월 말일에 스리 J. C. 나나바띠가 다시 편지를 보냈다.

"스리 바가반의 몸 건강은 상당히 괜찮습니다. … 어제까지는 조금 약해 보이셨지만, 오늘은 **당신**께서 상당히 예리하고 쾌활한 기분이신 것처럼 보였습니다. … 오늘 아침에 제가 기회를 잡아 **당신**의 건강에 대한 당신의 질문과 당신의 인사(*Namaskar*)를 전해 드렸지요. **당신**은 '흠, 흠' 하신 다음 고개를 끄덕이셨습니다."

2월 2일에 T. S. 아이어 박사가 아쉬람에서 편지를 보냈다.

"저는 1월 26일 저녁에 이곳에 당도했습니다. 제가 오기 2, 3일 전에 팔의 한 부위에 약간 붉은 기미와 약간의 염증이 나타나서 사람들을 좀 긴장시켰습니다. 저는 그것이 약의 작용이 그친 때문이라고 느꼈고, 그래서 다음날부터 새롭게 약을 드리기 시작했습니다. 이제 스리 바가반은 전반적으로 만족스러운 경과를 보이고 계십니다."

다시 6일에 T. S. 아이어 박사가 편지를 보냈다.

"마드라스의 의사들이 어제 와서 **당신**의 경과가 상당히 만족스럽다는 것을 발견했습니다. 그들은 드레싱에 뭘 조금 추가하고 대구간유(Codliver oil)를 사용하라고 조언했고, 저도 그에 동의했습니다. 오늘 아침부터 그 다음 분량을 시작했고, 수요일까지 그것을 끝내려고 합니다."

8일에 스리 R. 나라야나 아이어가 편지를 보냈다.

"스리 바가반의 안색이 나아졌네. 당신은 평소처럼 앉으시고, 사람들은 오전과 오후에 두 시간씩 친견을 가질 수 있다네. 물론 당신 스스로 걷지는 못하시네."

그러나 16일자로 스리 T. K. 순다레사 아이어는 새로운 어조로 다음과 같은 편지를 보냈다.

"스리 바가반의 전반적 건강은 만족스럽습니다. … 그러나 그 종양이 다시 나타나려고 하는 것 같다는 걱정이 있습니다."

다음날 스리 R. 나라야나 아이어가 위의 소식을 확인해 주는 편지를 보냈다.

"그 종양이 다시 왔고, 어깨 관절 바로 아래로군. 바가반의 일과는 전과 같이 계속되네. 그러나 당신은 피로하고 지쳐 보여. 당장 큰일 났다고 할 이유는 없지만, 이 문제가 중대한 근심을 야기하고 있네."

19일에 마야바람의 스리 M. 벤까따라마 아이어가 편지를 보냈다.

"또 다른 종양이 이전 것이 발견된 곳 바로 위에서 급속히 자라고 있습니다. … 이것이 누구라고 할 것 없이 모두에게 근심을 안겨주고 있습니다. … 스리 바가반은 팔 전체에 통증이 있을 것이 분명하지만, 당신은 늘 웃음 띤 얼굴을 하고 계십니다."

다음날 스리 T. K. 순다레사 아이어가 고뇌를 토로하며 다시 편지를 보냈다.

"열은 없습니다. T. S. 아이어 박사는 마야바람으로 돌아갔습니다. 마드라스 의사들은 아무것도 할 수 없습니다. 말라바르로 무스(Moose-아유르베다 의원의 이름)를 모셔 오게 사람을 보냈습니다. … **기도하고, 기도하고, 기도하십시오. 저는 기도조차도 할 수 없습니다. 저는 멍한 사람 같습니다.**"

22일에 스리 R. 나라야나 아이어도 편지를 보냈다.

"그것이 다시 오렌지 크기로 자랐네. … 팔은 부어 보이고 약간 검다네. 무스가 꼬친(Cochin)에서 왔네. … 글쎄, 우리가 무얼 할 수 있나? 우리는 우리의 아버지가 켜주신 내면의 섬광이 계속 타고 있도록 해야 하네."

24일에 스리 R. 나라야나 아이어가 다시 편지를 보냈다.

"아유르베다 의사 무스(Moose)가 치료를 시작했네. … 그는 아주 겸손하게, 자기로서는 최선을 다하겠고, 스리 바가반의 은총이 있으면 어쩌면 그 병을 치료하는 데 성공할지도 모른다고 말한 모양이네. 그는 의사인 것 외에도 재가수행자(*Upasaka*)이네. 자신은 지금의 이 임무에서 성공하도록 단반따리(Dhanvantari)[85]에게 예배를 드린다고 말한 것 같네. 어제 내가 스리 바가반께 자네한테서 편지가 왔다고 말씀드렸지. 당신은 즉시 '나도 방금 그의 편지를 읽고 있었네'라고 하셨는데, 내 뒤의 다른 많은 사람들도 '그가 저에게 편지를 보냈습니다, 그가 저에게 편지를 보냈습니다' 하더군. 어이 친구, 나도 (편지 받은 이들이) 그 정도는 될 거라 생각했네."

다음날 아쉬람에서 편지를 보냈다.

"말라바르 의사인 무스가 이제 치료를 하고 있습니다. 이제는 종양이 있기 때문에, 특별한 차도가 어떻게 있을지 두고 봐야 합니다."

같은 날 스리 G. 삼바시바 라오가 편지를 보냈다.

---

85) *T.* 뿌라나(*Puranas*)에서 아유르베다의 신으로 이야기하는 비슈누의 한 화신.

"오늘 통증이 다소 가라앉았다는 이야기를 하게 되어 기쁩니다. 무스 박사는 종양이 가라앉기를 기대합니다."

26일에 T. S. 아이어 박사가 자신의 실패를 아쉬워하며 편지를 보냈다.

"제가 할 수 있는 것은 다 해보았는데도 그 약들이 종양의 발육을 저지한다는 충분한 인상을 주지 못한 것은 더없이 불행한 일입니다."

이런 이야기들을 듣자 너무 걱정이 되어, 3월 초에 다시 서둘러 아쉬람으로 갔다. 그 종양은 코코넛만 한 크기로 커져 있었고, 드레싱은 끔찍한 광경이었다. 나는 스리 T. K. 순다레사 아이어와 함께 산을 돌러 나가서 읍내의 두르가(Durga) 사원에서 스리 바가반의 건강을 위해 특별예공을 올렸다. 랄리따의 봉함편지가 나를 경유해 그날 치 우편물들과 함께 스리 바가반께 배달되었다. 당신은 넘치는 은총으로 매 줄과 단어를 훑으며 그것을 오랫동안 살펴보시고, 베개 밑에 두어 직접 간직하셨다. 종양은 무섭게 자라고 빈번한 출혈이 있어, 스리 바가반의 생명기운이 빠져나가고 있었고, 몸이 아주 쇠약해져 기운이 하나도 없어 보였다. 그러나 당신의 얼굴과 표정에서는 통증과 괴로움의 자취라고는 찾아볼 수 없었고, 오히려 은총으로 한층 더 밝게 빛났다.

이제 나는 무스 박사(Dr. Moose)와 친분이 생겼다. 그는 저명한 아쉬따 바이디얀(*Ashta Vaidyan*)[86]인 것 외에도 검박한 삶을 영위하는 신심 깊은 사람으로서, 수준 높은 문학적 재능을 타고났다. 그는 겸손한 헌신자가 자신의 스승에게 하듯이 스리 바가반께 다가가서 당신을 치료했다. 3월 6일에 그가 자신이 지은 '아디 빠다스따바 샥따 마따(*Adi paadastava shakta*

86) *T.* 아유르베다는 의서 『아쉬땅가흐리다얌(*ashtangahridayam*)』을 교재로 삼는데, 8개 분야로 나뉜다. 오랜 도제식 교육과 경험으로 이에 통달한 의사를 '아쉬따 바이디얀'이라고 한다.

maataa)'['알파벳 'a'로 시작되는 6연의 화만 공양']라는 제목의 산스크리트 시를 나에게 보여주었다. 그 연들의 첫 글자는 알파벳 순서로 되어 있었다. 종결시와 기원시도 있었는데, 그 전체 시는 이렇게 번역될 수 있을 것이다.

"1. 아둔한 자도 **그분**의 두 발을 섬기면 모든 업이 정화되고, 모든 존재들 사이에서 어떤 차별도 보지 않으시는 **분**, **그분 스리 라마나**를, 지고선을 위하여 우러릅니다.

2. 가장 멀리 있는 헌신자들까지도 **당신**의 자애로운 눈길로 기쁘게 해주시며 **진아** 안에 안주하시고, 심장 속에 **지**知의 지복을 지니신 **분**, **그분 스리 라마나**를, 지고선을 위하여 우러릅니다.

3. 인드라를 능가하는 힘센 자들조차도 **당신**의 영광 앞에서는 고요함과 겸손함을 느끼고 수천 명이 엎드려 절하는 **분**, **그분 스리 라마나**를, 지고선을 위하여 우러릅니다.

4. **시바**, **비슈누**, **브라마** 3신조차 지배하는 세 가지 **구나**(*Gunas*)에게 숨겨져 있는 **지고아**이신 **분**, **그분 스리 라마나**를, 지고선을 위하여 우러릅니다.

5. **당신 자신** 안에서, **당신 자신**의 힘으로, 세 가지 **베다**의 요지의 핵심을 깨달으셨다고 많은 사람들이 다양하게 묘사하는 **분**, **그분 스리 라마나**를, 지고선을 위하여 우러릅니다.

6. 헌신자들이 백조처럼 **당신**의 연꽃 발아래 거주하면, **천상**의 경지를 얻고 마나사 성수聖水(*Manasa Tirtha*)[문자적으로는, '마음이라는 성지']를 지복스럽게 보게 되는 **분**, **그분 스리 라마나**를, 지고선을 위하여 우러릅니다.

종결시

이 시는 **당신**의 두 발아래 엎드려 절하자 느껴진 압도적인 헌신의 감정이 자연발로적으로 흘러나온 것이라네. 이것이 **지고의 스승 스리 라마나**, **그분**의 마음에 드시기를.

기원

무지를 통해 저희는 여기에 와서, 모든 학學을 초월하는 문제와 씨름하고 있습니다. 오 바가반, 은총의 화신이시여, 부디 저희에게 좋은 것을 하사하소서.

당신의 몸이 저희의 몸입니다. 당신께는 그것이 소용없을지 모르나, 저희에게는 필요합니다. 그러니 부디 그것을 보존하시고 저희를 구원하소서. 왜냐하면 저희는 당신 외에 어떤 피난처도 알지 못하기 때문입니다."

무스 박사는 그 종양에 매일 거머리들을 붙여서 그것들이 나쁜 피를 빨아내게 하고 있었다. 어느 날 한낮에는 거머리들이 피를 빤 뒤에 너무 세게 들러붙어 있어서 쉽게 떼어낼 수 없었다. 그것은 끔찍한 통증을 유발했을 것이 분명했다. 스리 바가반은 그것을 아주 쾌활하게 견뎌내셨을 뿐 아니라 농담으로 이렇게 말씀하셨다. "이 거머리들은 그 수만큼의 진인들처럼 삼매에 든 것 같군."

(3월) 12일에 당시 파트나에 있던 내 아들 순다라 라잔의 편지를 받자, 스리 바가반이 살펴보시게 제출했다. 편지에서 이렇게 말했다.

"또 다른 종양이 스리 바가반의 팔에 자라났고, 그것이 거기서 당신의 성스러운 친견을 갖는 분들에게 많은 걱정을 야기하고 있다니 몹시 마음이 아픕니다. 그렇다면 여기 있는 제가 얼마나 더 걱정할지 능히 상상할 수 있으시겠지요. 의사들을 우리는 볼 만큼 보았습니다. 모든 경우에 그리고 언제 어느 때나, 스리 바가반이 당신 자신에게 유일한 의사이시자 최선의 의사이십니다. 저는 당신께서 당신 자신을 곧 치유하시고 정상 건강을 회복하셔서, 당신의 은총으로 저희들을 축복해 주시고 오랫동안 성스러운 친견을 베풀어 주시기를, 온 정성을 다해 바라고 기도할 뿐입니다. 부디 이 기도를 스리 바가반께 전해 주십시오."

스리 바가반은 그것을 소리 내어 읽으셨을 뿐 아니라 시자들을 돌아보며 말씀하셨다.

"이보게. 숩바라마이야의 아들이 쓴 것을 들어 봐." 그리고 이탤릭체로 된 부분을 타밀어로 통역해 주셨다. 당신이 그러고 계실 때 나는 자신을 주체하지 못하고 울었다. 스리 바가반이 나를 위로하며 말씀하셨다.

> "왜 걱정하나? 그건 갈 거야. 그것은 왔을 때처럼, 그렇게 갈 거야. 자네 아들처럼, 키티(Kitty)[오즈본 양]도 이렇게 썼어. '바가반께서는 무엇이 우리를 위해 최선인지 알고 계셔요'라고."

이런 자애로운 말씀은 내 가슴의 상처를 어루만져주는 약 같았다.

그날 저녁에 우리가 스리 바가반의 친존에 모두 앉아 있을 때, 스리 T. K. 순다레사 아이어가 1950년 5월 8일에 치러질 어머니 사원에서의 마하뿌자를 위한 초청장 초안을 당신이 살펴보시게 드리면서, 내가 그것을 넬로르의 비샤인쇄소에서 인쇄하게 하는 임무를 맡았다고 당신께 말씀드렸다. 스리 바가반은 그것을 꼼꼼히 수정하시고, 나를 당신께로 불러서 그 인쇄에 대한 상세한 지침을 주셨다. 이 문제에서 스리 바가반이 보여주신 예리한 관심은 우리의 기운을 크게 북돋워 주었다.

다음날 아침 일찍, 내가 스리 바가반께 하직인사를 하러 갔을 때, 당신은 상까라 라오(Sankara Rao) 박사와 농담을 하면서, 여러 해 전에 멜코트 박사가 당신을 치료할 때의 일화를 회상하셨다. 스리 바가반은 나를 보시더니 내게 마하뿌자 초청장 양식을 상기시키면서 그것을 곧 인쇄하도록 하라고 말씀하셨다. 이때 내가 스리 바가반께, 랄리따의 편지에 어떤 답을 주시겠는지 여쭈었다. 스리 바가반은 잠시 말씀이 없더니 더없이 자애로운 표정으로 말씀하셨다. "그녀에게 '그래'라고 말해주게." 그래서 나는 마음 편히 집으로 돌아갔다.

(3월) 16일에 스리 T. K. 순다레사 아이어가 편지를 보냈다.

“바가반의 건강에 알려드릴 만한 많은 변화는 없습니다.”

같은 날짜의 스리 T. P. 라마짠드라 아이어의 편지는 더 자세한 정보를 주었다.

“종양은 당신이 지난번에 보신 것과 같은 상태입니다. 출혈은 멈추지 않고 있고, 그렇다고 계속 나오는 것도 아닙니다. 어떤 때는 많이 나오기도 합니다. … 체온은 오전에는 늘 정상이지만 오후에 올라가는 경향이 있습니다. 지난 이틀간은 오후 8시에 (화씨) 100도였습니다. … 어제는 마드라스 의사들이 와서 스리 바가반을 살폈습니다. 그들은 바가반의 전반적 상태에 그다지 만족하지 못하고 있습니다.”

위의 정보는 같은 날짜의 「힌두」 지紙 기사에서도 확인되었는데, 그것은 R. 수브라마니암 박사와 스리 K. K. 남비아르(Nambiar)와의 인터뷰 기사였다. 수브라마니암 박사는 이렇게 말했다.

“마하르쉬님의 일반적 상태는 열흘 전보다 더 약해져 있습니다. 빈혈 상태가 되고 있습니다. 저녁에는 체온이 올라가기 시작했고, 어제는 순환기에 무리가 가고 있다는 증거가 나타났습니다.”

17일에 스리 R. 나라야나 아이어가 이런 편지를 보냈다.

“무스 박사가 (마드라스 의사들의) 질문에 시달리고 있을 때 스리 바가반이 개입하여 이렇게 말씀하신 것 같네. ‘왜 그를 알라디(Alladi)[87]처럼 반대신

87) *T.* 넬로르 출신의 법률가인 알라디 크리슈나스와미 아이야르(Alladi Krishnaswami Ayyar, 1883~1953). 마드라스 검찰총장을 18년간 역임하고, 제헌의회 의원으로서 인도헌법 제정 때 중요한 역할을 했다. 탁월한 법률 지식과 변론 능력으로 명성을 떨쳤다.

문 합니까? 저에게 물으세요. 제가 말해드릴 테니. 저는 그가 치료를 시작한 뒤로 더 나아진 느낌이고, 지난 18개월 중 어느 때보다도 훨씬 더 나아졌지요. …'."

그 편지에서는 그날 오후 1시 15분에 작은 지진이 있었다고도 했다. 19일에 스리 R. 나라야나 아이어가 다시 편지를 보냈다.

"대증요법(서양의학) 진단과 의견에 따르면 그 상태가 중하고 위중하기까지 하네. 피가 스며 나오고 있고, 전반적으로 몸이 약하셔. 심장도 약해졌고 약간의 심장 잡음이 있다고 하는군. 맥박도 조금 약해졌어. 그 암도 커지고 있는데, 지나치게 자란 한 조각이 떨어져 나오면 종양이 줄어든 것처럼 보인다네. … 죽(*kanji*)만 들고 계시네. 보통 사람들이라면 이제까지 본 것만으로도 쓰러졌을 걸세. 그러나 우리 바가반은 견뎌 오셨지. … 오늘 아침에는 넘어지셨는데, 부축해 드릴 사람이 아무도 없었네. (다른 사람이었다면) 누구라도 충격을 받고 심장마비를 일으켰을 걸세. 그러나 바가반은 천천히 일어나서 당신의 일과를 계속하셨는데, 친견 도중에는 아무도 어떤 것을 보거나 무슨 말을 할 수 없었다네."

다음날 같은 친구가 다시 편지를 보냈다.

"보세(Bose)는 아무리 돈이 들어도 까비라지 센(Kaviraj Sen)[88]을 데려오고 싶어 하네. … 까비라지는 이런 병들을 치료해 본 것 같네. … 스리 바가반은 미소로 밝게 웃으며 평소와 똑같이 그대로 하시는데, 농담도 하시고, 아주 쾌활하게 보이신다네."

같은 날 채드윅 소령도 이런 편지를 보냈다.

---

88) *T.* 캘커타의 아유르베다 의사. Kaviraj는 벵골 등지에서 아유르베다 의사의 한 칭호이다.

"바가반이 어제 넘어지셨고, 그 바람에 종양에서 피가 나고 두 번이나 구토를 하셨습니다. … 종양은 계속 자라고, 당신은 밤에 약간 열이 있는데, 당신의 심장이 약해지고 있는 것 같습니다."

21일에 스리 J. C. 나나바띠가 편지를 보냈다.

"당신이 떠나신 뒤로 달라진 것은 없고, 단지 매일 출혈로 인해 몸 안의 피가 자연히 줄어들어 몸이 약해지고 있습니다. 어제는 오전 친견 때 당신께서 오랫동안 은총을 발하셨지요. 당신의 표정을 묘사할 말을 찾지 못하겠고, 모두가 굉장히 행복하게 느꼈습니다."

다음날 스리 R. 나라야나 아이어가 편지를 보냈다.

"무스 박사가 말하기를, 자신은 그 암은 걱정되지 않는데 당신의 전반적 상태가 걱정된다는군. … 어제 대증요법 의사들이 말하기를, 심장과 맥박이 약하고, 이런 상태로는 어떤 몸도 무한정 견딜 수 없다고 했네. 오늘 오전에 바티아(Bhatia)[공중 위생국장]가 당신을 검진하고 말하기를, 심장과 맥박은 나쁘지 않은 것 같고, 의지력이나 그런 뭔가가 당신을 지탱하고 있다고 하더군. 어떤 사람들은 점성학을 알아보고 4월 2일[월식 예정일]까지가 한계라고 했네. 다른 사람들의 점성학은 희망적이네."

같은 날 아쉬람은, 스리 바가반을 친견하러 내 편지를 가지고 그곳에 간 나의 두 동료 스리 자나끼라마 사르마와 스리 꼬따 수브라마니아 사스뜨리를 언급하며 다음과 같은 편지를 보냈다.

"당신의 편지를 가지고 온 방문객들에게 필요한 편의를 봐드리고 있습니다."

(스리 바가반의 신성한 대삼매 기념일인 1956년 5월 8일에 내가 이것을 쓰고 있을 때, 나의 또 다른 동료 스리 C. 빠드마나바 라오가 곧 아쉬람을 방문할 생각이라면서 아쉬람에 보일 소개장을 부탁하러 온다. 이것은 나에게 신기한 우연의 일치일 뿐만 아니라, 이 상서로운 날에 스리 바가반이 베푸시는 은총의 특별한 표지라는 느낌이 든다.)

(1950년 3월) 23일에 스리 R. 나라야나 아이어가 편지를 보냈다.

"신체적 상태가 중요한 거라면, 스리 바가반의 상태는 확실히 나빠지고 있네. … 그러나 스리 바가반이 견지하고 계신 방식이 놀랍네. 당신의 얼굴에는 아무것도 없다네. 이 병이 보통 사람에게 닥쳐왔다면 모르핀이 필요했을 테고, 그래도 그 고통에 비명을 질러서 온 병원에 다 들렸을 것이네. 단 한 마디도 안 들려. 바가반은 견디고 계실 뿐 아니라, 미소를 띠며 은총을 쏟아주시네. 십자가에 매달린 예수의 상像은 비애와 순교의 모습을 보여주지. 그러나 우리의 아버지는 장엄-지복-당당(Grand-Beatific-Majestic)이시라네."

25일에 스리 A. 데바라자 무달리아르가 편지를 보냈다.

"스리 바가반의 건강에 대해서는 힘이 날 만한 아무것도 알려드릴 것이 없다네. 외관상 그 병은 나날이 나빠지고 있네. 바가반의 은총 외에는 아무것도 이 상황을 구원할 수 없네."

26일에 스리 R. 나라야나 아이어가 다시 편지를 보냈다.

"어제는 체온이 96도였고, 활력이 낮은 수준이었네. 등불은 활활 타고 있는데, 어떤 기름으로 타는지는 신이 아시겠지. 까비라지가 내일 오전에 온다네."

다음날 같은 친구가 다시 편지를 보냈다.

"바가반은 구역질을 하시고, 위장으로 들어가는 어떤 것도 토하시네. … 지난 3, 4일간은 아무 음식도 드시지 않았네. 오렌지주스 조금이 당신의 유일한 음식이네. 몸이 아주, 아주 약하시네. 맥박은 낮고, 심장은 아주 약하고, 혈액 순환은 느리며, 두 다리는 부었고, 손들도 그렇네. 모든 의사들이 전혀 아무런 희망을 갖지 못하고 있네. … 일과는 힘들게 해내신다네. 내가 어제 바가반의 방에 살짝 들어가서 눈물을 흘리며 당신께 이것이 다 무엇을 의미하는 거냐고 여쭈었지. 당신은 '그건 갈 거야'라고 속삭이기만 하셨네. 그게 그 암을 뜻할까? 그러기를 바라네."

29일에 나감마가 참으로 여성적인 섬세함으로 이런 편지를 보냈다.

"어제까지 스리 바가반께서 평소처럼 친견을 베푸셨습니다. 그러나 그 이후로 베란다 밖으로 나오지 않고 계시고, 그 방 앞의 차양을 올려서 우리에게 당신을 친견하도록 하고 있습니다. 그것이 현황입니다. 관수식 기념행사는 4월 2일입니다. 편하시다면 그때까지 여기 오시면 되겠습니다."

같은 날 스리 A. 데바라자 무달리아르도 편지를 보내 왔다.

"캘커타 까비라지가 어제 여기 왔네. … 그가 바가반을 치료하기로 했네. 그도 이 병이 너무 멀리 나갔고, 바가반의 상태가 중하다고 생각한다네."

다음날 스리 R. 나라야나 아이어가 편지를 보냈다.

"스리 바가반의 상태는 까비라지의 약을 몇 번 드신 뒤 오늘은 약간 나아졌다고 하네. … 바가반은 오늘 소변을 보셨고, 두 다리와 발의 부기도 약간 빠졌다네. 까비라지가 당신에게 억지로 우유를 좀 드시게 했네. 다른 음식이라고는 과일즙을 드시는 것뿐이네. 바깥에 앉아 친견을 베푸시는 것은 중단되었네. 당신은 서지도 걷지도 못하시네. 사람들은 일반 욕실에서 바가반을 보거나, 그냥 그 난간에 가서 마치 동물원에서처럼 그 구멍 사이로 들여다본다네."

31일에 「힌두」 지紙에서, 스리 바가반은 완전히 자리보전 중이며, 당신의 상태가 걱정을 안겨주고 있다고 보도했다. 나는 그날 오후 아쉬람으로 출발하여 다음날 오전에 때맞추어 친견 줄에 섰다. 스리 바가반은 침상에 비스듬히 기대고 누워서, 우리가 난간 앞에서 줄을 지어 지나가며 당신을 잠깐 바라볼 때 우리를 바라보고 계셨다. 당신의 얼굴과 눈은 평소처럼 은총으로 빛나고 있었고, 당신을 잠깐 바라보는 것만도 내 마음을 안심시키는 효과가 있었다. 그러고 나자 즉시 시자 랑가스와미가 나를 찾아와서 이렇게 말했다.

"스리 바가반께서 당신이 줄에 서 있는 것을 발견하셨습니다. 당신께서 말씀하시기를, '봐, 우리 숩바라마이야도 왔군. 가여운 사람! 어제 신문에 난 기사를 보고 놀라서 달려왔겠지. 가서 그에게 인사를 하게.' 하셨습니다."

이 자애로운 주목과 메시지는 나를 온통 감정에 북받치게 했다.

침울과 절망의 분위기가 아쉬람을 에워싸고 있었고, 대다수 사람들은 4월 2일에 최악의 일이 일어날 거라는 두려움에 사로잡혀 있었다. 모든 징후도 불길한 전조를 확인시켜 주었다. 큰 꿀벌집 하나가 스리 바가반의 방에 인접한 나무 위에 있는 것이 눈에 띄었다. 며칠째 스리 바가반은 아무 음식도 드시지 않았고, 당신의 신장이 거의 움직이지 않고 있었다. 두려운 그날이 밝아왔고 모든 헌신자들은 숨을 죽이고 긴장한 채 움직였다. 그러나 더없이 놀랍게도, 오전 9시에 스리 바가반이 평소처럼 보름날의 삭발을 하신다는 이야기를 듣게 되었다. 당시 나는 대학입시 시험지를 채점하고 있었는데, 그 중의 한 문제는 부처님의 생애와 관련되는 것이었다. 모든 수험생이 그 문제에 답을 쓰려고 했고, 다음과 같이 썼다.

> "그날은 보름날이어서, 부처님은 삭발과 목욕을 하셨다. 그런 다음 당신의 제자들을 불러서 말씀하셨다. '내가 가고 나면 진리가 그대들의 스승이 될 것이다.'"

내가 이것을 읽고 또 읽어 보니, 그 우연의 일치가 더없이 의미심장하고 깨우침을 주는 것으로 느껴졌다. 위에 인용한 부처님의 말씀이 모든 답안지에서 되풀이되면서, 내 귀에 마치 그것이 스리 바가반의 마지막 메시지인 양 울렸다. 얼마 후 이발사 나떼산(Natesan)이 내게 와서, 어떻게 스리 바가반이 사람을 보내 자신을 부르셨고, 삭발하는 도중 내내 일어나 앉아서 자신과 농담을 주고받았는지 들려주었다. 삭발 후 스리 바가반은 평소처럼 목욕을 하셨다. 소변도 조금 보셨고, 상당히 신선하고 쾌활하신 모습이었다. 이 모든 것이 그날에 대한 우울한 예측들이 틀렸음을 말해주는 듯했다.

그날 밤 월식이 일어나는 도중 스리 R. 나라야나 아이어와 나는 산을 돌았다. 월식이 정점에 이르렀을 때, 우리는 붉은 빛 두 개가 산의 꼭대기 근처, 사람들이 접근할 수 없는 곳에서 움직이고 있는 것을 보았다. 우리는 아루나찰라의 동굴들 안에 위대한 싯다들(*siddhas*)이 눈에 띄지 않게 거주하면서 이런 특별한 때에 나타나곤 한다는 이야기를 들은 적이 있어서 그 광경에 경외감을 느꼈고, 돌아와서 우리가 본 것을 아쉬람에 이야기했다.

4월 3일에 까비라지가 다시 왔고, 긴급한 논의 끝에 이 단계에서는 스리 바가반께 강한 약들을 드리지 않기로 결정되었다.

다음날 오전에 당시 마드라스 지사이던 바브나가르(Bhavnagar)의 마하라자[89]와 마하라니(Maharani)가 스리 바가반을 친견하러 왔다. 도감과 마드라스 전 총리인 스리 O. P. 라마스와미 레디아르가 그들을 맞이하여, 스리 바가반의 방으로 안내했다. 그들은 빠딸라 링감(Patala Lingam)[90]이 개수改修되었을 때 띠루반나말라이를 방문하여 스리 바가반을 이미 뵌 적이 있었다. 그들은 아쉬람에 흰 공작 한 쌍도 선물했었다. 이제 그들은 스리 바가반 자신께 당신의 건강에 대해 걱정스럽게 여쭈었다. 당신은 이렇게 답변했다고 한다. "다 괜찮아요."

그들은 친견을 한 뒤 사원에서 예공을 올리고 쁘라사드를 받았다. 그들은 아무런 공식 일정도 없이 오직 스리 바가반을 뵈려는 목적으로 온 듯하다. 그들이 방문했을 때는 마침 스리 바가반이 당신의 보잘것없는 식사를 해야 할 때였다. 그러나 스리 바가반은 그마저도 미루면서 이렇게 말씀하셨다. "이 마하라자는 수많은 긴급한 임무들이 있는 가운데서 나를 보러 급히 왔어. 그가 여기서 기다리게 해서는 안 되지."

그들이 떠난 뒤에야 스리 바가반은 식사를 하셨다. 아홉 달 뒤에 이 마하라자가 넬로르에서 스리 바가반의 사진 제막식을 할 때, 내가 그에게 그 일을 들려주었더니 그는 스리 바가반이 자신에게 그토록 많은 은총을 베푸신 데 대해 깊이 감동했다.

같은 날, 즉 1950년 4월 4일에는 유명한 프랑스 사진가(앙리 카르티에 브레송)가 스리 바가반이 당신 방의 돋운 침상 위에 비스듬히 기대 누워 계신 모습을 촬영했다. 스리 바가반의 약한 몸 상태를 고려하여, 친견은 오전과 오후에 줄을 서서 하는 것으로 제한되었고, 개인 시자와 의료 시자

89) *T.* 바브나가르는 구자라트 주에 있던 토후국이다. 인도 독립 후 토후국들을 인도에 통합할 때 이 마하라자가 가장 먼저 통합에 응했고(1948년), 그 후 마드라스 지사에 임명되었다.

90) *T.* 띠루반나말라이의 아루나찰레스와르 사원 안의 지하방. 바가반이 처음 아루나찰라에 왔을 때 깊은 삼매에 들었던 곳이다. 1949년 봄에 개수하고 5월 4일 준공식이 있었다.

들 외의 모든 사람은 스리 바가반을 뵙는 것이 금지되었다. 그래서 그날 밤 나는 무거운 마음으로 귀갓길에 올랐다. 내가 (하직인사차) 스리 바가반이 계신 방의 격자문 근처에 갔을 때, 그 문을 지키던 스리 자야데발랄이 내게 속삭였다. "스리 바가반을 뵙고 싶습니까?" 내가 대답했다. "예, 그런데 허락이 없군요." 그가 말했다. "신경 쓰지 마십시오. 들어가세요." 그러면서 나를 밀어 넣었다. 스리 바가반 홀로 마치 누군가를 볼 것으로 예상하신 듯 입구 쪽을 바라보며 누워 계셨다. 내가 문간에서 절을 하고 일어나자마자 스리 바가반이 말씀하셨다. "들어와." 내가 들어가서 당신 앞에 서자 스리 바가반이 물으셨다. "자네는 뭘 원하지?"

나는 눈물을 흘리면서 말했다. "저는 아바얌(*Abhayam*)[두려움에서의 보호]을 원합니다."

스리 바가반이 넘치는 은총으로 말씀하셨다. "그래, 그걸 주었어(*Saree, Icchanu*)."

스리 바가반이 덧붙이셨다. "두려워하지 마. 그것은 왔을 때처럼 갈 테니까."

즉시 나는 마치 무거운 짐이 가슴에서 덜어지는 듯이 느껴졌다. 내가 두 손과 머리로 당신의 연꽃 발을 접촉할 때는 황홀경의 전율이 전신을 관통해 지나갔고, 나는 평안과 지복의 바다에 빠진 듯한 느낌이었다. 스리 바가반의 그 모습과 나에게 '아바얌'을 하사한다는 당신의 자애로운 말씀은 내 존재 안에 영구적 거처를 마련했고, 삶의 모든 우환에서 나를 지켜주고 있다.

6일에 스리 R. 나라야나 아이어가 편지를 보내 왔다.

"바가반의 상태는 똑같네. 매일 많은 피가 종양을 통해서 흘러나오는데, 음식으로 보충하기 위해 드시는 것은 너무 적어서, 당신은 점점 약해지고 계시네. 소변도 아주 적게 나오네. 머리 뒤쪽, 척추 위쪽, 그리고 목에 끔찍한 통증이 있네. 바가반은 이렇게 말씀하신 모양이네. '그게 사라지면 모든 것이 사라지겠지.'"

아쉬람에서 다음날 편지를 보냈다.

"스리 바가반의 건강은 당신이 떠날 때와 똑같습니다. 그때 이후로 나타난 머리의 어떤 통증이 내려가고 있습니다."

같은 날 스리 R. 나라야나 아이어도 편지를 보냈다.

"자네 엽서를 보고 아주 즐거웠네. 오늘 오전에 바가반을 친견하려고 줄을 서 있을 때 그것을 건네받고, 아바얌을 청하는 자네의 기원이 내 가슴속에서 메아리치고 약동하는 가운데 그 엽서를 계속 읽었다네. … 듣자하니 당신은 오늘 모든 면에서 전반적으로 나아지셨다 하네. 줄을 서는 방식은 계속되고 있네. 그 두통도 좀 덜 심해진 것 같네."

스리 바가반을 뵙고 나서 돌아간 스리 T. 라미 레디가 10일에 편지를 보냈다.

"스리 바가반의 상태는 아주 심각합니다. … 저는 바가반께 경의를 표할 기회를 가졌던 것이 감사하게 느껴집니다. 바가반은 차분하시고, 고요하시고, 자애로우십니다."

같은 날 스리 R. 나라야나 아이어가 내게 다음과 같은 전보를 보냈다.

"분위기가 긴장되고, 위중하게 여겨짐."

동시에 스리 A. 데바라자 무달리아르도 전보를 보냈다.

"상태가 아주 심각함."

위의 메시지들은 같은 날짜에 편지를 쓴 스리 T. 라마짠드라 라오에 의해서도 확인되었다.

"어제부터 당신의 건강이 심각합니다. … 오늘 오전에는 우리가 스리 바가반을 친견하지 못했습니다."

4월 11일 오전에 내가 아쉬람으로 출발하고 있을 때, 동료 헌신자인 스리 S. 꼴란다벨루 무달리아르가 우리 집에 와서 띠루반나말라이에서 온 전화 메시지를 전해주었다. 스리 바가반의 상태가 호전되고 있고, 이제는 걱정할 필요가 없다는 것이었다. 그래서 내 여정을 미루게 되었다.

같은 날 스리 R. 나라야나 아이어가 편지를 보냈다.

"일요일 밤 8시 30분에 바가반의 상태가 매우 위중하게 여겨졌네. 액체 음식조차도 전혀 못 드셨네. 움직임도 없고, 소변도 없음. 맥박은 아주, 아주 약함. 혈압은 아주 낮음. 체온은 96.8도이고, 딸꾹질을 빈번히 하심. … 다음날도 긴장이 계속되었네. 저녁에 바가반은 오전에 줄을 섰느냐고 물으셨네. 도감이 그것은 한동안 중지되었다고 대답했지. 바가반은 온 사람이 모두 친견을 할 때까지는 당신이 물 한 방울도 드시지 않겠다고 말씀하셨네. 그래서 어제 오후에는 줄이 있었네. 바가반은 딸꾹질, 통증 등 일체를 멈추고 이전처럼 차분히 앉아 계셨네. 친견을 하고 나서는 딸꾹질이 시작되었다고 하네. 당신은 얼마간의 음식, 즉 버터밀크와 과일즙을 조금 들고 계시네. 약은 일체 드시지 않네. 당신의 전반적 상태는 점점 약해지고 있다네."

그날 나중에 같은 친구가 또 전보를 보냈다.

"걱정스러운 상태가 쭉 이어짐."

다음날은 도감이 전보를 보냈다.

"건강은 전과 같음. 호전되기 바람."

4월 13일과 14일에, 스리 R. 나라야나 아이어가 두 통의 편지를 썼으나 14일에야 그것을 부칠 수 있었고, 그래서 그 편지 둘 다 그 사건이 있은 다음날 나에게 도착했다. 그 편지들에는 다음과 같은 내용이 들어 있었다.

"나의 답장 전보 '걱정스러운 상황이 쭉 이어짐'이 상황을 정확히 요약해 주네. 맥박이 너무 약하고, 심장 소리가 들리지 않으며, 체온은 정상 이하이고 혈압은 36과 38인데, 누가 무슨 말을 할 수 있겠나? 혈압이 60인 것 자체가 위험 구역이라고 하네. 만일 그것이 50으로 내려가면, 그들은 일체를 포기한다는군. … 이제 바가반은 삶과 죽음 사이의 구분선을 없애 버리셨네. 오늘 오전에 선 줄이 끝나자, 나와 무루가나르가 가서 한동안 서 있었네. 바가반은 위로 젖히신 얼굴에 눈을 감고 평평히 누워 계셨네. 얼마나 놀라운지! 가없는 은총이신 당신이 우리 쪽으로 돌아누워 우리에게 오래도록 보시는 듯 안 보시는 듯 시선을 보내주셨네. 당신은 눈을 감았다가 몇 초 후에 다시 뜨셨고, 자비심으로 우리를 바라보셨네. 그 시선이 내 속으로 들어와 나를 압도했네. 오! 바가반, 이 모든 것은 무엇을 의미합니까? 당신의 불가사의함은 무엇입니까? 글을 쓰고 있자니 눈물이 떨어지네. … 친애하는 나의 친구, 형제여, 우리의 주님, 우리의 아버지에게 말없는 기도를 올리며 그대도 눈물 흘리기를."

(1950-4-14) "이 두 장의 엽서를 쓰면서 나는 줄 서러 갔고, 우편으로

부치러 갈 수가 없었네. … 당신을 의사들이 어떻게 해볼 수 없었네. 어젯밤에는 당신이 워낙 움직이지 않고 뻣뻣해서 모두가 12시 30분에 끝났다고 느꼈다네. 1시 30분에 당신이 약간 움직여 손을 뻗으셨네. 누가 무슨 말을 할 수 있었겠나? 그들은 체온, 혈압 등을 재는 것을 포기해 버렸네. 당신은 분명하게 어떤 약도 거절하신 상태이네. 가끔 말씀은 하신다네. … 당신 목소리의 울림과 반향은 사람을 안심시키네. 그러나 병세에는 어떤 호전도 없네. … 올 수 있으면 오고, 그럴 수 없으면 신경 쓰지 말게. 우리는 항상 당신과 함께 있으니."

4월 15일 오전에 한 친구가 나에게, 전날 밤 라디오에서 스리 바가반의 서거 소식을 내보냈다고 알려주었다. 나는 즉시 띠루반나말라이로 전화를 했고, 그 사실을 확인했다. 또 대삼매(*Mahasamadhi*) 의식이 정오까지는 끝날 거라는 것도 전화로 들었다. 나는 아쉬람으로 급히 가서 그 신성한 몸을 마지막으로 한 번 보기 위해 교통편을 구해보려고 최선을 다했으나 실패했다. 내가 그 가슴 저미는 광경을 보지 못하게 된 것은 아마도 당신께서 나에게 하사해 주신 아바얌의 일부였을 것이다.

내가 1956년 5월 11일 금요일에 이것을 쓰고 있을 때, 오늘 아침 일찍 스리 두르가 수브라마니아 사르마가 서거했다는 말을 듣는다. 스리 사르마는 안드라의 으뜸가는 학자이자 시인인 것 외에도, 스리 바가반의 헌신자였다. 이 우연의 일치는 의미심장하게 여겨졌다.

1950년 4월 15일에 스리 N. 라마짠드라 라오가 편지를 보냈다.

"바가반은 지난밤 8시 47분에 사라지셨습니다. 당신은 헌신자들의 심장 속에 자리했습니다."

같은 날짜에 스리 R. 나라야나 아이어가 편지를 썼고, 다음날도 계속 편지를 써서 그것을 (함께) 부쳤다. 그것은 다음과 같다.

"이제는 자네도 알고 있겠지. 모두 끝났네. 간밤에 나는 식사를 하고 나서 내 집 앞에 앉아 있었네. 동쪽 하늘에, 남쪽 지평선에서부터 밝고 큰 유성 하나가 솟구치더니 호를 그리며 천천히 북쪽을 향해 갔는데, 찬란한 빛의 긴 꼬리를 끌며 아루나찰라 산 속으로 사라졌다네. 문득 그것이 바가반에 대해 뭔가를 말해주는 전조라는 생각이 퍼뜩 스쳤고, 나는 아쉬람으로 달려갔네. 가보니 의사들이 스리 바가반의 방으로 급히 들어갔고, 끝났다는 것이 알려졌네. 그래, 모두 끝났어. 끝났다네. 우리가 즐거이 마시던 강물이 자신을 비워 바다로 들어갔네. 우리는 더 이상 그 반짝이는 물을 맛볼 수 없네. 오, 이것도, 이것도, 이 살덩어리도 녹아서 눈물의 흐름을 이루어 저 신성한 강의 자취 속으로 들어가면 좋으련만! 나는 내 심장이 마르고 내가 버려진 아이처럼 느껴질 때까지 울고 또 울었네. … 멍함이 나를 응시하네. 오, 바가반, 당신께서 이렇게 말씀하지 않으셨던가요? '엄마는 늘 아이가 울지 않게 신경 쓴다'고요. … 당신께서는 산 너머로 유성처럼 가 버리셨나요? 어떻게, 어떻게 제가 당신께 가 닿을 수 있나요? …"

(1950-4-14) "편지를 쓰려고 할 때마다 수많은 장면들이 내 마음 앞을 지나가네. … 바로 며칠 전에 당신께서 손을 내저으시며 '이 모든 것이 사라질 것'이라고 하신 말씀의 의미를 알아차리지 못한 나는 얼마나 바보인가. 두어 주일 전에는, 그 손이 낫는 데 얼마나 걸리겠느냐는 내 질문에 당신께서 말씀하셨지. '내가 얼마나 늙었는지, 이 몸 안에 얼마나 오래 있었는지 아무도 생각해 보지를 않아.' 그래, 당신은 최후에 대해 우리 모두를 준비시키고 싶어 하셨어. 당신의 무한한 자비심으로, 원근각지의 모두가 와서 마지막 친견을 할 기회를 주셨지. 유성처럼 당신은 우리가 알 수 없는 곳으로 가버리셨네. … 오늘 아침에 아쉬람에 가서는, 새끼양처럼 애처롭게 울면서 이리 가고 저리 가며 안 간 데 없이 다녔는데, 한 달

전 꿈에서 본, 우리의 존경하는 아버지의 모습이 없는 그 아쉬람이 보였네. …

비록 생명이 그 몸 안에 아직 있을 때 (마지막으로) 바가반과 함께하는 특권은 갖지 못했으나, 뒤에는 자신을 다그쳐 어젯밤 오후 9시 30분에 마지막 유해가 삼매지 구덩이 안에 모셔질 때까지 함께했다네. 오늘은 쉬고 있네. … 그 무덤의 침묵과 고요에 압도되어서."

16일에, 당시 비사카빠뜨남(Visakhapatnam)의 A.V.N. 여사대학(Mrs. A.V.N. College) 학장으로서 스리 바가반을 한 번도 뵌 적이 없던 스리 S. 빠르타사라티 나이두가 다음과 같이 편지를 보냈다.

"영적인 평안과 영감의 원천이신 바가반 스리 라마나 마하르쉬님의 서거 소식을 들으니 매우 안타깝습니다. … 자신의 어지러운 마음에 평안과 위안을 얻고자 그곳에 가는 손님들을 아쉬람이 계속 받아주기를 바랍니다. 그분께서 계시든 안 계시든, 당신은 아쉬람의 방문객들을 계속 축복해 주실 것입니다."

같은 날, 마치 위의 바람에 부응하듯 아쉬람에서 편지를 보냈다.

"삼매지의 대관수식이 24일에 거행될 것입니다. 스리 바가반의 영원한 은총이 당신의 헌신자들을 보호하고 인도해 주시기를!"

이로써 이 이야기는 자연스럽게 끝이 난다. 하루하루 지나면서 나는 스리 바가반의 세 가지 신적 속성, 즉 무소부재함, 전능함, 전지함과, 그 무엇보다도 스리 바가반 자신인 신적 은총을 점점 더 많이 깨닫게 된다. 따라서 위의 체험을 잘 보여주는 세 가지 사건을 이야기한 다음, 마무리하겠다.

19일에, 스리 바가반의 원로 헌신자인 스리 G. 삼바시바 라오가 넬로르로 돌아와서 오후 7시경에 나에게 알려주기를, 스리 바가반의 마지막 며칠 동안 군중이 스리 바가반을 친견하러 너무 많이 몰려들어 아쉬람의 식재료가 완전히 동이 났고, 4월 24일에 거행될 예정인 스리 바가반의 대관수식을 위해 쌀이 절실히 필요하다고 했다. 그는 우리 두 사람이 관수식 때 했던 것처럼 부유한 몇몇 친구들을 찾아가 봐야 한다고 했다. 그때 나는 대학시험 업무에 관여하고 있었기 때문에 어느 누구에게도 어떤 의무를 지우러 찾아가는 것이 내키지 않았고, 그것은 명백히 타당한 이유였다. 그러자 스리 G. 삼바시바 라오는 내가 최소한 저명한 박애가이고 예전 나의 학생이었던 꼬부르(Kovur)의 스리 N. 벤까따 레디는 접촉해 볼 수 있지 않겠느냐고 했다. 그것마저도 나는 내키지 않는다고 했다. 다음날 아침 일찍, 스리 N. 벤까따 레디 자신이 여러 해 전 학생이었던 이후 처음으로 차를 몰고 내 집을 찾아온 것을 보고 내가 얼마나 놀랐는지 모른다. 그는 자신이 만들고 싶은 '빈곤 학생을 위한 장학기금' 계획에 대해 나와 상의하러 왔다고 했다. 그는 앞에 매달려 있는 스리 바가반의 사진을 우연히 보더니, 당신이 최근에 **대삼매**에 드신 것을 언급하면서 내가 추모식(대관수식)에 참석할 것인지를 물었다. 나는 그렇다고 대답하고, 그에게 (어머니 사원의) 관수식 때 그렇게 했듯이 스리 바가반의 대관수식에 시주를 할 의향이 있는지 물었다. 그가 즉시 대답했다. "예, 선생님. 그보다 더 큰 어떤 좋은 일을 제가 할 수 있겠습니까? 당신께서 제안하시는 무엇이든 실행하겠습니다." 나는 그에게 지금 아쉬람에서 절실히 필요로 하는 벼나 쌀을 좀 시주하면 어떠냐고 했다. 그는 자신이 즉시 벼 두 '뿌띠(putties)'[칸디]를 구해 도정하여, 그 쌀을 사흘 뒤 아쉬람에 도착하게 하겠다고 약속했다. 그는 자신의 약속을 지켰다. 며칠 뒤에는 또 한 사람의 친구인 싱가뻬따(Singapeta)의 스리 K. 벤까따숩바 레디도 한 '뿌띠'의 벼를 아쉬람에서의 **마하뿌자** 행사를 위해 시주하겠다고 자원했다. 이 두 사건은 나에게 하늘이 준 선물이었다. 왜냐하면, 스리 바가반이 서거하신 뒤 나는 마음과 사기가 최악의 우울 상태를 겪고 있었기 때문이다. 마치 **스리 크리슈나**의 서거 이후의 빤다바 일족(Pandavas)과 같은 심정이었다. 나는 이제 완전히 무력하고, 내 삶의 얼마 안 되는 쓸모도 끝이라고 생각했다. 그런데 내 눈을 뜨게 해주는 이 사건들이 다가온 것이다. 스리 바가반은 살과 피로 이루어져 계실 때만큼이나 여전히 강력하셨고, 더욱이 여전히 나를 당신의 도구로 즐거이 사용하고 계셨다. 설사 내가 떨어져 나가고 싶어 한다 해도, 당신은 떠나지 않으실 터였다. 이것은 나에게 엄청난 에너지와 자신감을 심어주었다.

1950년 5월에, 나는 시험관들의 한 모임과 관련하여 비사카빠뜨남에 있었다. 그날 밤은 A.V. N. 여사대학의 직원실에서 묵었다. 나는 매일 아침 깨어나면 즉시 스리 바가반의 사진 앞에 엎드려 절을 하는 습관이 있었다. 그날 이른 아침에는 스리 바가반의 사진이 없는 것이 아쉬웠다. 나는 무심결에 손을 탁자 위에 있는 한 봄베이 저널 위에 놓았는데, 그 책을 열자 웬걸, 스리 바가반이 마지막 병환 중인 사진 하나와 당신의 영광에 경의를 표하는 기고문 하나가 거기 있을 줄이야! 마치 스리 바가반 자신이 나에게 이렇게 말씀하시는 것같이 느껴졌다. "자네 믿음이 그렇게 적어서야 되겠나? 나는 여기 그리고 도처에, 지금 그리고 영원히, 자네와 함께 있지 않나?"

작년 어느 날 밤에는 경이로운 꿈 하나를 꾸었다. 어느 산꼭대기의 큰 여행자숙소(choultry) 안에서, 스리 바가반과 깐찌 까마꼬띠 삐땀의 스리 샹까라짜리야가 내 앞에 앉아 계신 것을 보았다. 두 분의 위대한 영혼을 함께 뵙게 되자 내 가슴은 기쁨에 넘쳤다. 스리 샹까라짜리야가 내 산스크리트어 공부는 진도가 얼마나 나갔느냐고 물으셨다. 스리 바가반이 그에게 내 산스크리트어 지식이 수준에 도달했다고 대답하셨다. 그러자 스리 샹까라짜리야가 **베다**에 나오는 '리끄(*Rik*-만트라)' 하나를 염하면서 나에게 그 리끄를 번역해 보라고 했다. 나는 그분이 만족할 정도로 그렇게 했다. 그러자 그릇 하나에 **성수**聖水(*Tirtham*)가 담겨져 나왔다. 스리 바가반이 먼저 한 숟갈 뜨시고 그것을 스리 샹까라짜리야에게 건네주셨고, 그분도 한 숟갈 맛보시고는 그것을 나에게 건네주면서, 회당을 가득 채우고 있던 큰 군중을 이룬 헌신자들에게 그것을 나누어 주라고 하셨다. 나는 돌아다니면서 그것을 나누어주었고, 마지막 사람에게 그것을 주고 나자 **성수**의 마지막 방울이 없어졌다는 것을 알았다. 그런 다음 나는 빈 그릇을 돌려드렸다. 스리 샹까라짜리야가 나도 **성수**를 먹었느냐고 물으셨다. 내가 대답했다. "아니요." 그러자 스리 바가반이 말씀하셨다. "그건 상관없어. 남들에게 나눠주는 것이 그대 자신에게 **쁘라사드**[은총]지." 이때 모든 사람들 앞에 대중공양을 위한 엽반葉盤들이 펴졌다. 날이 어두워지고 있었기 때문에 나는 전등의 스위치를 켜려고 했다. 처음 시도했을 때는 불이 켜지지 않았다. 그러나 두 번째로 스위치를 켜자 모든 전등이 환히 켜졌고, 나는 깨어났다.

"남들에게 나눠주는 것이 그대 자신에게 **쁘라사드**지."

진실로 이 '회상'들은 독자들에게 분배된 **성수**이며, 그것이 이 비천한 하인에게 주신 스리 바가반의 **쁘라사드**[은총]이다.

옴 따뜨 사뜨(OM TAT SAT)

1956년 5월 12일
오전 10시 05분

후기

내가 마지막 단어 쓰는 것을 막 끝냈을 때, 내 딸 알라감마가 나에게 달려와 코코넛 물을 주면서 말했다. "여기 할머니께서 신께 예공을 올리고 난 성수가 있습니다." 그래 그게 그거였군!

단체사진(1947. 6. 10). 앞줄 맨 오른쪽에 숩바라마이야 교수가 서 있다.

옮긴이의 말

G. V. 숩바라마이야의 이 회상록은 장·절의 구분 없이 전체가 하나의 긴 에세이처럼 서술되었다. 그래서 이 이야기는 1933년에 저자가 **바가반 스리 라마나**를 처음 만나는 것부터 시작해 1950년 **바가반**의 입적이라는 대단원에 이르기까지 한 호흡으로 곧장 달려간다. 우리는 도처에서, **스승**에게 깊이 헌신하는 한 제자와 그를 따뜻한 은총으로 보호하고 이끌면서 영적으로 성숙시키는 **스승** 사이의 아름다운 교감이, 그들이 주고받는 대화와 그들이 창작하거나 번역하는 작품들, 그리고 이 제자의 기쁘고 슬픈 가족사와 한데 어우러져, 뜨겁게 인간적이고 순수하게 영적인 하나의 흐름을 이루는 것을 보게 된다. 여기에는 무엇보다 제자에 대한 **스승**의 두터운 신뢰와 **스승**에 대한 제자의 깊은 사랑이 있다.

저자 숩바라마이야는 **스리 라마나**가 상주하던 성산 **아루나찰라**에서 기차로 320킬로미터쯤 떨어진 소도시 넬로르에서 대학교수로 일했다. 이곳은 라마나 아쉬람이 있는 타밀나두 지역과 달리 텔루구어를 쓰는 안드라 지역이지만 타밀나두와 비교적 가까워 교통과 우편배달이 빠른 곳이었다. **라마나** 헌신자로서의 안드라 사람들은 타밀인들에 버금가는 큰 그룹을 형성하며, 실제로도 아쉬람에 많은 기여를 해 왔다. **바가반**은 텔루구어를 능숙히 구사하여 안드라 사람들과 직접 소통할 수 있었고, 당신 자신의 여러 저작을 텔루구어로 직접 번역했을 뿐 아니라 텔루구어 시에 새로운 운율을 도입하기까지 했다. 숩바라마이야 교수는 뛰어난 소통 능력으로 바가반과 활발히 문답하면서 아쉬람의 분위기를 이끌었고, 문학적 재능을 인정받아 바가반이 직접 지었거나 다른 제자들이 지은 일부 저작들을 텔루구어로 번역하는 임무도 맡았다. 그는 나야나의 「스리 라마나 기타」 등을 비롯해, 바가반의 타밀어 저작인 「실재사십송」과 그 「보유」, 바가반이 타밀어로 번역한 「진아각지송」을 텔루구어로 옮겼는데, 대개는 바가반이 살펴보고 직접 수정해 주었다. 그는 또 바가반에게 『바가바드 기타』에서 핵심 연들을 뽑아달라고 청하여 바가반이 그 중 42연을 뽑아 타밀어 시로 번역한 「바가바드 기타 요지」를 짓게 한 장본인이며, 그 작품도 텔루구어로 번역했다. 요컨대 그는 바가반과 함께 당대에 바가반의 가르침을 텔루구어로 확장하는 중요한 역할을 수행했다.

이 회상록에는 저자가 아쉬람이나 친구, 지인들과 주고받은 많은 편지들이 인용된다. 이 편지들은 그 자체로 당시 아쉬람과 헌신자, 그리고 헌신자들 서로 간에 어떻게 소식을 전하고 아쉬람 공동체를 꾸려갔는지 엿볼 수 있는 좋은 자료이다. 특히 후반부에서 바가반의 병환과 관련해 오고가는 많은 편지들은 스승의 건강을 걱정하는 제자들의 안타까움과 간절한 기도들을 생생히 담고 있어, 시대를 넘어 우리를 깊이 전율시킨다. 바가반은 헌신자들의 업業과 세간의 악업들을 자신의 몸에 병으로 받아 마지막까지 엄청난 고통을 묵연히 감당하다가 찬란한 별처럼 떠났지만, 그 무한한 자비심과 심오한 영적 의미를 우리가 어떻게 헤아릴 수 있겠는가? 저자가 그려낸 이 숭고한 인간 드라마는, 큰 스승의 은총, 곧 깨달음의 강력한 힘이 사람들의 삶과 영혼을 얼마나 깊이 변화시키는지, 또 우리 내면의 영원한 본질인 평안과 침묵이 어떻게 스승과의 사랑 속에서 깨어나고 성장해 가는지를 감동적으로 보여준다.

2021년 8월 옮긴이 씀